王春林
2020年长篇小说论稿

王春林 / 著

陕西师范大学出版总社

图书代号　WX22N0971

图书在版编目（CIP）数据

王春林2020年长篇小说论稿 / 王春林著. —西安：陕西师范大学出版总社有限公司，2022.7
ISBN 978-7-5695-2908-1

Ⅰ. ①王… Ⅱ. ①王… Ⅲ. ①长篇小说—小说评论—中国—当代—文集 Ⅳ. ①I207.425-53

中国版本图书馆CIP数据核字（2022）第065021号

王春林2020年长篇小说论稿
WANG CHUNLIN 2020 NIAN CHANGPIAN XIAOSHUO LUN GAO

王春林　著

出版统筹	刘东风　郭永新
责任编辑	王淑燕
责任校对	宋媛媛
封面设计	蒋宏工作室
出版发行	陕西师范大学出版总社
	（西安市长安南路199号　邮编 710062）
网　　址	http://www.snupg.com
印　　刷	西安市建明工贸有限责任公司
开　　本	720 mm×1020 mm　1/16
印　　张	18.75
插　　页	1
字　　数	294千
版　　次	2022年7月第1版
印　　次	2022年7月第1次印刷
书　　号	ISBN 978-7-5695-2908-1
定　　价	68.00元

读者购书、书店添货或发现印装质量问题，请与本公司营销部联系、调换。
电话：（029）85307864　85303629　　传真：（029）85303879

目　录

001　人生就是一个"暂坐"的过程
　　　——关于贾平凹长篇小说《暂坐》

018　自传性、结构或者"小说革命"
　　　——关于王尧长篇小说《民谣》

045　精神恐惧与现代战争的深刻反思
　　　——关于邓一光长篇小说《人，或所有的士兵》

075　那些人性与命运的急风和暴雨
　　　——关于迟子建长篇小说《烟火漫卷》

089　坐标系与精神分析的百年乡土中国
　　　——关于胡学文长篇小说《有生》

115　时代精神的创伤记忆
　　　——关于钟求是长篇小说《等待呼吸》

129　那一段冲淡平和的烟火人生
　　　——关于张忌长篇小说《南货店》

148　叙述方式设定与隐秘精神世界透视
　　　——关于黑孩长篇小说《惠比寿花园广场》

167　生命存在的苦境与精神超越
　　　——关于黑孩长篇小说《贝尔蒙特公园》

183 "文青"书写与工业时代的那些残酷与暴虐
　　——关于路内长篇小说《雾行者》

205 先锋实验、社会批判与精神勘探
　　——关于黄孝阳长篇小说《人间值得》

225 个体独立人格严重缺失的悲剧
　　——关于刘庆邦长篇小说《家长》

237 灵魂的规训或者"李代桃僵"
　　——关于严歌苓长篇小说《666号》

250 草原风情、强者基因与现代文明
　　——解析王怀宇长篇小说《血色草原》

264 以悬疑方式书写一段工业痛史
　　——关于蔡骏长篇小说《春夜》

275 一位农籍军人的命运与心灵轨迹
　　——关于石钟山长篇小说《五湖四海》

284 历史风云与不屈的土地精魂
　　——关于津子围长篇小说《十月的土地》

人生就是一个"暂坐"的过程

——关于贾平凹长篇小说《暂坐》

贾平凹，毫无疑问是中国文坛一棵硕果累累的常青树，他能够在相当长的时间内，保持差不多两年一部长篇小说的创作节奏，而且这些长篇小说还都在所谓的水平线之上，都在业内引起过不同程度的反响，其实是非常不容易的一件事情。这不，那部旨在关注沉思一段沉重历史的《山本》余热未消，他的创作视野很快又返归到当下同样沉重的社会现实，一部主要以城市女性为表现对象的长篇小说《暂坐》已然横空出世。小说之所以被命名为《暂坐》，主要原因在于其中不仅写到了一个名叫"暂坐"的茶庄，而且这个茶庄还成了人物与故事的主要聚集地。暂坐，何为暂坐？单从字面的角度来看，暂坐，也就是暂且来坐坐的意思。在日益繁忙紧张的都市生活中，停下急匆匆的脚步，暂且到这个茶庄休憩一下，大约就是"暂坐"的本义。然而，这样的一种理解，肯定只是最粗浅的一个层面。一般意义上，我们在客观的现实生活中并不太可能看到寻常人等会以这种特别的方式来为一座茶庄命名。又或者说，我们恐怕也只有在贾平凹的小说作品中，才能够发现如同"暂坐"这样其实潜隐着某种深邃意味的茶庄命名方式。某种意义上，也正因为"暂坐"的命名方式出现在长篇小说《暂坐》之中，才会促使我们去深思，贾平凹到底为什么要把这座茶庄命名为"暂坐"？虽然并没有从贾平凹那里去证实过，但我私意以为，他的"暂坐"命名或许与古人的诗句存在某种关系。实际上，只要是对中国古典文学有所了解的朋友就都知道，"暂坐"这样的一种表达方式在古代诗文中屡屡出现，意思就是暂时停下来。"坐"是虚指，"暂坐"在诗文叙事中往往会起到调节节奏的作用。比如清代方式济的《远行曲》中有句云："出门口无言，寸心煎百虑。请取囊中琴，暂坐理弦柱。"写作者离开故乡，孤苦无告，遂以琴解忧。我们都知道，贾平凹是一位对中国古典文学有着通透了解的中国当代作家。唯其如此，我自己才会猜测，贾平凹"暂坐"的命名来历，或许与此有关。倘若结合整部《暂坐》的故事情节，尤其是结合人类个体非常短暂的人生过程来理解，那么，所谓的"暂坐"其实也很明显地在说在更为浩大的宇宙时空面前，生命过程短暂的人类个体，充其量也不过是一个脚步匆匆的人生过客而已。从这个意义上说，贾平凹《暂坐》的思想艺术境界可以说直通陈子昂的《登幽州台歌》。"前不见古人，后不见来者。念天地之悠悠，独怆然而涕下！"正如同在浩大的宇宙时空面前倍感自身的渺小，陈子昂因而发出"独怆然而涕下"的感叹一样，贾平凹借助于《暂坐》中那一群城市白领女性的故事所传达出的，其实也正是人生太过短暂，整个过程差不多也就相当于到这个被命名为"暂坐"的茶庄坐着喝了一会儿茶的模样。假若说《暂坐》一定有着什么样的微言大义，很大程度上恐怕也就突出地体现在这一点上。直言之，人生终归不过是一个"暂坐"的过程而已。

我们注意到，处于《暂坐》中心位置的，主要是以暂坐茶庄的女老板海若为核心所形成的一个城市白领女性的圈子。关于这一点，叙述者曾经借助于视点人物，那位来自遥远的圣彼得堡的俄罗斯姑娘伊娃的口吻而有所揭示："伊娃说：你那十个姊妹我只见过三四个，这次我可要全认识哩。"必须承认，这是一种多少会引起一些歧义的话语表达。一种理解是，这里的十个姊妹是包括海若在内的，加一起一共十位。另一种理解是，十个姊妹并不包括海若，加起来也就成了十一位。根据文本中的描写，海若周边的这些女性分别是：陆以可、冯迎、夏自花、司一楠、徐栖、严念初、希立水、虞本温、应丽后、向其语。如此这般罗列下来，连同海若自己在内，一共十一位。由此可见，她们姊妹一共是十一位的理解是正确的。但请注意，在文本中，我们也同时发现了类似于这样的一种叙述。比如："便也端了酒杯，接着陆以可的话，说：咱姊妹么，我觉得叫十钗不好，这是套用金陵十二钗，本来就俗了，何况那十二钗还都命不好。应该叫十佳人。"再比如："羿光说：向其语认为称作佳人也俗，也确实落了俗套，我建议，既然你们每人都是佩戴了一块玉，不如就叫西京十块玉。"从这样的表达来看，海若她们姊妹加起来应该是十位才对。那么，作家的创作本意到底是十位，还是十一位呢？一种可能的情况是，贾平凹或许一时疏忽，竟然把十位误列成了十一位。细细想来，以上这些女性形象中，从重要的程度来说，如向其语或者虞本温，都是可以忽略不计的。去掉其中的某一位，并不影响整部《暂坐》的思想艺术格局。

应该注意到，在前面我们所引述的叙事话语中，羿光曾经不止一次地把海若周边的这十多位白领女性比为《红楼梦》中的"金陵十二钗"。贾平凹或许是要借助这种方式巧妙暗示《暂坐》艺术构思上与《红楼梦》的某种渊源关系。事实上，只要是关注贾平凹小说创作的朋友都知道，他不仅一贯擅长于女性形象的刻画塑造，而且有不少作品干脆就是以女性形象为核心的，典型的如中篇小说《黑氏》，长篇小说《带灯》《极花》。只不过这一次到了《暂坐》中，取而代之的，是以海若为中心的一个城市白领女性形象群体。但问题在于，一部以城市白领女性形象群体为主要关注对象的长篇小说，就必须被看作一部女性小说吗？就我个人的阅读体会来说，答案恐怕是否定的。正如同《红楼梦》虽然也以很大一部分笔墨书写"金陵十二钗"的生活，但我们却并不能因此而把《红楼梦》看作一部女性小说一样，我们也不应该仅仅因为贾平凹在《暂坐》中集中关注一个城市白领女性群体而把这部作品简单而粗暴地指认为女性小说。在我看来，海若她们这个女性群体固然是《暂坐》的主要关注对象，但隐身于其后的，却是当下整个中国的社会现实状态。贾平凹以一种象征隐喻的方式所真切关注思考的，其实是后者。从这个角度来说，海若她们这个女性群体，乃可以被看作一种直接通向当下中国社会现实的症候式存在。就此而言，一个不容回避的结论就是，与其说《暂坐》是一部女性小说，莫如干脆就把它理解为一部拥有深邃批判意旨的社会小说。

最近一个时期，在和贾平凹次数不多的闲聊过程中，他曾经不止一次地提及韩邦庆那部以上海滩的妓女为主要表现对象的长篇小说《海上花列传》。此种情形告诉我们，《海上花列传》已然进入了贾平凹的关注视野之中。尤其是在先后两次认真地阅读过《暂坐》之后，由于两部作品的关注对象都是城市里的女性群体，我便不由自主地把两部作品联系在了一起。众所周知，《海上花列传》是清末的一部长篇小说杰作。因为它主要用吴语写成，所以便一向被视为中国的第一部方言小说。尽管说小说的具体切入点是清末中国上海十里洋场中的妓院生活，但要想写好这帮风尘女子的生活，就势必要广泛地涉及当时的官场、商界及与之相连接的其他社会层面，这样一来，《海上花列传》自然也就因其对社会各个层面的表现而变成了一部具有突出批判性的社会小说。倘若要寻找《海上花列传》与《暂坐》之间的渊源，我想，首先就体现在这一点上。与此同时，我们也应该注意到，韩邦庆自己曾经在小说的例言部分，就作品的艺术手段做出过这样的专门说明："全书笔法自谓从《儒林外史》脱化出来，惟穿插藏闪之法，则为从来说部所未有。一波未平，一波又起，或竟接连起十余波，忽东忽西，忽南忽北，随手叙来并无一事完，全部并无一丝挂漏；阅之觉其背面无文字处尚有许多文字，虽未明明叙出，而可以意会得之。此穿插之法也。劈空而来，使阅者茫然不解其如何缘故，急欲观后文，而后文又舍而叙他事矣；及他事叙毕，再叙明其缘故，而其缘故仍未尽明，直至全体尽露，乃知前文所叙并无半个闲字。此藏闪之法也。"[①]虽然也没有从贾平凹那里得到确证，但韩邦庆所谓的"穿插"与"藏闪"之法，却恐怕还是在某种程度上影响到了贾平凹《暂坐》的创作。尤其不容忽视的一点是，到了《暂坐》之中，"穿插"与"藏闪"二法更多地呈现为一种难分彼此、相互融合的胶着状态。这一点，首先突出地表现在章节的特别设定与命名上。从第一章"伊娃·西京城"起始，到第三十五章"伊娃·西京城"为止，每一个章节名称的构成差不多都是一种类似于首尾两个章节的"人名"加"地名"方式。"人名"，主要意味着这一部分集中讲述的就是这个人物的故事，而"地名"，

---

① 韩邦庆：《海上花列传》，人民文学出版社2020年版，例言第1页。

则明确地告诉了读者这一章故事的主要发生地。依此类推，第二章"海若·茶庄"所集中讲述的就是海若的故事，故事的发生地则是被作为小说标题的那个暂坐茶庄。第三章"陆以可·西涝里"所集中讲述的，则是发生在西涝里的陆以可的故事。就这样，某一章集中讲述某一个人物的故事，三十五章相互勾连，延续下来，自然也就是如韩邦庆所谓"一波未平，一波又起"的彼此"穿插"。但请注意，整部作品中先后登场的多达二十位左右的人物的故事，作家却并没有一次性地全部讲述完毕，而是分别以断断续续的方式分数次讲完。如此一种情形，借助于韩邦庆的说法，恐怕也就是所谓的"藏闪"之法了。

所谓的"穿插"与"藏闪"之外，贾平凹《暂坐》自然也有着自身的艺术特点。首先，是来自于遥远的圣彼得堡的俄罗斯姑娘伊娃这样一位与小说的开头和结尾两个部分均紧密相关的视点性人物的特别设定。小说的故事，发生在公元2016年。这一年雾霾特别严重，初春时节，曾经在西京城里留学过五年时间的伊娃，又一次回到了自己魂牵梦绕的西京城："伊娃确实和街道上的人没有区别。在西京留学的五年里，自以为已经是西京人了，能叫得出所有街巷的名字……更习惯了这里的风物和习俗，以及人的性格、气质、衣着、饮食，就连学到的中文普通话中都夹杂了浓重的西京方言。"具体来说，她之所以要返回西京城，与她回到俄罗斯后的不幸遭际紧密相关："当学业完成回到圣彼得堡的五年里，母亲去世，与那个男朋友又分了手，从此多少个夜晚，她都是梦里走在了只有这个城市才有的井字形的街巷里，在城墙头上放风筝。听见了晨钟暮鼓……是的，西京是伊娃的第二故乡了，回圣彼得堡是回，回西京也是回，来来往往都是回家。"这里，虽然同样是"回"，但此"回"却很显然非彼"回"。西京留学结束后返回故乡，自然毫无疑问是"回"。但在圣彼得堡待了五年后"回"西京，却只因为她曾经有过在西京留学的经历，因此这个"回"也就多少带了一点勉强的滋味。细加思考叙述者所给出的致使伊娃返回西京的理由，虽然并没有明确点出，但其中一种情感或者说精神疗伤意味的存在，却是显而易见的。无论是母亲的去世，还是和男朋友的分道扬镳，都会给伊娃的情感与精神世界造成一定的伤害。之所以不是在回国之后不久，而是在经历了这一切的五年之后才选择重返西京城，与伊娃内心深处渴盼获得某种情感或者精神慰藉的潜在愿望密不可分。孰料，实际的情况却是事与愿违。伊娃重新回到西京城后不过短短的半个月，也即十四五天的时间，她在强烈感受西京城雾霾这种极端恶劣天气的同时，更是亲眼看到了海若她们那一众城市白领女性不期然间遭遇的种种人生惨剧。事实上，也正是因为有了以上这些经历，尤其是海若被市纪委带走后一直都如泥牛入海没有消息的情况下，失望至极的伊娃方才决定离开西京城返回俄罗斯。当辛起建议不如到什么地方去散散心的时候，伊娃说："到什么地方去？我就是为了散心才来的西京，也该回去了吧。"辛起便要求伊娃一定要把自己也带走："伊娃就真的买了她和辛起去圣彼得堡的机票。这事伊娃没给任何人说。过了四天，海若还是没回来，羿光和陆以可也没回来，伊娃和辛起就搭出租车去了机场。"一路上，伊娃内心满满都是感慨："伊娃说：活佛还没有来，海姐还没有回来，羿老师也不在，我就这样离开这个城了？辛起无言以对。伊娃说：唉，西京也不是我的西京，我是该离开了。""我只说来这里了有新收获，没想丢失了许多倒要回去了。"原本一门心思想着能够在西京城疗伤，没想到得到的却是更大的情感与精神伤害。从表面上或者从物质的层面上来看，伊娃的确如辛起所说，没有丢失什么看得见摸得着的东西。但内心世界早已被物欲占领的底层女性辛起，根本就不可能理解，在目睹了海若她们众姊妹的人生惨剧之后，伊娃原本就已经受伤的情感与精神世界，更是变得伤痕累累了。她之所以在重返西京城不过半个月的时间就决定回到圣彼得堡去，其根本原因正在于此。但需要我们注意的是，到了小说结尾的时候，贾平凹又如同在《极花》的结尾处一样，"玩"了一个小小的艺术"花招"。请看小说的最后一个自然段："在抽搐中，伊娃醒来，屋子里空空荡荡，窗外有烟囱在冒烟，烟升到高空中成了云。正飞过一架飞机。"毫无疑问，这样的一个自然段，正构成了对伊娃和辛起一起搭伴乘飞机返回圣彼得堡这一事实的颠覆与消解。这样一来，关于伊娃她们俩到底是否已经启程飞往了圣彼得堡，到底是一种实存，抑或是伊娃的一个梦境，贾平凹所最终给出的，就是或此或彼的一种带有明显开放性的描述。又或者，无论伊娃最后启程返俄与否，伊娃对于西京城，对于自己所目睹的一段人生的强烈失望，却是显而易见的一个事实。一个从伊娃开始的小说叙事，最终又归结于伊娃，其首先构成的，就是一个首尾照应的既有开放性又有闭锁性的叙事链环。在一个已然是全球化的时代，把一位俄罗斯姑娘设定为视点性人物，借助于一个现代外国人的眼睛来打量一座拥有古老悠久历史的西京城的当下形态，描摹围绕在海若周围的一众城市白领女性的人生故事，正是贾平凹艺术智慧的一种体现。

其次，是一种若隐若现如同草蛇灰线一般的艺术结构的设定。一方面，是贾平凹自己在小说后记中已经明确指出的夏自花那条线索："她们有太多的故事，但故事并不就是《暂坐》的文本，在《暂坐》里，以一个生病住院直至离世的夏自花为线索，铺设了十多个女子的关系，她们各自的关系，和他人的关系，相互间的关系，与社会的关系，在关系的脉络里寻找着自己的身份和位置。"①夏自花的生病住院直至离世，固然是小说中非常重要的一条结构线索，那位自始至终都没有正式出场的冯迎，实际上构成了另一条带有某种悬念的结构线索。作品中，冯迎其实是和夏自花一起被叙述者在第二章"海若·茶庄"中最早提及的。因为是一个重要的节点，所以在这里姑且要多引一点原作的文字："章怀说：不喝了，冯迎托我来捎个话，碰着你就给你说了吧。海若说：哦？章怀说：昨天在朱雀路上碰着了冯迎，她好像很急，要我捎话到茶庄，说是有个叫羿光的欠着她十五万元，她又借过叫夏什么花的二十万元。海若说：夏自花？章怀说：对，是夏自花。冯迎说让羿光直接给夏自花十五万，剩下的五万她让她妹妹再给应丽后。海若却一下子变了脸，说：你昨天见到了冯迎？章怀说：昨天上午呀。海若说：这怎么可能？冯迎十天前随市书画家代表团去了菲律宾，不会这么快就回来。就是回来了，她不来茶庄却让你捎话？！你见的是不是冯迎？"面对海若的质疑，章怀却不仅信誓旦旦地强调自己见到的就是冯迎，而且还特别描述了冯迎的肖像特点以及她身上的衣装情况。更重要的一点是，此后从羿光那里得到的相关信息，却又确证了章怀所传

---

① 贾平凹：《暂坐·后记》，载《当代》2020年第3期。

达的账务情况的确所言不虚。这样，一个难以得到合理解释的情况就是，既然冯迎已经参加书画代表团出国，那她就无论如何都不可能突然出现在西京城，更不可能把账务这样的私密问题随便委托给八竿子打不着的严念初表弟章怀。更进一步说，随着故事情节的发展演化，一直到小说即将结束的第三十二章"冯迎·拾云堂"中，我们方才不无惊讶地了解到，原来早在半个月前，也即伊娃刚刚重返西京城，《暂坐》故事刚刚开始发生的时候，冯迎就已经因为马来西亚的飞机失事而不幸身亡了。也因此，正所谓人死债不死，小说开篇不久章怀捎话这一细节，其实意味着冯迎的亡魂依然惦记着一定要想方设法了结自己生前的账务纠葛。单从时间的节点上来说，她对章怀显灵之时，恐怕也正是自己因飞机失事而身亡的刹那之间。怎奈此身已然是灰飞烟灭，所以只能不无匆忙地显灵给章怀，委托他传达相关信息。应该注意到，虽然她一直都没有正式出场，但在故事情节的发展演进过程中，海若众姊妹的对话与交往，却又总是时不时地就要涉及冯迎这个人物。我们之所以把她看作夏自花之外的另一个草蛇灰线式的结构性人物，根本原因就在于此。

除了结构性功能之外，冯迎这个根本就没有正式出场的人物，也更是牵涉了一个贾平凹的世界观或者说生命观的问题。小说中，与这一命题紧密相关的另外一个人物，就是陆以可。在第三章"陆以可·西涝里"中，当伊娃不解地询问陆以可这样一位城市白领女性为什么会居住在西涝里这样一个棚户区的时候，陆以可给出的，竟然是与再生人父亲有关的特别答案。好多年前，陆以可突然在西涝里这个地方发现了一个与记忆中的父亲形象酷似的修鞋匠。问题是，"她的父亲已经去世三十多年啊，但他就是她的父亲，难道世上有和年轻时的父亲长得一模一样的人，或者是再生人，是父亲的又一世也三十多岁了？！"等到陆以可因病耽搁三天后再去西涝里找修鞋匠的时候，他却已经消失不见了。由此，"她越发相信那是父亲来昭示她什么的，于是就留在了这个城市，买下了这个街区的房子"。无独有偶的是，到了小说快要结束的第三十章"海若·筒子楼"这个部分，当陆以可见到夏磊生父也即那个姓曾的男人的时候，又一次不期然地发现了他与父亲的相似："陆以可却说：你瞧他走路的肩头一斜一斜的，就是我父亲的样儿么！这是咋回事呀，怎么这个城里总有我父亲的影子？！接着就喃喃起来：是让我继续留下来吗，爹呀，爹。"尽管说陆以可坚持留在西京城，与她先后两次遭逢再生人父亲紧密相关，但我们的兴趣却很显然并不在这个方面。如果把陆以可的"再生人父亲"现象，与冯迎的"亡魂不散"现象联系起来，或者更进一步地与贾平凹其他作品经常出现的类似现象联系起来加以考察，一个无法回避的问题，就是我们到底应该怎样理解和看待这种神秘现象。一直到现在为止，自然界与人类社会中的很多现象都无法用所谓的科学理念与方法进行合理有效的解释。从这个层面上来说，现代科学可能也是看待世界与理解生命的若干种方式中的一种。如果我们不能够轻易地把马尔克斯《百年孤独》中诸如"蕾梅黛丝乘飞毯上天""多次死而复生的吉卜赛人梅尔加德斯""喜欢吃泥土的丽贝卡"以及"神父喝了可可茶后便可以浮在空中"这样一些故事情节因其神秘难解而加以否定，那么，也就同样不能否定贾平凹笔下诸如"再生人父亲"与"亡魂不散"这样一些带有鲜明本土化色彩的神秘现象。作为一名经历过现代性洗礼的当代作家，贾平凹当然不会轻易地否定现代科学那些理念和方法，但与此同时，他却并不排斥那些无法用现代科学涵纳的各种神秘现象。很大程度上，正是那种建立在现代科学基础上的现代思想，再加上对各种神秘现象的理解与敬畏，构成了贾平凹个性化特色非常鲜明的世界观与生命观。尤其不容忽视的一点是，已往的我们，往往会在一种城乡二元对立的前提下，简单而粗暴地把类似于贾平凹笔下的这些神秘现象归于前现代的乡村世界。现在看起来，这样的一种理解和判断，是错误的。事实上，正如同贾平凹在《暂坐》（实际上，《废都》的情形也同样如此）所形象描述的那样，类似的神秘现象，也一样存在于西京城这样现代化的大城市之中。无论我们置身其中的这个社会现代化程度有多么高，它也不能从根本上拒绝自然界与人类社会各种神秘现象的存在。因为如此，我们才不能把差不多已经构成了贾平凹一种标志性存在的神秘现象观照看作某种观念落后或者腐朽的表现，反倒应该将其视为作家某种无论是深度还是广度均有所拓展，更开阔通透的，对世界和生命的理解和敬畏。

实际上，借助于俄罗斯姑娘伊娃的域外视点，通过夏自花和冯迎这两条草蛇灰线式的结构线索，贾平凹所集中透视的，乃是包括海若等一干现代城市白领女性在内的当下中国人的艰难生存处境与普遍精神困境。依照常理，既然是所谓的城市白领女性，那就意味着她们已经摆脱了一般老百姓柴米油盐的日常生存烦恼。这一点，单从海若给留学澳大利亚的儿子海童汇钱这一细节，就已经表现得非常突出。当向其语询问海若每个月给海童汇多少钱的时候，海若给出的回答是一万八千三百元。尽管向其语马上就感叹说太少，然而，按照李克强总理前不久在记者招待会上公开披露的情况，中国尚有六亿普通百姓的月收入在一千元左右。两相比较，端的是天壤之别。但千万请注意，总体的收入之高，却不意味着她们远离了艰难的生存处境。正所谓穷人有穷人的艰难，富人也有富人的苦恼。那位同时兼具结构性功能的夏自花的情形，即是如此。小说开篇不久，夏自花就因为罹患白血病而一病不起。夏自花自己罹患重病且不说，关键是她还有一个风湿病严重的年迈老娘，和一个年仅二三岁的儿子夏磊。顶梁柱夏自花一病倒，老娘和儿子的生计，自然也就成了问题。这样，也就有了海若众姊妹对夏自花的各种帮助。一直到夏自花不幸去世后，她真实的生存状况方才被掀开冰山一角。却原来，身为模特的她，是在一次楼盘开工典礼上，与曾姓男人偶遇并开始相好的。曾姓男人虽然一心想和夏自花结婚，怎奈与家里的老婆就是离不了婚。两个人只好被迫维持这种不正常的生活方式，一直到夏磊出生，到夏自花不幸罹患白血病，再到她撒手人寰。尽管作家并没有展开详细描写，但仅从夏自花被迫依赖曾姓男人（虽然其中也无疑会掺杂有情感的因素）这一点，而且还把这种情形维持数年，所隐隐约约透露出的，既是她生存处境的一种艰难，也可以被看作其精神困境的具体呈现。

这一方面，需要特别提出加以关注的，是应丽后与严念初两位，当然也包括海若自己。原本是好姊妹的应丽后与严念初，她们之间的恩怨纠葛，源于严念初介绍应丽后投资给王院长的胡姓朋友。原本说定应丽后贷给胡姓朋友一千万元，利息每个月是五十万。因贪图高利息，应丽后一时不慎，便把钱贷给了这位胡姓朋友。没想到的是，好景不长，只是过了几个月，这位胡姓朋友就因为资金链断裂而跑路了。这样一来，应丽后的一疙瘩气就堵在了胸口："原本把钱贷出去要赚个高利息的，甚至筹划着拿利息就可以再去买一间门面房子，而如今不但没了利息，本金也得四年才能收回，这是多窝囊的事！"事实上，严念初之所以心心念念地不惜损害闺蜜的利益也要帮王院长的忙，也只是为了能够通过讨好王院长，好从他那里拿到医疗器械的项目。胡姓朋友可以跑路，王院长却跑不了路。事发之后，应丽后只好被迫和王院长、严念初一起签订了一个新的还款合约。合约规定，由身为贷款担保人的王院长，承担偿还应丽后本金的责任。一共四个年头，第一年还一百万，第二年二百万，第三年三百万，第四年四百万，加起来正好在四年的时间里把一千万还完。尽管已经签订了新的合约，但身为债权人的应丽后心里却一直在打鼓，怀疑王院长是否可以真正履行合约："王院长的朋友跑了路，王院长真的肯在四年里还清本金吗，能还得了吗？上一份合约签得好好的，王院长和他的朋友拍了腔子，海誓山盟，结果出了不测，那么，现在签的合约会不会将来也出意外呢？心里又慌起来。"携带着这样一种忐忑不安的心态出现在其实早已阅人无数的海若面前，自然纸里包不住火，很快就露了馅。一直到这个时候，海若方才敏感地发现，严念初在签订新合约的过程中，玩了个金蝉脱壳之计，只是把自己写成了"连带担保人"。面对着严念初的花招，应丽后一时火冒三丈："不是她，我认识王院长是谁，认识胡老板是谁？我是信得过她才同意借贷的，她竟然这时候要脱身？！"人世间很多糟糕状况的生成，都是内心的贪欲作祟。如果应丽后没有贪欲，就不会有高利贷的事情发生；如果严念初没有贪欲，也就不会有试图从借贷事件中脱身的事情发生。一切都是贪欲惹的祸，正是可怕的贪欲，最终造成了应丽后与严念初姊妹之间的情感生分。问题在于，严念初还不仅仅只是貌似无意间"坑害"了应丽后，应丽后的借贷事件之外，严念初也还曾经恶意欺骗过自己的丈夫阚教授。在大学里讲授物理学的阚教授，是一位收藏有很多和田籽玉的玉痴。他这一方面的收藏，估价差不多有上亿元。他在五十五岁上的时候，和严念初（也即传说中那个和他相差了很多岁的时尚漂亮女子）结了婚，而且还育有一个女儿。没想到，就在女儿只有一岁半的时候，两个人却离了婚，孩子被判给了阚教授。严念初依照法律的规定从阚教授那里分走了多少财产且不说，要害处在于，一直等到他们俩分手后，阚教授才借助于亲子鉴定的方式，确证女儿和自己其实不存在血缘关系。严念初，在诈骗丈夫财产的同时，也欺骗了他的情感，并严重伤害了他的精神世界，说起来真的很是有一点十恶不赦的感觉。从严念初的所作所为来判断，致使她如此这般欺诈丈夫的根本原因，恐怕也是其内心深处深潜着的强烈贪欲。正所谓人心不足蛇吞象，作为一位早已摆脱了生存困扰的城市白领，严念初之所以还是要如此这般地执着于满足贪欲，所充分说明的，正是难以遏制的欲望对其人性的严重扭曲和畸化。也因此，如果说应丽后生存处境的艰难在于无端地被欺诈掉千万资财的话，那么，严念初的陷身于欲望深渊而不拔，却也同样可以被看作一种精神困境的喻示。

相比较而言，《暂坐》中最具人性深度的人物形象之一，就是那位在众姊妹中处于众星捧月地位的暂坐茶庄的女老板海若。小说开始不久，叙述者就借助于伊娃送给她的"连提了四套"的俄罗斯套娃礼物，巧妙地指明了海若所兼具的数种身份："伊娃说：这就是你么，妻子，母亲，茶老板，居士，众姊妹的大姐大。"尽管海若出场时已经是一个单身女性，但儿子海童的存在，却说明她曾经的婚姻状态。曾经是"妻子"，现在仍然是"母亲"。"茶老板"点明的，是她的社会职业。"居士"，则意味着她的精神信仰状况，这一点以后还会被进一步展开讨论。至于"众姊妹的大姐大"，所特别强调的，则是她在众姊妹中事实上的领袖地位。细细想来，小说中海若自身的若干性格特征，也基本上切合于她的以上数种身份。首先，是她的精明强干。一个城市单身女性，既能够把儿子送到国外留学，还可以把这座暂坐茶庄经营到在西京城很是有些影响的地步，所必须依赖的，正是她非同寻常的创业与工作能力。与此同时，作为众姊妹中大姐大式的人物，她在日常生活中也总是有一副古道热肠，勇于担当，颇有几分定海神针一般的女侠风范。只要是那个白领女性群体中的任何一位，碰到什么难题，海若总是会挺身而出，有所承担。比如，夏自花病倒后，自觉出面组织众姊妹轮流值班照护她的，就是海若。再比如，应丽后与严念初的经济纠葛发生后，应丽后的本能反应就是去往暂坐茶庄找海若大姐："一个小时后，海若送应丽后回去，分手时应丽后还说，海姐，那你一定找严念初呀，我急得很。海若说：我比你还急！这不光是一千万的事，咱姊妹总不能从此少了一个人啊。"由海若的这种说法可知，在她的内心深处，的确把维护这个白领群体的存在放到了很重要的一个位置。

但请注意，除了以上这些带有明显正向度的方面，海若之所以能走到今天，不仅变成茶庄老板，而且还成为一个城市白领群体的精神领袖，却也有与现实政治紧密相关的负向度因素的存在。说到这一点，海若与伊娃的一个对话就很是有些耐人寻味："海若说：经济不好的城市饭馆多，混得艰难的男人关心政治么。伊娃说：男人？女人就不关心政治？！海若怔了一下，说：在中国啥能没政治？"海若之所以会"怔了一下"，肯定是因为伊娃的问话触动了她自己经营茶庄过程中与社会政治发生的那些根本就不可能避得开的紧密关联。唯其如此，她才会紧接着发出一声"在中国啥能没政治？"的由衷感叹。实际上，尽管贾平凹在小说中没有对海若的发迹过程展开详尽的描写，但从文本中的若干蛛丝马迹来判断，海若的茶庄事业肯定与现实政治有着难以剥离的瓜葛。我们注意到，在第六章"虞本温·火锅店"这一章节，海若她们一众姊妹和羿光一起欢聚的时候，羿光曾经悄悄地询问过海若："羿光把海若拉去一边，悄声说：你没请市委秘书长呀？海若说：虞本温请客，他和她们都不熟，我没有请，巩老板也没有请。"看似一笔带过，但此处其实却蕴藏有某种深意。果不其然，到了第十五章"伊娃·拾云堂"中，因为市委书记突然出事，海若和她的心腹小唐之间便有了这样一番对话："小唐说：我是听顾客讲的，还说问问你，证实一下哩。海若说：嗯。小唐说：不会涉及齐老板吧？海若说：我给齐老板打电话，没有打通，不会牵涉到他的。这次招商大会是市政府办的。交给小唐一张卡。小唐说：还是给宁秘书长？海若说，他一直照顾咱的。"毫无疑问，海若之所以要暗中打点秘书长，肯定是因为从秘书长那里得了大好处的缘故。没想到，仅是到了第二十五章"海若·麻将室"的时候，小唐就已经被市纪委带走调查了。骤闻此消息，一贯谈笑风生的大姐大海若顿时六神无主："浑身的肉就跳起来。确实是肉跳，跳得似乎要一块一块往下掉。"尽管羿光一番打听的结果是，应该没事的，小唐把事情说清楚了就会很快回来的，但事与愿违的是，到了第三十三章"海若·停车场"这一部分，还没有等到小唐被放回来，海若自己也被市纪委悄无声息地带走了："对方说：是你的事！海若说：我的事？！对方说：来了你就知道了！海若不吭声了。对方说：喂！喂？！海若说：我听着的。对方说：你明白为什么没有去茶庄直接找你而给你打电话的意思吗？海若说：那我必须去了？对方说：一个小时后我希望在西苑饭店楼下见到你！"就这样，一直到小说结束，到伊娃准备要重返圣彼得堡的时候，曾经一度呼风唤雨的海若，都没有能够回到茶庄："海若没有回来，也没任何消息。就像是风吹走了柳絮，泥牛入了海。"那么，海若的问题到底有多大？海若到底什么时候才能够回来？从现代小说艺术的角度来说，贾平凹都不需要进一步做出明确的交代。只是海若被市纪委带走这一事实本身，连同此前与秘书长有关的那些蛛丝马迹，再加上我们所置身其中的中国社会现实，一种权力与资本交易或合谋的结论，其实就已经呼之欲出了。在这个过程中，海若自身的责任肯定是无法逃避的。我们对海若做出如此评价的原因，与此前一个耐人寻味的细节紧密相关。当那位做煤炭生意的马老板要买羿光三幅书法作品的时候："海若的卡上很快打进来了二十七万，但她并没有去羿光那儿，和小唐上了楼，要从柜子里取羿光曾赠送给她的那些书法作品。"既然海若都可以用如此一种瞒天过海、李代桃僵的方式对待好友羿光，那其他一些出格的事情就一定也可以做得出来。

那么，我们到底应该怎样去理解和评价海若她们这些城市白领女性呢？要想回答这个问题，小说中有两个细节不容忽视。一个是小唐被带走之后，陆以可和海若的对话："陆以可说：你是说，咱出了问题还是咱生活的环境出了问题？海若说：我问你哩你倒问我。"尽管小说本身没有提供明确的答案，但一种较为理想的答案是，生存者与生存环境两方面恐怕都已经出了问题。另一个细节是，羿光曾经对着伊娃这样来评价海若她们众姊妹："你不觉得她们众姊妹就是个蜂团吗？伊娃说：蜂都是身上有毒，能蜇人呀。羿光说：是的，这就是我在一篇文章里也写过了，凡是小动物，要生存，它们就都有独门绝技，比如刺猬有刺，螃蟹有壳，节虫能变色，壁虎能续尾。蜂当然和蛇、蟹、蜘蛛、蜈蚣一样都有毒，但蜂却酿蜜，蜂的酿蜜就是一种排毒，排自身的毒。"就这样，在把海若她们比作蜂团的前提下，羿光一方面强调蜂是有毒的，另一方面却又强调蜂的酿蜜其实就是在自我排毒。在这里，贾平凹很显然是在借助羿光的口吻，以一种象征的方式理解并讨论着海若她们人性构成的复杂状况。细细体味，我们便不难感受到作家那样一种简直就是难以名状的慈悲情怀。

关键的问题是，即使是羿光这样一位满脑袋都被光环缠绕着的著名作家，在《暂坐》中也似乎"在劫难逃"。正如同海若在与伊娃的对话中所强调的那样，在中国，没有什么人什么事能够和政治完全脱离干系。海若这样的商界人士不行，羿光这样的著名作家也同样不行。事实上，只要是熟悉贾平凹的朋友，就都可以一眼看出羿光和贾平凹之间的相似度来。尽管说贾平凹很多小说作品中都会出现带有一定自传性色彩的人物，但如同羿光这样相似度几可乱真的自传性形象，截至目前，除了《废都》中的庄之蝶之外，羿光恐怕是第二个。虽然名满天下的羿光发表过很多有影响的作品，而且他的书法作品在市场上拥有天价般的行情，但身为政府某处处长的许少林却对他颇有微词："许少林说：我更是看不上他的人。市上领导好像重视他，他以为自己真了不起了，其实需要他时他就是金箔，不需要时他就是玻璃。"许少林的话虽然看上去有点刺耳尖刻，但仔细琢磨一下，在进入当代之后的中国，实际的情形还的确如此。在其中，我们所强烈感受到的，其实是一种极富机巧的反讽和自嘲。更进一步说，羿光的这种真实生存处境及其精神困境，在第二十一章"伊娃·拾云堂"部分，通过他和伊娃的故事而表现得淋漓尽致。因为对俄罗斯美女伊娃充满了强烈的兴趣，所以便想方设法地讨好献媚于她。不仅要给她过生日，好在一起饮酒作乐，而且还主动提出要给她画一张像。但就在羿光和伊娃兴致正浓的时候，却不期然地接到了一个领导的电话。很大程度上，正是这个突如其来的电话，彻底打乱了他们的好兴致。且让我们来看电话内容的片段："我和他是熟的，也仅仅是给他汇报过工作的熟，他也是以示关心作作秀么。当然要划清界限。""哎呀,约好了医生去看病的,能不能不参加呢?嗯,嗯,那好吧。我听你的,那就参加。还必须有个表态发言?这该说什么呢?好吧,好吧。"虽然只是断断续续,但明眼人却可以看出其中的端倪。即使是如同伊娃这样的俄罗斯姑娘,也马上就发现了羿光接电话前后判若两人:"伊娃倒觉得羿光变了个人似的,声音一惊一乍,表情也极其丰富,她忍不住要说你是在表演吗,但看羿光的脸色,却没有敢开口。"即使颇有些城府的羿光努力地想要平静如常,但被破坏了的心境一时终究还是难以平复。这样也才有了伊娃更进一步的发现:"他明显地不在状态了。画得很慢,观察上好大一会儿才画上一笔,又还是画坏了,就把纸撕了重来。如此连撕了三张纸,伊娃说:还想着刚才电话的事?我还替代不了那个电话吗?!"你别说,此后的事实充分证明,伊娃还真替代或者抵消不了那个电话。这一点,突出不过地表现在那场性事上:"但是,该要做的事都要做,如何地迫不及待,如何地浑身大汗,偏就做不成。羿光在不停地嘟囔:这从来没这样呀!没这样呀?!还要做,还是做不成。"如此这般一番苦苦的挣扎,到最后,"伊娃突然抱住了他的头,她看到了他一脸的水,不知道那是汗水那是津液那是眼泪"。又或者说,那既是汗水也是津液更是眼泪。究其根本,贾平凹在这里哪里是要描写展示羿光与伊娃之间的性事呢。借助于如此一场失败的性事,作家所欲真正象征隐喻的,其实是身为著名作家,或者说身为附皮之毛的中国当代知识分子一种内在精神世界的衰败、颓伤以及虚无。

这样一来,自然也就涉及了贾平凹在《暂坐》中对象征手法的熟练运用。如果说羿光与伊娃之间那场失败的性事已经带有突出的象征色彩的话,那么,更具有象征色彩的,恐怕就是小说中反复进行的关于雾霾的描写。小说开篇处,伊娃刚刚抵达西京城,雾霾就已经出现了:"天刚刚亮,似乎还有半片残月寡白着,拥挤的人群便全在雾霾的街道上混乱不堪,场面诡异而恐怖。"到后来,这雾霾便日益严重了,以至连陆以可都发出了这样的感慨:"陆以可说:唉,我初到西京时,那时多好的,现在是天变得雾霾越来越重,人也变坏了。"但即使如此,雾霾的情况还是越来越严重:"雾霾依然不退……雾霾真的是人为污染所致，还是地球有问题了，如一颗苹果要腐败了，就会散发一种气体来？"一直到小说结尾处，到伊娃准备再度离开西京城的时候，雾霾变得更加严重了："那个傍晚，空气越发地恶劣，雾霾弥漫在四周，没有前几日见到的这儿成堆那儿成片，而几乎又成了糊状，在浸泡了这个城，淹没了这个城。烦躁，憋闷，昏沉，无处逃遁，只有受，只有挨，慌乱在里边，恐惧在里边，挣扎在里边。"一方面，这固然是在以一种写实的手法真实再现当下中国雾霾严重的情况，但我们如果把相关的描写与当下社会现实境况联系起来，那么，贾平凹在《暂坐》中的雾霾描写，就很可能是在象征隐喻着某种不那么理想的社会境况。我们之所以在本文的开头处就特别强调《暂坐》乃是一部有着突出批判品格的社会小说，根本原因正在于此。

其实也还不只是雾霾，同样具有一定象征色彩的，也还有那位千呼万唤不出来的所谓"活佛"。小说开始不久的第二章"海若·茶庄"部分，就写到吴老板已经联系了一个西藏的活佛到西京城来。但一直到小说的故事情节全部结束的时候，这位带有突出神秘色彩的活佛都没有能够来到西京城。作家的如此一种艺术设计，很容易就可以让我们联想到贝克特杰出的荒诞剧《等待戈多》。不管怎么说，活佛当然有着无可否认的象征意味。关键的问题是，他所象征的，到底是什么呢？如果说他的即将到来象征着某种人性救赎的希望的话，他却一直到最后都没有来，如此一种情形，是否可以干脆就被看作某种彻底的绝望呢？或许，不同的读者对此可以得出不同的结论也未可知。

无论如何，这个以海若为大姐大的城市白领女性群体中，夏自花和冯迎不幸去世了，应丽后和严念初也反目了，海若被市纪委带走也不知下落了，羿光与陆以可跑到了马来西亚，连同伊娃，也准备同辛起重返圣彼得堡了。与此同时，一方面，是雾霾越来越严重，另一方面，却是活佛迟迟不肯到来。所有的这一切积聚在一起，便是苦难而可怜的人间，便是一种短暂如闪电的带有突出"暂坐"色彩的悲剧人生。

自传性、结构或者"小说革命"

——关于王尧长篇小说《民谣》

虽然已经想不起与研究中国当代文学有方的王尧先生最早的见面,是在什么时候,但我们之间建立的友谊,却绝对超过了十年。反正,一种无法否认的感觉是,伴随着时间的推移,我们之间的友谊不仅日渐加深,而且也越来越巩固了。在我的印象中,王尧首先是一位在中国当代文学批评、"文革"文学以及中国当代知识分子研究诸方面均有突出建树的优秀学者。孰料,等到时间的脚步行进到2020年的时候,由于一个名叫"时代与肖像"的散文专栏在江苏《雨花》杂志开设,以及其中一些篇章在这个网络时代不胫而走,我们在不期然间发现了一个散文家王尧。也只有到了这个时候,我才强烈地意识到,其实,王尧作为一位散文家的才能,早就有所表现。这一方面,他曾经在《收获》杂志上开设过的若干带有明显文史随笔性质的那些专栏文章,即是无可辩驳的明证。然而,同样是在整个人类都被疫情严重困扰的2020年,我们倍觉惊诧地读到了他的长篇小说处女作《民谣》。《收获》是业界一向以品质著称的一家老牌文学刊物,其审稿之严酷简直路人皆知。因此,王尧的长篇小说处女作能够在《收获》发表,就是非常不容易的一件事情。单只是发表这种行为本身,就意味着其思想艺术品质已经在某种程度上得到了相应的保证。在年中一次参加郁达夫小说奖审读初评的会议上,王尧曾经语出惊人地强烈呼吁小说界应该发生一场"革命"。自然,也诚如你所料,他的这一呼吁,也同样引发了业界一场到现在都未曾终止的热议。长篇小说处女作在《收获》的发表，本就特别引人注目，再加上小说界"革命"这一命题的提出，以及"时代与肖像"专栏在《雨花》的开设，遂使得王尧一时之间成了文学界为公众所瞩目的焦点人物。既如此，人们在惊诧王尧这样一位学术研究、散文和小说写作才能兼备的所谓"三栖作家"出现的同时，一个无法回避的问题也就是，王尧作品的思想艺术品质究竟如何。在这里，对王尧的那些散文作品，我们姑且不论，单就他的长篇小说《民谣》而展开相应的讨论与剖析。

因为王尧此前不久曾经振臂一呼，大力倡扬小说界"革命"，所以，请允许我们的讨论从他的这一大力倡扬说起。说到小说界的"革命"，其实并不是一个全新的话题。连同王尧的这一次大力倡扬在内，自晚清以来，最起码已经有过三次。第一次，由晚清时期影响极大的维新派人士梁启超所一力主导。其间，梁启超所撰写的《论小说与群治之关系》一文真正可谓振聋发聩。"欲新一国之民，不可不先新一国之小说。故欲新道德，必新小说；欲新宗教，必新小说；欲新政治，必新小说；欲新风俗，必新小说；欲新学艺，必新小说；乃至欲新人心，欲新人格，必新小说。何以故？小说有不可思议之力支配人道故。"紧接着，在分别从熏、浸、刺、提四个方面论述了小说所具有的重要功能之后，梁启超得出的结论是："故今日欲改良群治，必自小说界革命始；欲新民，必自新小说始。"①虽然梁启超很明显是从如何才能够更好地改善民智，以积极推进维新改良事业的角度切入并提倡小说界革命的，但他此种努力的客观效果，却是极大地提升了小说这一文体的文学与社会地位。无论如何，小说这种在中国古代长期被认为不登大雅之堂的文学文体，之所以能够在进入中国现代文学阶段后，一跃而成为最重要的文学文体，与梁启超的小说界革命有着不容忽视的内在关联。再一次，就到了"文革"结束后新时期的1985年前后。严格说来，这一次的小说界革命，并没有一个如同梁启超一样振臂一呼的领袖式人物存在。一种实际的情形是，"文革"结束后开始的新时期文学，当它沿着某种并未事先规定好的路径发展演变到这个时间节点的时候，无意间

---

① 梁启超：《论小说与群治之关系》，载《新小说》1902年第1期。

开出的，正是小说界革命的这一朵花。但与梁启超当年的小说界革命有所不同，这一次，革命的焦点问题，其实落到了小说观念与方法的变革与解放上。也因此，如何才能够积极有效地打破既有小说观念的束缚和羁绊，以一种更为开放的方式来从事小说创作，可以被看作这一次自发形成的小说界革命的核心问题所在。细细想来，在这场不期而至的小说界革命的过程中，"寻根文学"和"先锋文学"所发生的作用怎么说都不容低估。在很多年之后的今天重新回看，一种可信的结论当是，如果没有席卷整个20世纪80年代的"文化热"，没有"文化热"中西方现代主义文学思潮的大规模进入，自然也就不会有这一次小说界革命的最终酝酿生成。

接下来，自然也就是这一次王尧的振臂一呼了。我们注意到，在稍后形成的一篇题为《新"小说革命"的必要与可能》的文字中，王尧写道："我最初在'第六届郁达夫小说奖审读委会议'上发言提出这一想法时比较犹豫。尽管我清晰和坚定地意识到小说再次发生革命的必要，而且以为新的'小说革命'已经在悄悄进行中，但我无法对此给予一个宏观的框架和微观的定义。这与其说是我学术能力的不足，毋宁说小说发展的艺术规律反对用一种或几种定义限制小说发展，反对用一种或几种经典文本规范小说创作。所以，倡导新的'小说革命'恰恰表达的是解放小说的渴望。小说革命需要小说家、批评家和读者的合力来完成，它是一个动态的、弹性的艺术运动。"[①]紧接着，联系1985年前后的那一次小说界革命，王尧对自己的想法展开了进一步的论述说明："'小说革命'不是简单的'断裂'，而是'联系'中的断裂；不是简单的以'新'代'旧'，而是以'新'激活'旧'。'寻根小说'和'先锋小说'便是以回归'传统'和学习'西方'两种不同的方式回应现代性诉求，前者于旧中出新，后者在新中更新。如果我们把八十年代的'小说革命'做一极其简单的表述，那就是小说家在任何时候只是小说写法的创造者而不是小说写法的执行者。即便是模仿，也只是过程而不是结果。"[②]明眼人一下子就可以

[①] 王尧：《新"小说革命"的必要与可能》，载《文学报》2020年9月24日。
[②] 王尧：《新"小说革命"的必要与可能》，载《文学报》2020年9月24日。

看出，在对"寻根小说"（或"寻根文学"）与"先锋小说"（或"先锋文学"）的理解和评价上，我与王尧的看法略有不同。在把二者进行区分的前提下，他认为前者是以回归"传统"的方式来回应现代性的诉求，而在我看来，二者全都可以被看作充分接受西方现代主义洗礼的结果。前者的生成，如同后者一样，也是西方现代主义影响的结果。但尽管如此，对1985年前后那次小说界革命的充分肯定，却是我们所持有的共同立场。从根本上说，王尧之所以对当下时代的小说创作不那么满意，乃因为在他看来，这些创作并没有能够如同上一次小说界革命的时候那样积极有效地参与到历史重建的过程之中："晚清、五四、八十年代（或新时期）的作家和文学，都是在历史的变化中获得了内容和形式，发育了个体和群体。现代作家与现代中国变革互动的景观不在，这是我们内心的疼痛。我们可以把这种局面的形成归咎于外部因素，我们也可以找到种种在道德上解脱的理由。但是，对一个作家而言，他的沉默如果是有所思，那么他的作品会是另外的气象。现在需要直面的问题是：作家的沉默，往往是各种能力的退化和萎缩；如果退化和萎缩只是假象，那么，这其中的所有策略和聪明对小说创作而言都是一种伤害。……小说家如果没有自己的世界观和方法论，他就不可能创造出一个在现实之外的意义和形式世界。……小说家们直面'现实'的眼光确实是钝了，有相当一部分作家理解的'现实'仅仅是被媒介所塑造出来的真实或者是一地鸡毛缠绕的现实。"[①]"一方面，过于沉溺于琐碎饾饤的小说技术反而会逼窄小说的格局和更其丰富的潜力，'技术中心主义'也在一定程度上悬置了作家的道德关怀和伦理介入；另一方面，我们对小说技术的浅尝辄止，又妨碍了小说尤其是长篇小说的结构能力。和想象力的丧失一样，结构力的丧失是当今文化发展的重要征候之一。结构力归根结底取决于作家的世界观和精神视域的宽度，以及人文修养的厚度。十九、二十世纪的经典小说的巨大体量来自于小说家们宏阔的视野，无论是现实主义巨匠如托尔斯泰、陀思妥耶夫斯基，还是现代主义大师乔伊斯、纳博科夫，都是如此。小说家在完成故事的同时，需要完成自我的塑造，他的责任是在呈现故事

[①] 王尧：《新"小说革命"的必要与可能》，载《文学报》2020年9月24日。

时同时建构意义世界,而不是事件的简单或复杂的叙述。"①事实上,也正是在以上对当下小说创作不足处深入洞察的前提下,王尧再一次提出了小说界革命的强烈呼吁:"如果说,新的'小说革命'已经不可避免,那么小说的新的可能性就存在于我们意识到的和没有意识到的困境之中。"②

一个无法否认的事实是,当王尧最早在郁达夫小说奖的审读委会议上首度提出新的"小说革命"这一说法的时候,他的长篇小说处女作《民谣》已经通过相关编辑的严格审读,即将在年底的《收获》杂志上发表了。这个时候的他,肯定可以明确地意识到,正如同他对当下小说创作的各种不足所做出的犀利分析一样,他自己的小说创作肯定也会面临来自同行的严苛要求。一种极有可能的质问就是,你王尧既然口口声声指斥当下的小说创作存在这样或那样的问题,必须进行一场新的"小说革命",那么,你自己又做得怎么样呢?难道你自己的小说创作就符合所谓新的"小说革命"的要求吗?无论如何,一方面,马上有长篇小说处女作要发表,另一方面,却又无以自控地要一力倡扬一场新的小说界革命的到来,如此这般两相结合的结果,自然也就是王尧把自己主动放置到了文学舆论界的风口浪尖上。对于这样一种必须面对的境况,智慧如王尧者,在公开发声前,肯定早有预料。正所谓"明知山有虎,偏向虎山行",在如此一种境况下,王尧却仍然坚持选择发声,所充分说明的,自然也就是作家能够坦然直面真理的巨大勇气。别的且不说,单是敢于把自己放置到风口浪尖上的勇气,就足以赢得我们充分的尊重。

然而,换一个角度,我们却也可以说,真正支撑王尧底气十足地提出新"小说革命"主张的,恐怕也正是他的小说创作实践。很大程度上,正因为同时身兼批评家和作家两种文学身份的王尧,既对当下的小说创作有着某种几乎了如指掌的认识与把握,同时也对自己行将问世的长篇小说的思想艺术成色有着足够的自信,所以他也才会有勇气公然提出新的"小说革命"的主张。依照我的推断,这里,毫无疑问潜藏着小说家王尧的一种自我评判。从一种普遍的

---

① 王尧:《新"小说革命"的必要与可能》,载《文学报》2020年9月24日。
② 王尧:《新"小说革命"的必要与可能》,载《文学报》2020年9月24日。

心理来推测，因为他自认为即将问世的长篇小说《民谣》有着足够的"革命"因素，他才会大声疾呼一场新的"小说革命"的到来。不知道其他人的阅读感受如何，反正在我，不长时间内前后两次对《民谣》的深度阅读，都会情不自禁地联想到现代一位杰出的女作家萧红，联想到了她那部早已被经典化了的长篇小说《呼兰河传》。我们注意到，关于萧红和她的《呼兰河传》，权威的文学史曾经给出过这样的一些评价："《呼兰河传》以更加成熟的艺术笔触，写出作者记忆中的家乡，一个北方小城镇的单调的美丽、人民的善良和愚昧。萧红小说的风俗画面并不仅为了增加一点地方色彩，它本身包含着巨大的文化含量与深刻的生命体验。'呼兰河这小城里住着我的祖父'，这一句几乎可以看作是全篇的主题词。从她的作品视界所能看到的故乡人民的生活方式，几乎便是无生活方式：吃，睡，劳作，像动物一般生生死死，冷漠死灭到失去一切生活目标，失去过去和未来。在这样的停滞的生活中是必然产生小团圆媳妇的悲剧的。但这里的'城与人，少女与老人，生者与逝者'的关系中，也存在着生命的永恒。"①如果说呼兰河是一座典型的北国小城镇，那么，王尧笔端的莫庄（也即江南大队）就是一个极有代表性的南方水乡的小村庄。更进一步说，呼兰河是坐落在一贯以白山黑水著称于世的东北的一个小城镇，小说故事发生的时间是在萧红的童年时期，大约也就在辛亥革命发生之前的那个时候，中华民国尚未成立；而莫庄是坐落苏北的一个南国小村庄，弥漫着非常浓郁的南方文化气息，而且故事发生的时代背景集中在了"文革"中的70年代前期。

尤其值得注意的是，在萧红与王尧之间，也还存在着某种写作伦理的一致性。具体来说，这种写作伦理突出地表现在小说的写法上。"从创造小说文体的角度看，萧红深具冲破已有格局的魄力。她说过大体这样的话：'有一种小说学，小说有一定的写法，一定要具备某几种东西，一定学得像巴尔扎克或契诃夫的作品那样。我不相信这一套，有各式各样的作者，有各式各样的小说。'她就注重打开小说和其他非小说之间的厚障壁，创造出一种介于小说

---

① 钱理群、温儒敏、吴福辉：《中国现代文学三十年》（修订本），北京大学出版社1998年版，第309—310页。

与散文及诗之间的新型小说样式,自由地出入于现时与回忆、现实与梦幻、成年与童年之间,善于捕捉人、景的细节,并融进作者强烈的感情气质,风格明丽、凄婉,又内含英武之气。萧红的忧郁感伤可以与郁达夫的小说联系起来看,但她没有那样病态、驳杂,更有女性的纯净美。她的文体是中国诗化小说的精品,对后世的影响越来越大。"①从一般的意义上来说,每一种文体都有其长期形成的一些基本特点,也即萧红所谓的常规写法。但在另一方面,某一文体比如小说的所谓常规写法,恐怕更多还是针对理论批评家而言的。对于那些以追求思想艺术的原创性为根本旨归的作家们来说,他们在进行创作时需要更多考虑的,应该是"破"而不是"立"。也就是说,作家的创作只需要更多地考虑怎么样才能够忠实地表达自己对世界、社会、人性或者人性世界的理解与认识,而不需要把更多的精力投入是否合乎某一文体规范问题的思考上。就此而言,萧红所刻意强调的"有各式各样的作者,有各式各样的小说"(其实,王尧在《新"小说革命"的必要与可能》一文中所强调的"反对用一种或几种定义限制小说发展,反对用一种或几种经典文本规范小说创作"的观点,明显暗合于萧红的这种小说主张)的说法,自然也就是可以成立的。在我的理解中,鲁迅先生在评价萧红时所谓"越轨的笔致"②的说法,其实也主要是针对这一点而言的。身为批评家的王尧,对萧红的小说观念及其《呼兰河传》肯定有着足够深入的了解。也因此,无论是否出自作家的一种艺术自觉,倘仅仅就呈示在读者面前的客观文本而言,《呼兰河传》和《民谣》之间,的确存在着某个层面上的相似处。一方面,王尧的长篇小说《民谣》,如同《呼兰河传》一样,既具有散文的品质,也有着抒情诗的特点;另一方面,不论是萧红的《呼兰河传》,还是王尧的《民谣》,都有着突出的纪实色彩,都有着鲜明的自传性,都与自己的童年记忆存在着不容忽视的内在紧密关联。由于相关的研究性文字已经很多,所以,《呼兰河传》这一方面的情况无须赘言,需要展

---

① 钱理群、温儒敏、吴福辉:《中国现代文学三十年》(修订本),北京大学出版社1998年版,第310页。
② 鲁迅:《萧红作〈生死场〉序》,见《鲁迅全集》第6卷,人民文学出版社2005年版,第422页。

开论述的，是王尧的《民谣》。但在展开具体的论述之前，有一点疑问不能不加以澄清，既然早在20世纪的30年代就已经出现过萧红《呼兰河传》这样以"越轨的笔致"而著称于世的小说杰作，那么，在很多年之后，王尧在《民谣》中再度征用萧红的若干艺术经验，也能够称得上是新的"小说革命"吗？诚所谓"太阳底下无新事"，一种绝对意义上的"新"或者说"革命行为"，其实是不存在的。正如同王尧自己也曾经明确指出过的那样，很多时候，所谓的"创新"也往往是"旧中出新"，是既往艺术经验的某种创造性转化。只要我们在一个相对阔大的文学史视野内加以考察，就不难发现这样一种现象的存在。那就是，当某一种艺术经验或者写作范式因为这样或那样的原因而在文坛沉寂很长一段时间，然后再度复现于文坛的时候，也就可以被看作新的"小说革命"方式了。对于王尧与萧红之间写作伦理与书写范式某一方面的相似与传承性，我们即应作如是观。

  问题在于，我们怎样才能认定王尧长篇小说《民谣》中具有的某种自传性色彩呢？要想确证这一点，我们就需要把《民谣》和王尧的若干散文作品进行深入比较。这里的一个必要前提是，我们首先必须确认，散文这种兼备叙事和抒情两种艺术功能的文学文体，其中所涉及的人与事，都应该是真实的，不应该做任何的想象和虚构。比如，《民谣》中，故事的主要发生地是一个原名叫莫庄后来在那个特定的历史时期曾经一度更名为江南大队的南方水乡。这个莫庄，就是一个真实的地名。这一点，首先可以在王尧的散文《先生和学生》[①]中得到切实的印证。"我在那里代课近一年，多数时间是每天来回，下课了走回莫庄，早上起来去吴堡。""我们那一带用'堡'来命名的村庄几乎只有吴堡。舍和庄是常用的，比如我们村就叫莫庄，在不远处有陶庄、草舍之类的村庄。"我们都知道，在小说中虚构一个村庄的名字，是再简单不过的一件事情。在拥有可以随便命名的这样一种权力的情况下，王尧却仍然坚持使用莫庄这样一个真实的地名，所首先告诉读者的，就是《民谣》中自传性色彩的存在。

---

① 王尧：《先生和学生》，载《雨花》2020年第7期。

更值得注意的是，《民谣》中的一些人物和事件，与王尧散文《那是初恋吗》①中若干人物和故事甚至叙事话语的相似甚或干脆相同。首先是人物，比如小说中的第一人称叙述者"我"也即王大头，初中时内心里最早恋慕的异性，是跟随着她的父亲一起来到我们村也即莫庄供销社工作的方小朵："朵儿在我的生活中若隐若现，她突然在庄上出现，又在我没有思想准备中离开。朵儿姓方，方小朵。我们都叫方小朵的爸爸老方。老方父女俩坐船从另一个公社的供销社到我大队的，他在供销社百货柜台工作。老方镶了一颗金牙，他对所有人都微笑着，金牙总是露出一部分。"到后来，我们才知道这位老方，之所以见了谁都是笑眯眯的，其实和他已经被打入另册的社会政治身份紧密相关。原来，老方属于已经被改正了的"右派"。在方小朵的讲述中，父亲的被打成"右派"，有着鲜明的荒诞色彩："方小朵说她父亲之前在商业局工作，他在一次会议中上厕所了，回来后知道领导和群众决定了他是'右派'。"面对着"我"的满目狐疑，方小朵做出了进一步的解释："我像我爸爸，喜欢说话，喜欢提意见。"只有到这个时候，所有的谜底才被全部揭开。一方面，在那场声势浩大的反"右派"运动中，如同老方这样因为不合时宜地上了一次厕所，所以就不幸被打成"右派"者，的确大有人在，老方并非孤例。但在另一方面，事情其实也没有这么简单。只有联系方小朵所说的，父亲不仅一向多嘴，而且也还总是喜欢提意见，方才可以确证，正所谓祸从口出，或者说凡事皆有因果。正因为老方平时喜欢提意见的行为，在不经意间得罪了领导与群众，所以他才难免要遭此一劫。诚所谓"吃一堑长一智"，既然已经在政治上摔过大跟斗，所以老方才不得不夹起尾巴做人，才会对所有人都笑脸相迎。如果说方小朵是《民谣》中不可或缺的一位重要人物，离开了她，小说基本的叙事动力很可能会受到一定的影响，那么，她的父亲老方，就只可能是文本中一位可有可无的边缘性人物。倘若舍弃掉这个人物，也不会从根本上影响小说的总体格局。但即使是这样一位看似无关紧要的边缘性人物，王尧也不肯掉以轻心，虽然只是不多的一些生活细节，他也从精神分析学的深度去写方小朵父女。如

---

① 王尧：《那是初恋吗》，载《雨花》2020年第4期。

果说老方的精神分析学深度体现在他那简直就是无时不在的微笑行为（此种微笑行为，因其被动，所以一定是僵硬的）上的话，那么，方小朵的精神分析学深度就集中体现在她对死亡的莫名恐惧上。小说中写道，刚刚插到我们班上读书的方小朵，原本被安排坐在了王大头朋友余光明（也即余三小）曾经坐过的座位上。然而，等到后来她了解到此种实情后，却坚决要求和王大头调换座位："有一天下午放学时，方小朵突然哭了，她知道了她坐在死人坐过的位置上。"面对方小朵的强烈要求，在征得班主任同意后，王大头答应了她的请求。"我后来才知道，方小朵对死亡的恐惧，源于她母亲的突然去世。方小朵没有说出她母亲去世的详情，她说她父亲到西鞋庄劳动改造时认识了她的母亲。"就这样，在强有力地揭示出方小朵有一种惧怕死亡的精神情结的同时，王尧却也不动声色地暗示出了方小朵父母那带有一定传奇色彩的婚姻感情生活。她的父亲老方，明明是劳动改造的戴罪之身，她的母亲为什么要选择嫁给他呢？如此一种看似不般配的婚姻过程中，男女双方又会经历怎么样的心路历程？与此同时，方小朵的母亲又是怎样突然去世的？所有的这一切，王尧都把它们深深地藏在了文本的背后。然而，从文学接受学的角度来说，正所谓"不著一字，尽得风流"，虽然作家表面上写出的只是冰山一角，但他所暗示传达出的，却是海平面下那含蕴更加丰富复杂的冰山本身。

然后，是《那是初恋吗》中的相关描写："那个叫小朵的女生到我们初二班插班时，是穿着凉鞋过来的。我们男生女生穿凉鞋的很少，天气特别热的时候，我们都是穿木拖鞋，平时我们都穿布鞋子。小朵的爸爸到我们这边的邮电所工作了，她跟着过来。我和她并没有交往，有一天她发现她坐的是不久前死去的同学的座位，在放学时突然大哭起来。我是班长，就请示班主任同意，跟她换了位置。她问我，你不怕死人？我说，一起长大的，他不会吓我的。"请注意，除了连同人物的命名（都叫小朵）都没有变化之外，不论是初二时的插班，抑或是和"我"调换座位，全都在现实生活中实实在在地发生过。与现实生活相比较，王尧的艺术想象虚构集中体现在两个方面。其一，小朵父亲的工作单位由邮电所变成了供销社。其二，更重要的是，到了小说中，不仅小朵的父亲被赋予改正后的"右派"这样一种社会政治身份,而且还穿插叙述了她父母之间的传奇婚姻,以及母亲的突然死亡。经过王尧如此一番可谓是"点石成金"的想象虚构之后,原本是散文中的真实故事,就变成了小说中有机的故事情节。尤其值得注意的是,在经过了这样的一种艺术转换之后,原本意义有限的散文故事,因其与时代背景的紧密结合,也就拥有了更加重要的社会意义和价值。散文中,这位在"我"的心目中突然漂亮起来的小朵,曾经送给"我"一方手帕。紧接着,王尧写道:"我的一篇未刊稿中,记录和虚构了我对她的印象:其实我并不能说出她哪里漂亮,你甚至说不出她的眼睛、鼻子和嘴巴什么样,但你对她的长相无可非议。"在这里,王尧所特别提及的那篇未刊稿,毫无疑问也就是我们这里正在分析的长篇小说《民谣》。《民谣》中,与此相关的描写是:"在我后来的回忆中,朵儿还是那样若隐若现,我无法在记忆中复原我见过的她。我能够想起来的是,小朵的脸上点着几点淡淡的雀斑,但我记不清在脸部哪个部位。"更进一步说,与王尧的散文《那是初恋吗》形成明显互文效应的,是《民谣》中的这样一段叙事话语:"在我后来写的散文中,方小朵成了冬妮娅,我回忆了在字里行间见到冬妮娅的感受……冬妮娅几乎让我丧魂落魄,我甚至觉得我第一次失恋是保尔与冬妮娅两个人分手的时刻。冬妮娅哭了,她悲伤地凝望着闪耀的碧蓝的河流,两眼饱含着泪水。我一直记着小说中的这一段描写,我让自己代替了保尔,我看着冬妮娅远去的背影,我也哭了。"首先,这里"我后来写的散文",无疑就是指《那是初恋吗》这一篇。其次,以上这一段文字,除了个别标点符号的位置调整之外,几乎原封不动地被复制到了《那是初恋吗》(当然,实际的情况也可能是相反)这篇散文中。

由以上关于方小朵这一人物形象以及相关细节描写的分析可见,长篇小说《民谣》具有自传性色彩,乃是顺理成章的一个结果。自然,支撑这一结论的,除了方小朵之外,也还有其他的一些人与事。比如,《那是初恋吗》中那位因肺结核而不治身亡的同学,与《民谣》中同样咳血而亡的王大头的少年玩伴余三小(或余光明)。比如,同一篇散文中的那位高中时曾经一度和"我"

发生过冲突，后来却又有过一番情感纠葛的"校花"女同学，毫无疑问可以被看作《民谣》中许玲的生活原型。再比如，《那是初恋吗》中曾经专门记叙："再过了几个月，我拿到升学考试的作文题目：读书务农，无上光荣。"到了《民谣》中，既是语文老师，同时也身兼化学老师的那位杨老师，为王大头所精准预测到的初升高作文题目，竟然也是《读书务农，无上光荣》。以上种种，其最终的指向，都是《民谣》的自传性。尤其不容忽视的，是《那是初恋吗》和《民谣》中非常相似的关于"我"也即王大头少年阅读的相关文字。前者中是："在新圣女公墓，我见到了契诃夫、马雅可夫斯基、斯坦尼斯拉夫斯基、果戈理，还有柴可夫斯基。我们又驱车去了托尔斯泰的庄园，他的苹果树上还长着苹果。在读奥斯特洛夫斯基和高尔基时，我还不知道有托尔斯泰和安娜·卡列尼娜。这些人和我的少年无关，如果他们曾经在我的少年生活中出现，我不知道今天的我是不是另一番面貌。"到了后者中，则是："在新圣女公墓，我见到了契诃夫，斯坦尼斯拉夫斯基，果戈理。当年，我没有读过他们的书。我曾经在报纸上看到批判哈依尔·亚历山大维奇·肖洛霍夫的文章，开始只记住了肖洛霍夫。我们又驱车去了托尔斯泰的庄园，他的苹果树上还长着苹果。他们和我的少年无关，如果他们曾经在我的少年生活出现，我有可能会长成另外的样子。"比较以上两段叙事话语，除了内容与表达方式惊人地相似之外，更加值得注意的，却是这里所重点表述的"我"也即王大头少年时的阅读经历。正如同《民谣》中所描述的那样，王大头少年时酷爱文学。为了能够实现这种强烈的愿望，他甚至不惜成天去捡烟头，以便从一个名叫晓东的青年那里换书（主要是当时流行的那些小说）来读："我是在大队办公室后面的那条巷子和晓东见面的，我们约好了在那里用香烟屁股换他的几本小说。""晓东从来不肯告诉我他从哪里弄来的这些小说，他说，你不要问这些。"实际上，正如你已经预料到的，那个时候，王大头从晓东那里兑换来的，只能是我们后来所谓"红色经典"的那些小说作品："舅爹背古文观止。我读小说，偷偷看了《野火春风斗古城》《三家巷》和《红旗谱》等。"无论如何，在那个特定的历史时期，在那个名叫莫庄的南方小村庄，王大头所接触到的，只能是如同《红旗谱》《三家巷》这样的"红色经典",范围再扩大一点,也不过是高尔基以及《钢铁是怎样炼成的》这种所谓国际范围内的"红色经典"。唯其如此,《民谣》中的王大头,或者《那是初恋吗》中的"我"才会这样设问,假如当年"我"或王大头实际接触到的,不是这些"红色经典",而是托尔斯泰、契诃夫、果戈理、斯坦尼斯拉夫斯基,或者肖洛霍夫,那么,虽然他的人生轨迹未必一定会改变,但最起码,他对文学艺术,对时代与社会,对人类生命存在的理解肯定会有很大的不同。

九九归一,我们以上关于《民谣》自传性的各种考辨终将会落脚到既是小说中的第一人称叙述者,同时也是其中不可或缺的一位重要人物形象"我"也即王大头身上。正如同萧红《呼兰河传》中的那个第一人称叙述者"我"身上有着作家自身的明显投影一样,《民谣》中的第一人称叙述者"我"身上,也同样有着作家王尧自己的明显投影。尤其是,当我们在《民谣》中竟然读到诸如"在我后来写的散文中,方小朵成了冬妮娅,我回忆了在字里行间见到冬妮娅的感受"这样一些叙述文字的时候,那个"我"也就径直变成了王尧自己。但是且慢,我们一定要注意到小说文体的本质规定性所在,依照现代叙事理论,那个在小说叙事过程中以"我"的方式粉墨登场的第一人称叙述者,不管怎么说都不能被看作作家本人。即使作家干脆就把这个人物形象命名为"王尧",那他也不能等同于现实生活中的那个王尧。从这个意义上说,当这位第一人称叙述者强烈地以各种手段暗示自己就是作者的时候,实际上也就是借助这种方式来制造某种促使读者更加信以为真的阅读幻觉。也因此,在指认"我"也即王大头身上有着突出自传性色彩的同时,我们更应该强调,他更是作家虚构出的一个人物形象。一方面,作为第一人称叙述者,"我"也即王大头承担着特别重要的生活观察与思考传递的功能,小说中所有的人和事全都借助于他的细心观察,在经过他的一番主体过滤之后,才最终呈现在了广大读者面前。但在另一方面,作为小说中一个带有突出自传性的重要人物形象,他也给我们留下了殊为深刻的印象。首先,是他那相对特别的降生方式,以及"王大头"命名的由来。依照父母后来的追述,"我"也即王大头行将降生于世的时候，正是公元1958年："差不多在踏上这座码头的十年之后，父亲跟着大队干部，站在这个码头上欢送结束视察的省委书记。""'你还没有养下来，在我肚子里就看到很多大人物了。'这些大人物是省委书记、地委书记和县委书记，我们大队送行的是陆书记、孙大队长。"正是在当时那样一种大跃进的激进时代氛围中，遵从省委书记的现场指令，曾经的苏北水乡莫庄被改名为"江南大队"。与村庄被改名差不多同时的，就是"我"也即王大头的降生。还没有等站在桥上"看风景"的母亲返回家里，阵痛就突然来袭："等接生婆赶来时，我的头已经出来。一会儿我完整地躺在接生婆的手上，但我没有哭出一声。"在经过了一番拍打后，"我"终于大哭出声："这个时候，我头朝地脚朝上，倒着睁眼看世界，倒着发出了第一声。我的初啼，后来一直成为母亲模仿的声音。我也一直努力回忆母亲的大哭，我没有一点印象。我倒着的头很大，从那一天开始，别人叫我王大头。"倘若联系小说明显的自传性色彩，王尧关于"王大头"的命名，无疑带有一定的自我嘲讽意味。但隐藏于此种自我嘲讽背后的，其实是作家内心深处某种极度自信的表现。另外比较耐人寻味的一点是，刚刚出生的王大头竟然是"倒着睁眼看世界"，难道说整部《民谣》都是这位名叫王大头的少年，倒着看世界或者莫庄的产物吗？

其次，是王大头从少年时期就已经养成的文学阅读习惯，以及他试图努力成为一位作家的梦想。关于他的文学阅读，前边已经有所论述，此处不赘述。而他文学梦想的最早生成，则与初二时的音乐教师张老师的积极鼓励紧密相关："无论我怎么解释，没有人相信我说的是真的。我突然开始紧张，烦躁，在我还没有理解什么是孤独时，孤独来了。让我有些释然的是张老师，他说我可能会成为作家，我想写小说就是从那天遇到张老师的晚上萌生的。"很大程度上，正是因为有了写小说梦想的萌生，才有了后来王大头真正写小说的实际行动："在奶奶的骨灰迁移到凤凰垛后，我意识到那个小镇或许与我没有关系了。我在村前的那个水码头驻足良久，当年，爷爷奶奶带着他们的儿女坐船从镇上到乡下，就是从这码头上岸的。站在码头上的那一刻，我很快把自己看成废墟中的一块青砖，一根朽木。我又毫无理由地想把一个村庄一个小镇蜕变的历史承担下来，毫无理由地让我的记忆在潮湿和阴郁中成为废墟。我返回少年时的通道因此泥泞，但我已经无法抽身而退。很多年后我开始写作一部至今未完成的小说，小说的开头是：我坐在码头上，太阳像一张薄薄的纸垫在屁股底下。"这方面，一个确凿无疑的事实是，王尧这部《民谣》的开头果然是这句话，一字不差。那一年，是1972年，王大头十四岁的时候。他之所以会久久地坐在码头上，是要等那艘载着外公的船。也因此，卷一第一节的结尾才会是："外公的船也许快到西泊了，我屁股下那张纸好像也被风吹走了。"能够把太阳想象成一张被王大头坐在屁股下面的薄薄的纸，所说明的，首先是王尧艺术想象力的神奇。而另外一点值得注意的则是，小说中王大头那部"至今未完成"的小说作品，实际上正是长篇小说《民谣》。二者互为指涉的直接结果，一方面固然是赋予了《民谣》一定的"元小说"意味，另一方面则是确证王大头的文学梦想最终成真。

第三，归根到底，王尧借助小说中那位后来走上写作道路的王大头，所最终完成的是对自己少年时一段真切无比的乡村历史记忆的艺术复现。这一方面，不管怎么说都不容忽视的一点，就是王大头参与队史编写小组："在队史编写组会上，我说：'我们这个大队的庄子和其他大队不一样，四周都是河水。从互助组开始，一直是先进典型，现在又是学大寨的典型。李先生跟我说，我们庄子的风水好。'"一种实际的情况是，当年参加队史编写组的王大头，也不过是一位初一的学生："其实，我不太愿意参加这个队史编写小组，我的功课很紧，还要到田里干活，还要看小说。勇子跟表姐说：'大头初一学生，也算是文化人，这位小兄弟有自己的观点。'说是小组，其实就是勇子、表姐和我。他们都很忙，我负责写初稿。这件事让外公很兴奋，他跟我说：'你有不清楚的，可以问我。'"问题在于，小小年纪的王大头，何以会被推荐参加队史编写小组呢？具体来说，这与王大头日常的学习与读书状况紧密相关："我读初一了，喜欢语文课和写作文。课本已经满足不了我，我从晓东那里借书，又在表姐的木箱子里，挑选了几本杂志和语文课本。"正因为初一学生王大头通过相对广泛的文学阅读，已经具备了初步的写作能力，所以，才会在写作人才极度匮乏的莫庄,被村干部吸纳为队史编写的三人小组成员。应该承认,在那个一切以阶级斗争为纲的特定时代,身为村干部的勇子和表姐他们之所以要组织专门的队史编写小组,乃是要书写一部江南大队的阶级斗争史。正因为如此,勇子才会对王大头特别强调:"你想过没有,我们这个大队的历史就是一部阶级斗争的历史。"一种实际的情况是,在当时,尚处于懵懂少年时期的王大头本人,也无可避免地会受到时代激进思潮的影响。比如,在参加了外公批斗会的那一天,精神备受刺激的王大头,曾经一度产生过这样的羞愧想法:"那时我已经接受了一点阶级和阶级斗争的概念,我为自己身上有剥削阶级的血在流淌感到羞愧。我们家族为什么不能出一个革命者?这个疑问跟随了我从村庄到小镇,再到我离开这里。我后来的疑问变成了我们家族为什么不能出一个坚定的革命者?"我的疑问之所以会发生变化,原因在于,曾经一度被王大头认定为革命者的外公李春山,由于胡怀忠的"揭发"而被诬为"内奸",而在批斗会上受到了造反派们的批判。因为王大头倍感痛惜于革命者外公中途背弃革命,所以他才会特别希望自己的家族能够出一个意志坚定的革命者。更重要的一点是,在我看来,王尧之所以要特别设定少年王大头进入队史编写小组,其实与作家事先预设的创作主旨紧密相关。毫无疑问,正如同萧红的《呼兰河传》一样,王尧的《民谣》也是一部通过第一人称的童年视角回望少年生活的具有"越轨的笔致"的长篇小说。如果说萧红在当年意欲写出的,是后花园里饱含温情的老祖父,以及地处北方的呼兰河小城里的小团圆媳妇、有二伯、冯歪嘴子等一众普通民众的悲剧性命运。在充分地描摹展示这些普通民众苦难的生存状态和精神状态的同时,也深刻地寄寓着一种如同鲁迅先生一样的国民性批判的主旨。那么,到了王尧的这部《民谣》里,作家通过王大头的叙述,企图勾勒出的既是地处苏北的南方水乡莫庄70年代初期的乡村图景,也是这个村庄数十年间的历史变迁。在以一种充满忧郁感伤的笔调涂抹乡村景致的同时,更是写出了历史与人性构成的复杂与吊诡。如果说对莫庄这一南方小村庄的全方位书写的确可以被看作《民谣》的创作主旨,那么,少年王大头进入队史编写小组这一细节,就给这位第一人称叙述者关注(甚或是某种意上的"窥视")莫庄的村史与现实（这里的所谓"现实"，当然是指70年代初期王大头置身于队史编写小组那个时候莫庄各方面的情况）提供了并非不必要的理由。很多时候，只有借助此种便利，王大头才有权力去了解莫庄的方方面面与前前后后。

然而请注意，尽管从表面上看，作家在《民谣》中所采用的的确是王大头的少年视角，但从叙述的实际情形来看，我们最起码还可以感觉到一个思想已经处于成熟状态的成年王大头（或者也可以干脆说就是成年的王尧？）的视角存在。比如说，这样的一段叙事话语："让我不安的是，在钻井队看到中华牙膏、自行车、帆布包、皮鞋、雪花膏时，我想到了奶奶那只神秘的箱子和其中的物件。两个错落的时空，在我心中重合了。在奶奶打开箱子的那个瞬间，我闻到的樟脑丸气味仿佛也是从遥远的地方飘过来的。我一直认为奶奶的日常生活、小镇以及她的箱子都是旧时代的产物，现在突然发现，箱子里的那些东西是旧时代的现代文明。奶奶的洋货怎么也抵不上钻井架这样的洋货，但钻井队工人的一些日常用品，几十年前就在奶奶的箱子里了。"首先，对于70年代作为农民阶层的莫庄人来说，为了勘探石油而从外部世界突然进入的钻井队员，毫无疑问就是工人。而工人，在70年代不仅是领导阶级，而且因其绝大部分生活在城市，所以也就能够更早地接触到现代文明。就此而言，前述这段叙事话语中所罗列出的由钻井队带来的中华牙膏、自行车、帆布包、皮鞋以及雪花膏等这样一些物品，其实可以被看作现代文明的一种象征。然而，真正的吊诡之处在于，当王大头由钻井队所带来的这些稀奇物件而联想到一直被奶奶视为宝贝的那个旧箱子的时候，他却不无惊异地发现，曾经在进入社会主义新时代之后长期被视为旧时代的遗物的奶奶的旧箱子，它里面所储存的那些同样带有旧时代气息的东西，就其本质来说，实际上早就可以被看作现代文明的象征。这样一来，那些曾经以为很旧的东西，因为钻井队那些带有现代文明象征的物品的烛照，一下子就变成了很新的东西。与此相反的命题，自然也就是，那些在社会主义新时代被看作是新的东西，其本质或许恰恰是陈旧的。在这个意义层面上，王尧在这段内蕴丰富的叙事话语中，所真切揭示的，乃是历史或者现实生活中某种新与旧的辩证法。更进一步说，如此一种境况，是否可以被理解为历史与社会的"循环往复"呢？但不管怎么说，这样一段潜藏有丰富意蕴的叙事话语，绝不是初一学生王大头所能理解认识的。它的出现所依赖的前提，只能是一位思想的成熟者，是成年的王大头或者王尧自己。

自传性之外，王尧《民谣》所谓"革命性"的另一个方面，就是艺术结构上的积极努力。关于小说的艺术结构，王安忆曾经有过这样的一种认识："当我们提到结构的时候，通常想到的是充满奇思异想的现代小说，那种暗喻和象征的特定安置，隐蔽意义的显身术，时间空间的重新排列。在此，结构确实成为一件重要的事情，它就像一个机关，倘若打不开它，便对全篇无从了解，陷于茫然。文字是谜面，结构是破译的密码，故事是谜底。"①既然结构被看作一种"破译的密码"，那么，分析其具体的结构方式对于理解把握一部小说的重要性，当然也就显而易见了。按照王尧的设定，《民谣》的艺术结构首先由篇幅不够平衡的三大板块组成。第一个板块，是作为小说主体部分的"内篇"，第二个板块，是地位相对次要的"杂篇"，第三个板块，则是篇幅最小的"外篇"。需要特别指明的一点是，我们所谓作为小说主体部分的"内篇"，王尧在小说文本中并没有专门标明。它，其实是我自己杜撰出来的一种说法。我杜撰这样一种说法的根本前提是，王尧已经明确标明了"杂篇"和"外篇"。依照一种基本的逻辑，既然有"杂篇"和"外篇"，那也就应该有与之相对应的"内篇"。而这"内篇"，无论如何也都只能是另外两部分之外的那个小说主体部分。虽然我们并不知道王尧采用这样一种艺术结构的动因何在，但在我们的理解中，或许与《庄子》的影响有关。我们都知道，整部《庄子》正是由"内篇""外篇"以及"杂篇"三部分组成的。学界一般认为，"内篇"中的七篇文字，乃庄子本人亲自撰写；"外篇"中的十五篇，或为庄子的弟子们撰写，或者由庄子与他的弟子一起合作完成，它们反映的同样是庄子真实的思想；相比较来说，"杂篇"中十一篇的情形就要复杂许多，应当是

---

① 王安忆：《雅致的结构》，上海书店出版社2011年版，第16—17页。

后来逐渐形成的庄子学派所写，其中一些篇幅所表达的，很可能并非庄子本人的思想，比如《盗跖》与《说剑》等。但从根本上说，王尧也只是在结构上借用了《庄子》所谓"内篇""外篇"以及"杂篇"的相应说法而已，具体到这三个部分的内涵，二者其实大相径庭。

首先，是作为小说主体部分的"内篇"。具体来说，"内篇"共由四个部分组成，四卷内容全都被统摄在第一人称叙述者王大头的叙述视野之中，所以被看作王大头立足于自身价值立场上的一种对莫庄的现实凝视与历史回望。从空间的角度来说，虽然也会偶然旁涉到奶奶的小镇（之所以这么说，是因为奶奶虽然一直到70年代初期才去世，但从内在的精神层面来说，她自始至终都没有走出过小镇："在后来的日子里，我明白了奶奶是这个小镇的象征，也是旧时代小镇的延续。其实，小镇和村庄有太大的反差，但奶奶没有表现出痛苦。她在记忆中，在生活中不断延续的那个旧时代，给她带来了平衡。"），以及更遥远的县城，甚至也偶尔会借助人物之口提及上海、新疆与黑龙江这样一些更加遥远的地方，但莫庄这个地处苏北的南方小村庄，却始终是文本聚焦的核心。从时间的角度来考察，虽然最早也会偶尔上溯到20世纪40年代的战争岁月，连带着如同大跃进这样发生在五六十年代的事情也会有所叙述，但严格来说，作家所集中关注的时间段落焦点，其实也还是"文革"后半段的70年代初期，也即王大头开始对人生有了最初体认的时候。更进一步说，虽然各种故事也会在不同的部分有所交叉，但约略看来，四卷的内容也还是各有侧重。

依照我的理解，卷一所集中关注的，是王大头母系家族这一脉的人生，其中又以命运格外跌宕起伏的外公李春山为重点人物。外公李春山，早在40年代就已经参加了地下党的革命活动："外公和剃头匠老杨参加地下党，是这个村庄故事线索中的一个重要环节。"关键的问题是，虽然外公早在1949年前就已经成了一位革命者，但到了"文革"开始不久的1967年夏天，他却因为被胡怀忠举报曾经送地主儿子胡若鲁出逃而被打入政治另册，惨遭造反派组织的揪斗批判。用父亲的话来说，就是："外公的问题还是有人揭发他，说是他用船送走胡鹤义大儿子去台湾的，外公就是不承认。"这样一来，自然也就有了外公在供销社门口被批斗场面的出现。也因此,对正处于成长关键阶段的王大头来说,"外公的问题才是我内心疼痛的那一块"。从这个时候开始,一直到1971年的"九一三"事件发生之后,外公被诬陷的问题才在反复申诉的情况下,得到相对公正的解决:"勇子唯一让我兴奋的话是说外公要恢复组织生活了,我不知道什么叫组织生活,但我意识到外公不再是牛鬼蛇神了。"这样一来,才有了小说一开头,王大头坐在码头上等待的场景。少年王大头满怀希望苦苦等待的,正是外公即将被彻底澄清的历史问题的结论:"现在又一个春天过去了。外公去公社谈话了,我在等他归来,他的船也许已经靠近了西泊。从去年冬天提交材料给公社,到今天去公社谈话,差不多半年,外公的历史问题快要有结论了。"需要注意的是,王大头在讲述外公复杂人生的时候,并没有把他和莫庄割裂开来:"村庄就是槐树的树干,外公只是树枝上的一片叶子,甚至已经是落地的一片叶子,但和外公这片叶子相互映衬的树枝上,还有地主家族,游击队,还乡团,合作化,他们都与外公生长在同一棵树上。"就这样,从最初的普通民众的一分子,到成为革命者,到被诬为"内奸",再到有了新结论的革命者,外公个人跌宕起伏的命运所折射出的,正是历史的吊诡与复杂。

如果说卷一关注的主要是王大头的母系一脉,那么,到了卷二中,作家所集中聚焦的就是他的父系一脉。原本生活在镇上的王家,之所以搬迁到莫庄,与一场意外的大火紧密相关:"让我惊讶的是,外公说到镇上的石板街曾经有一次大火,我们王家的油店和胡鹤义家的'昶利和'在火中烧成灰烬。"多亏这一把火把爷爷奶奶的家庭成分烧成了贫农,才使得王家到后来避免了如同胡鹤义一样成为阶级敌人的可能。毫无疑问,正因为油店被烧破产,王家才被迫搬迁到了乡下莫庄生活,也才有了后来王大头在"内篇"中对莫庄生活的观察与表现。王大头的奶奶之所以一辈子都没有能够走出她的小镇,走出旧时代,正是因为她的人生或者说世界观早已在小镇就已经被定格。很大程度上,也正是这一点,从根本上决定了王尧在卷二中关注与思考的主要问题,就是文明的对照与落差。

到了卷三和卷四中，王大头的关注点就由自己所隶属的家族，进一步扩大到了家族之外的其他村人身上。卷三所集中书写的，是乡村的爱情生活及其困境。其中，既有秋兰和勇子，也有巧兰和阮长林，更有余明不幸挥刀自宫。两情相悦的秋兰和勇子所遭遇的爱情阻力，与当时阶级斗争的政治氛围有关。身为大队干部的勇子，一方面在内心里深爱着可人的秋兰，另一方面却又为她的富农家庭成分而满怀忧虑。他非常清楚，和秋兰未来的婚姻，将会从根本上影响到自己的政治前途。正因为如此，王大头母亲才会给出这样的一种建议："如果你能放下秋兰，你就继续做大队干部；如果你放不下秋兰，你就不做大队干部，和秋兰结婚。"最后，勇子在经过一番犹豫勇敢地和秋兰结婚后，果然遭遇了相应的惩罚："公社讨论了勇子的事。不能说勇子犯了错误，但又不适合在大队干部位置上，最后决定安排勇子到公社棉织厂做车间主任。"与勇子秋兰他们遭遇的政治阻力不同，巧兰和阮长林遭遇的，则是工农差异的困境。在巧兰和阮长林发生情感的碰撞之后，他们所面临的就是城市户口和农村户口的天壤之别。正因为如此，王大头母亲才会说："如果钻井队不走，你们倒是有可能的。"关键的问题是，由于没有找到石油，钻井队终于还是迁移到了千里之外的哈尔滨。好在多情的阮长林不忘旧情，在他情感橄榄枝的强烈召唤下，巧兰终于义无反顾地远赴北国冰城哈尔滨了。相比较来说，悲剧色彩最鲜明的，是余明一怒之下挥刀自宫。要想说明这个问题，得联系"杂篇"部分由王大头代笔的"写给苏南师范学院革委会的一封信"才行。王大头之所以要代笔这封信，主要因为杨网小的恋人杨汉成在成为大学生后，要如同陈世美一样抛弃依然生活在农村的杨网小。因此而心情不好的杨网小，在和余明发生争执时，告诉余明不要对自己动手动脚。余明在一气之下，不由得脱口而出："我还要强奸你呢。"没想到，无意间听到这句话的刘队长，却要借此而打击报复余明。恼怒无比的余明，一时情急，只好出此下策："怎样才能证明自己清白呢？他看到小条桌上有一把裁纸的刀，他怒冲冲地拿起刀来，脱下裤子坐在椅子上，然后对着自己的生殖器就是一刀下去。"一场由杨网小的爱情失意而导致的悲剧，就此酿成。尤其不能忽视的一点是，在讲述以上爱情故事的同时，王大头竟然发出了这样一种感叹："我也被他们烦了，突然觉得这几位都有点不幸，他们好像都做不了自己的主。"既然自己都做不了自己的主，那么，到底是何种力量在主导着上述各位的情感生活呢？在此，借助于王大头的一句莫名感慨，作家王尧巧妙地把质疑的目光引向了当时那个不尽合理的社会和时代。

卷四所集中书写的，其实是王大头在莫庄目睹或亲历的各种死亡景观："四月的乡村是恐怖的，许多熬过冬天的人是在春天到来时开始死亡的，当万物开始生长时，万病复苏，田野里新坟无数。"也因此，"我在四月总是忧郁的，忧郁到抑郁，心里北风嗖嗖"。在这个部分，王尧集中呈现了各种各样的死亡景观。有同学余三小也即余光明之死，有根叔之死，有烂猫屎之死，有方小朵母亲的突然去世，有那个公社杨书记的被杀，有乡村知识分子李先生的投河自尽，也有外公似乎很漫长的死亡过程（这种阅读感觉的生成，其实取决于王大头相应叙述过程的漫长）。尽管说所有的死亡都会令人倍觉感伤，但相比较来说，恐怕还是少年余三小因肺结核而夭折更令人难以接受。"'我可能要死掉了。'在第一次吐血后，三小跟我说。我们曾经形影不离，他的数学成绩一直很好。"临终前不久，三小一方面关注着王大头未来的人生前景，另一方面也平静地预言着自己生命的结束："'那时我肯定不在了。'我控制住，没有哭，但眼泪出来了。"到最后，在要好同学的墓前，王大头用树枝画了五个字："余光明之墓。"就这样，一种实际的艺术效果是，作家的相关书写愈是节制、内敛、沉静，所传达出的情感愈是痛彻心扉。唯其如此，才会有如此沉痛的文字出现："三小死的那一天，阳光就像夏天一样，但在麦地里我依然浑身发凉。我一直回忆关于外公的许多温暖的细节，以融化雨水、冰块和风。在安葬外公时，我们撒了许多纸钱，那时允许烧纸钱了，坟头烟雾弥漫，我的眼前一片模糊，但我知道墓地之外是绿的麦苗，黄的菜花，像蝴蝶一样的蚕豆花。又是一个五月。又是无数个五月过去了，但我一直没有在坟前告诉外公：我们那个村庄，现在不叫江南大队了，你熟悉的或者曾经忘记的那个村名又重新喊起来了。"小说开头不久，遵省委书记之命，莫庄被硬生生地改为江南大队。到卷四末尾处，当江南大队终于被改回原来的莫庄的时候，便是一种叙事循环的完成，《民谣》主体部分的"内篇"也就该结束了。

然而，我们无论如何都不能不提及的，是李先生在投河自尽前留给王大头的那张纸条。纸条上的内容是转抄自《孟子》的一段文言文："由是观之，无恻隐之心，非人也；无羞恶之心，非人也；无辞让之心，非人也；无是非之心，非人也。恻隐之心，仁之端也；羞恶之心，义之端也；辞让之心，礼之端也；是非之心，智之端也。"九九归一，王尧借助于《孟子》中的这一段文言文，企图强调的就是一定要把古人所言的"仁义礼智"作为做人的根本。从表面上看，作家的此种处理方式，既契合了成天到晚教授王大头《古文观止》的李先生的中国传统士人的身份，也暗合于当下社会一力强调文化复兴的时代大潮。但细细琢磨，细心体会，作为一位作家，王尧的重心恐怕还是更多地落脚到了对所谓"恻隐之心"的倡扬上。如果将"恻隐之心"转换为现代式话语来表达，那就是一种人道主义的精神价值立场。归根到底，王尧借助于王大头的叙述呈现在我们面前的莫庄的现实和历史，之所以会是这样一副模样，与作家所秉承的这种精神价值立场有着重要的内在关联。

其次，是更多带有史料实证性质的"杂篇"。按照叙述者王大头的交代，"杂篇"乃来自母亲在一个木箱子里发现的自己原来的作文本："最初拿到作文本时，我喜出望外地诧异。即使现在坐在这里重读我这些幼稚的作文时，我也只能用'百感交集'这样一个苍老的词。我在发黄的纸张中见到了自己的少年，我已经四十岁了。"最初的惊喜过后，王大头方才意识到："这些作文和写在信纸本上的稿子，留下一个乡村少年到青年的思想发育痕迹和尘埃。这几年流行非虚构写作，我曾经想编辑这些作文，以非虚构的文体形式发表。我一直在意我们曾经的过去。但在断断续续写作这部所谓小说时，我发现，这些作文或稿子，其实就是这部小说的一部分。于是，最终还是用'杂篇'的形式将我这些散落的文字收拢进来。"与此同时，"考虑到这些作文或为他人写的稿子年代已经久远，与之相关的事儿，我也模糊了，便尝试用注释的方式追忆和补记当年的情景"。首先，不管怎么说，此种处理方式也都是作家写作小说时的一种"障眼法"。事实上，我们所读到的"杂篇"，都是写作时作家逼真模拟的一种结果。实际的生活中，未必就真的存在这么一个木箱子，更遑论其中的那些作文和稿子。但作家如此一种"煞有介事"般积极努力的结果，就是能够让我们相信好像确实存在着这么一个装有各种作文和稿子的箱子。关键的问题是，口口声声说是发现了一个作文本，但多少带有一点自我反讽意味的是，最终被选择放到"杂篇"中的十四篇文稿中，大约只有两三篇可以被看作真正意义上的作文。作文之外，更多是王大头在70年代初期代拟的各种文稿。其中，既有江南大队办起图书室的新闻报道稿，也有入团申请书、倡议书、检讨书，以及毕业留言，还有一组儿歌，以及王大头的一份政治表现材料，更有他替别人代拟的各种书信，以及表姐的一封来信，甚至也还有参加书法展的一份作品内容。真正可谓林林总总，无奇不有。但所有的这一切，连同那些并非不必要的注释在内，最重要的作用，就是以一种史料实证的方式，充分地证明《民谣》这部长篇小说的"真实性"。

第三，则是只包含了那个以孤篇方式存在的王大头的初中语文老师杨玉奇的一篇短篇小说手稿的"外篇"。按照王大头的说法，杨玉奇老师的这个短篇小说，写作时间大约在1974年春到1975年年底之间。是一篇残稿，有几节尚未完成。之所以要把杨老师的这个短篇小说收录到《民谣》中，乃因为："杨老师的这篇小说，也夹在作文本中。在我快要完成《民谣》时，我突然想到杨老师的小说，《向着太阳》与我叙述的故事并非风马牛不相及。关于东泊，我们说的是同一件事。小说里的奋斗应该是以杨晓勇（也即我们前边曾经专门讨论过的勇子那个人物）为原型的。所以，我想把《向着太阳》以"外篇"的形式保存下来。九泉之下的杨老师大概怎么也想不到，他几十年前的作品以这样的方式发表了。"请一定注意，虽然一样"煞有介事"，但这篇《向着太阳》的短篇小说文本也带有突出的"佯真"性质。道理非常简单，如果说连同杨玉奇老师这个人都是被虚构出来的，那由他创作的短篇小说文本就更是被虚构出来的。实际上，只要是熟悉诸如《艳阳天》这一类"十七年"或"文革"期间小说样式的读者，就完全可以想象得到《向着太阳》的基本模样。其中的基本主题,依然是在抓农业生产的同时,不忘绷紧阶级斗争这一条弦。借用小说中的话语来表达,就是:"我们认为,只有从巩固无产阶级专政,防止资本主义复辟,建设社会主义出发,坚持党的路线,才有方向,才有动力,也才有高产量。"也因此,一方面,作家固然是要借助于《向着太阳》这一"仿真"文本的穿插加强杨玉奇这一人物,也加强《民谣》相关书写的"真实性",但在另一方面,只要我们把《民谣》和《向着太阳》进行比较,就可以明显看出,同样是对70年代初期一段乡村生活的书写,"十七年"或"文革"期间的小说文本和当下时代的小说文本之间,真正是有天壤之别。

在自传性和艺术结构之外,王尧《民谣》的另一处"革命性",还突出地体现在主体情节构成上的"去故事化"这一方面。之所以会形成这种想法,与王尧的"夫子自道"紧密相关。在"杂篇"的序言部分,王尧曾经写道:"这类记忆无疑有误,我无法说自己在多大程度上还原了已经逝去的年代,特别是我自己内心深处的细节。坦率说,我没有什么故事,可能只有细节。据说没有故事,是写小说的大忌。我研究了很长时间,也说不清故事是什么。近几年我的记忆力衰退,多数中学同学的名字都记不清楚了。我是在记忆中去虚构,在虚构中去记忆。所以,我发现我的记忆是发霉了,我又回过头来,在小说开头第一节的结尾加上了记忆像挂在脖子上的麦穗,发霉了。"这里的关键,我以为是以细节代故事。我们都知道,当下是一个特别强调现实主义书写,强调讲述所谓中国故事的时代。众多小说家们,都一窝蜂地奔走在讲述故事的大路上。当大家都一窝蜂地争相讲述故事的时候,王尧强调自己的小说写作"没有什么故事,可能只有细节",就有着无可置疑的"革命性"意义和价值了。实际的文本情形也的确如此,倘若让你在读完《民谣》之后把小说的故事梗概复述出来,应该是非常困难的一件事情。又或者说,在我们的记忆中留下的只有一个个精彩的小说细节,却没有总体意义上的一个完整故事。当然,绝对地排斥故事也是不可能的,当我们强调王尧在《民谣》的创作过程中努力做到"去故事化"的时候,也只是意味着,与讲述故事相比较,作家更看重精彩细节的呈现而已。

与此同时，我们还注意到，或许与"去故事化"的叙事策略有关，在小说叙事的过程中，《民谣》还存在着时空穿插的这样一个特点。比如卷一中这段叙事话语："从大码头上岸，是一大块空地。老人说是村口，不老的人说是供销社门口，现在好像都说是供销社门口了。不错，是村口，南河上的大桥就位于村口的中间。大队档案里存放的地契，标着这块长方形土地的尺寸。我算算，差不多三百平米的样子。你不能不惊叹当年胡鹤义父亲发家时对这个地方的规划。现在我看到的供销社，它的外部形状像一个'凸'字，站在外面看，似乎是三幢房子的结构，进了门，中间是一个宏大的厅堂，两侧分别有三根像大人腰一样粗的木柱子。从厅堂北门进去，是一个花园般的天井，两侧是东西厢房，走过小径，就是胡家的堂屋，接待客人的地方，第三进是主人起居之所。等到我在第一进房子能够走动时，厅堂的东侧，是百货柜台，西侧的柜台专门卖布匹。第二进是供销社的仓库，第三进是员工的宿舍。东厢房是厨房，西厢房堆放杂物。方小朵他们父女俩过来后，西厢房成了他们家的宿舍。"阅读这段叙事话语，首先让我们感叹的，是王尧建筑学知识的广博，能够用简洁的文字把胡鹤义家的一座庞大房屋描述出来，其实很不容易。我们平常总是强调作家应该是什么都知道的"杂家"，在读过《民谣》后，就更认识到这一点的重要性了。但与此相比，更重要的一点是作家看似不经意间所进行的时空穿插。虽然只是不长的一段文字，却以现在为主体，把过去和未来三个时间维度都集纳在了一起。当王大头提及胡鹤义父亲当年造屋的时候，就穿越回了过去的时空；当王大头转而提及方小朵父女的时候，就穿越到了未来的时空。很遗憾汉语不是一种时态性标志明显的文字，倘若是时态性突出的文字，我们就可以清晰地看出其中的时态变化特点来。以我所见，王尧之所以要采用这种时空穿插的艺术手段，也正是为了能够积极有效地打破所谓故事仕义坛一统天下的垄断状况。

由以上的分析可见，无论如何，王尧的《民谣》都应该被看作当下时代一部思想艺术品质优秀的长篇小说。如果联系他曾经发表过的"小说革命"的相关言论来说，我们也得承认，其中若干革命性因素的具备。但不管怎么说，一场新的小说界革命，不可能仅仅依靠王尧一人之力去完成。能够在意识到小说界革命的必要性的同时，创作出如同《民谣》这样具有突出革命性特质的长篇小说来，王尧也已经在某种意义上很好地完成了自己的使命。

精神恐惧与现代战争的深刻反思

——关于邓一光长篇小说《人，或所有的士兵》

最早知道作家邓一光正在从事一部战争题材长篇小说写作的时间，应该是2018年。当时，告诉我这个消息的人，是长期担任文学编辑的著名批评家李师东兄。在告诉我这一消息的同时，李师东不仅对这部作品给出了很高的评价，而且建议我一定要认真地阅读一下这部尚未公开发表的长篇小说。也因此，等到《中国作家》在2018年年末不无慷慨地以两期连载的方式，发表这部被命名为《人，或所有的士兵》的长篇小说的时候，我就迫不及待地认真读完了这部体量颇为庞大的作品。虽然还来不及进行更深入的思考，但第一次阅读的直觉促使我做出了这样一种判断。那就是，这部据说整整耗费了邓一光十年心血的字数将近八十万字的长篇小说，不仅是邓一光小说创作过程中思想艺术成就最高的作品，而且也可以被看作中国现当代文学史上战争题材方面难得一见的杰出作品。我们都知道，邓一光是一位书写战争的高手，从中篇小说《父亲是个兵》，到长篇小说《我是太阳》《我是我的神》，出身于军人家庭的邓一光，此前已经给我们奉献出了很多部相当优秀的战争小说。但这一次，在沉潜长达十年之后，这一部《人，或所有的士兵》，不仅仅称得上是作家的自我超越之作，更应该被看作一部具备了与世界优秀战争文学作品对话的中国当代长篇战争小说的标高之作。大约也正因为以上结论的惊人程度，所以，等到内容更加完整的单行本出版后，我便又一次从头到尾认真地阅读了这部很是有些阅读难度的长篇小说。再一次认真阅读的结果，是更加坚定了我做出如上判断的信心。

我们都知道，从文体属性的角度来说，小说是一种特别强调作家想象虚构能力的叙事文体。然而，看似可以天马行空地想象虚构，却并不意味着作家就可以凭空地胡编乱造："长期以来，我们总是习惯于强调小说虚构性质的重要，强调小说从根本上说乃是一种允许虚构而且也不能不虚构的文体。很多时候，能否在小说中完成一种令人信服的艺术虚构，往往会被看作衡量作家艺术想象力的重要标准之一。由这种认识出发，自然也就会生出诸多关于小说的偏见谬见。其中，曾经长期存在，而且至今依然能够获得很多人认同的一种理念，恐怕就是，既然小说是一种虚构的文体，那作家在写作时就可以放任自己的艺术想象力，就可以毫无顾忌地进行天马行空的虚构，甚而可以尽情尽兴地依凭个人的主体意志随意编造。实际上，只要认真地想一想，我们就不难发现以上观念认识的偏颇之处，正突出地体现在对虚构的错误理解上。虚构固然是小说写作不可或缺的重要艺术手段，但这虚构却也只能是建立在纪实基础之上的虚构。从更为宽泛的意义上说，正如同真与假、善与恶、美与丑等一系列具有二元对立色彩的观念范畴一样，纪实与虚构二者之间也存在着一种相辅相成的依存关系。没有纪实，就无所谓虚构。反之亦然。从根本上说，纪实与虚构，乃是作家建构小说艺术大厦最基本的两种手段。我们需要加以深入思考的一个关键问题是，实际的小说写作过程中，作家究竟应该如何纪实，如何虚构？纪实与虚构之间又应该是什么样的一种关系？"[①]说到小说中的纪实，其中非常重要的一点，就是关于社会与时代的纪实。也因此，我才进一步推论："究其实质，对于'器物美学'在《天香》中的重要性，我们必须在纪实的层面上来加以思考认识，方才算得上是真正意义上的切中肯綮之论。而这，事实上就已经涉及了我们关于小说写作中'纪实与虚构'关系的第一重理解，那就是故事情节可以虚构，但故事所赖以存在的社会与时代却容不得一点虚

[①] 王春林：《小说写作中的纪实与虚构——从王安忆长篇小说〈天香〉说开去》，载《山西大学学报》2017年第3期。

构。"①之所以要在这里专门提及小说创作中纪实与虚构之间的关系，乃因为邓一光的《人，或所有的士兵》这部长篇历史小说的引人注目处，首先在于他在纪实性方面下了足够大的功夫。

尽管说当下那些被标榜为长篇历史小说的作品简直多如过江之鲫，但说实在话，如同邓一光这样在一部足称厚重的长篇小说的写作过程中，下足了历史考古学功夫的，虽不能说绝无仅有，但也的确罕见。首先是在篇尾细致列出的数量多达四十七部（其中包括两部影像资料，其余均为图书作品）的"本书参考资料"。一般来说，需要在篇尾列出参考资料的，都是要求论据必须真实可信的学术研究论文或者著作。最起码在我，在一部长篇历史小说的篇尾处，看到"本书参考资料"的专门罗列，邓一光的这部长篇小说，乃是第一次。保守一点估计，如果说一部的字数是二十万字，四十五部图书叠加起来就是九百万字或者干脆说就是一千万字。如此海量的参考资料，不仅要认真地通读，而且还要想方设法地将其中的很多历史事件与历史人物都天衣无缝地巧妙穿插融汇到《人，或所有的士兵》中去，其高难度，是可想而知的。虽然我们后来在阅读小说的过程中，很可能会读得津津有味，但邓一光所直接面对的这些参考资料，却可以说全都是一些枯燥无味的历史资料。如果没有一种真正发自内心的对文学这一神圣事物的敬畏精神，要想做到这一点，恐怕是很不容易的一件事情。人都说做学问"板凳要坐十年冷"，邓一光竟然写一部长篇历史小说也难能可贵地做到了这一点。其他且不说，仅是邓一光如此一种兢兢业业的写作姿态，就足以赢得我们充分的敬意。同样值得注意的，是那些差不多遍布全篇的页下注。只要稍加留心，即不难发现，这些注释可以说全部都有专有名词的性质。或者是相关的历史事件，或者是相关的地名与机构名称，当然，绝大多数恐怕还是那些真实存在过的相关历史人物。从写作技术的角度来说，能够把这些具有突出史料性质的东西，令人信服地编织进一部想象虚构性质同样非常突出的长篇小说中，所充分考量的，正是邓一光一种非同寻常的艺术构

---

① 王春林：《小说写作中的纪实与虚构——从王安忆长篇小说〈天香〉说开去》，载《山西大学学报》2017年第3期。

型与整合能力。即如开篇不久处的这样一段："那是一次经历奇特的工作，孩子看到大量来自中国的战地照片，他们当中有大名鼎鼎的罗伯特·卡帕拍摄的正面战场照片，美联社记者杰克·贝尔登、艾格尼丝·史沫特莱和《每日先驱报》记者埃德加·斯诺拍摄的日占区照片，还有尤里斯·伊文思拍摄的新闻纪录短片，孩子一下子接触到那么多触目惊心的图片和纪录片，对国内发生的事情十分震惊，那些照片和纪录片胶片帮助他做出了启程回国的决定。"这里，邓一光其实是要交代主人公返国参加抗战的动机。原本在日本留学的郁漱石，此时已经迫于父亲郁知堂的压力，转道美国求学。即使如此，郁知堂也不肯放过自己的这个小儿子。一方面是迫于蒋介石所谓"奖惩名单"的压力，另一方面，更主要的恐怕还是顺从于自己内心根深蒂固的"以死报国"情结，郁知堂要求郁漱石必须马上返国投身抗战，否则，"吾将谓汝作弃国审判"。但从根本上说，最终促使郁漱石启程回国的，却是他在参与普利策新闻奖工作时所看到的上述那些照片和纪录片胶片。面对这些真实呈现着国内抗战境况的照片和纪录片胶片，倍觉震惊的郁漱石，方才下定决心回到了早已满目疮痍的祖国。罗伯特·卡帕、杰克·贝尔登、艾格尼丝·史沫特莱以及尤里斯·伊文思，都是以报道中国抗战而闻名于世的新闻记者。能够在交代郁漱石返国的动机时把这些真实的历史人物有机地编织进小说文本之中，所见出的正是邓一光消化处理相关知识或者史料的突出能力。

或许与邓一光的作家身份紧密相关，在纪实性史料的穿插方面，非常引人注目的一点，就是他对诸如海明威、张爱玲、萧红、许地山、戴望舒等一些作家在小说中的想象性编织处理。需要特别强调的一点是，先后进入邓一光视野中的这些作家，都与抗战时期的香港有着不同程度的关联。作家之所以要把他们刻意地编织到小说文本之中，与他对香港在历史长河中跌宕起伏命运的关注与思考紧密相关。虽然说作家在处理这些真实存在的作家时，要么只是简单一笔带过，要么会耗费笔墨略加展开，但无论如何都不能被忽略的一点是，邓一光在进行编织处理时，实际上也存在着一个想象性的问题。先看海明威。海明威的中国之行，是在民国三十年，也即1941年太平洋战争爆发之前。

那一次，因为郁漱石曾经在哥伦比亚大学读过书，身为第七战区中尉军官的他，被安排参与了接待海明威夫妇的工作。"玛莎是海明威的第三任妻子，海明威是玛莎第二任丈夫"，因为不放心妻子单独前往中国战场，海明威执意同行。"郁漱石读过他俩的书，他告诉帕特·赵，相比海明威名声大振的《太阳照常升起》和《永别了，武器》，他更喜欢玛莎的《灾区现场》和《疯狂的追求》，他认为玛莎比她丈夫更出色。"关于海明威，有两个相关细节值得注意。一个是，海明威接受了美国政府的特殊使命："罗斯福的顾问们想知道国民政府是否有决心和日本人战斗到底，日本和斯大林的和约对远东有何影响，除了推销自由和民主美国在远东到底还能做什么。"再一个细节，海明威是个大滑头，故作身体不舒服："实际上，等她一离开，他就缠着余汉谋详细了解华南战区战况，让余长官亲自为他模拟沙盘。"不仅如此，到了第二天，他干脆还以指挥官的身份，带了一支小部队，去前线进行实地考察。我们一定要注意到，在写到海明威的时候，邓一光的着眼点，更多是他所承担的秘密政治使命。之所以如此，一个重要原因在于，美国对中国抗战的态度与决策，乃是《人，或所有的士兵》这部长篇小说的重要内容之一。作家对海明威的想象性书写，只有落脚到这个层面上才能够得到很好的理解。

然后，是张爱玲。郁漱石与张爱玲的见面，是在吊唁另一位现代作家许地山先生的时候。先是郁漱石发表演讲："他说许先生是中国引入印度文学第一人，最早翻译泰戈尔的《吉檀迦利》，许先生4日西归，只隔三日，泰翁也于7日西归，双仙驾鹤，天地之命。"接下来，就是时为港大学生的张爱玲，与郁漱石的一番交谈。也就是在这个部分，邓一光借助于郁漱石之口，对张爱玲做出了相应的描述与评价："阿石对艾琳的评价是惺惺相惜那种，说她先逃出父亲的生活，再逃出母亲的生活，最终因战争所陷没能逃去英伦岛，港大义史系数她学业最出色，她纠结，发自己的狠，眼光与心事纤细到不像话，因俏皮而生动，却又因尖刻而危险，因冷漠挑剔的冲突气质让常人难待，这样的人拥有无边寂寞和天性敏感，一抹懒散斜阳一阵短促横风都能陡然惊起世界，其实根本就是在人们之外活着，在自己的躯壳外活着，没人看得清。"这哪里是郁漱石在谈论张爱玲，这简直就是作家邓一光在通过郁漱石谈论着他自己对张爱玲那堪称入木三分的理解与认识。尤其不容忽视的，是叙述者接下来的一句点睛之语："阿石那样说艾琳，像是在说他自己。"唯其因为郁漱石与张爱玲之间有着近乎相同的精神气质，所以，也才会有他对于张爱玲那样一种深入骨髓般的真切理解和评价。

扎实的历史考古学功夫之外，邓一光《人，或所有的士兵》形式上一个不容忽视的特点，就是众声喧哗、堪称杂多的第一人称叙述方式的设定。具体来说，邓一光采用了一种战后法庭审讯的方式来结构自己的这部长篇小说。民国三十四年，也即1945年，日本天皇宣布无条件投降之后，广州行辕军法署开庭审理第七战区中尉军官郁漱石。他被指控的罪名是"通敌叛国罪"。用结案报告中的话来说，他被指控的罪名共有四项。一是于敌酋俘虏营中屈身事敌。二是弼佐日寇杀害我抗日人士，对国防委员会第三厅少校李明渊死亡负有难以逃脱之责。三是苟合取容殖民主义，在英国殖民者复侵香港过程中，自堕人格，典身卖命。四是对日酋香港战俘总营之D营战俘集体被屠事件负有连带责任。围绕着如上这些被指控的罪名，控辩双方、当事人自己，以及相关证人先后做出相应的陈述。除了身为第七战区中尉军需官，后为D战俘营战俘的郁漱石之外，这次审判的出场陈述人先后包括该案辩护律师冼宗白，该案的审判官封侯尉少校，前美军少尉、同为D战俘营战俘的奥布里·亚伦·麦肯锡（简称亚伦），郁漱石的养母尹云英，日本中国派遣军少佐、D战俘营次官矢尺大介，香港华贸易公司经理、前第七战区中校军官梅长治，国防部少将军官邹鸿相，贸易公司雇员刘苍生以及外交部驻外代办秦北山等，共计十人。针对郁漱石被指控的各项罪名，包括郁漱石自己在内的这十位陈述人分别就自己所了解的相关内容进行了或长或短的陈述。所有这些陈述，再加上后面简短的结案报告，以及郁漱石那位被称为冈崎的日本生母的一封信（也即遗书），实际上也就构成了整部《人，或所有的士兵》的全部叙事内容。由于法庭所询问题不同，相关陈述人所陈述的内容不仅侧重点各不相同，而且各自的出场次数也大为不同。相对来说，郁漱石之外，亚伦、矢尺大介、封侯尉、冼宗白他们几位的出场次数要明显多于另外的那些陈述人。从叙述学的角度来看，以上这十位陈述人所承担的也就是第一人称叙述者的功能。就此而言，邓一光的整部小说就可以被理解为多达十位的第一人称叙述者围绕郁漱石被指控的四项罪名而展开的一个叙事过程。由于这些陈述人实际持有各不相同的思想价值立场，对同一人物或者事件持有个性化的看法，所以，整部小说的叙事过程，很显然有着鲜明的如同"罗生门"一般的叙事特点。除了第一人称多角度交叉叙事之外，邓一光之所以要采用法庭审判的方式展开自己的历史与战争叙事，恐怕也还有着不容忽视的象征意味。如果说法庭的审判过程需要相关当事人给出信实的法庭证词的话，那么，历史（具体到邓一光的这部长篇小说，也就是指那场被诅咒的战争）的发展演进过程，也同样需要当事人提供具有可信度的历史证词。从这个角度来说，邓一光通过这十位历史或战争的当事人所提供的证词，在积极有效地还原主人公郁漱石人生历程的同时，其实也为那个特定的历史时期提供了相当具有说服力的历史证词。更进一步说，邓一光的这部长篇小说可以被视为一份体量庞大的历史证词。

具体而言，邓一光这部无论是字数，抑或是内蕴品质均足称厚重的长篇小说，所聚焦表现的核心事件有二。其一，是二战期间著名的香港十八日保卫战。1941年12月8日，在日军偷袭珍珠港事件几个小时后，很快又以迅雷不及掩耳之势，对香港发动突袭行动。面对日军的这一突袭行动，由多国军队组成的香港守军迅即做出反应，进行积极抵抗。但最终因为实力不济以及军心不振，甚或并非仅仅是战斗实力相对较弱的缘故，只固守了十八天的时间，就在付出巨大伤亡后被迫宣布投降。当时身为国民党第七战区兵站总监部中尉的主人公郁漱石，因为恰好在香港执行公务，不幸被俘。其二，郁漱石被俘之后，很快就被押解到位于桑岛原始丛林中的一座日军D俘虏营度过了长达三年零八个月简直就是非人的俘虏生活。放眼中国当代的战争文学作品，虽然说数量不少，但如果从"写什么"也即题材的角度来说，不仅没有见到过专门书写香港十八天保卫战的作品，而且，以战俘这样一个特定军人群体为聚焦点的作品也极其少见。因此，其他且不论，单就这一点来说，邓一光这部厚重长篇小说填补空白的意义也不容低估。

然而，尽管香港的十八天保卫战乃是邓一光这部长篇小说的核心事件之一，但在作品中，作家的相关描写却并没有局限于保卫战本身，而是竭尽可能地拓展自己的关注范围，以更开阔的思想视野，在更大的历史时空中对香港的命运展开了相应的书写与思考。具体来说，邓一光的香港书写，其实也是从以下两个方面具体展开的。其一，是以郁漱石为核心的一个战时小组的命运遭遇。按照证人梅长治在法庭上提呈的供词，以阿石为组长的这个小组是在民国三十年，也即1941年的夏天，开始出入于香港的："阿石小组夏末进港，协助我转移战区滞港物资。他来以后，通过军事使节团帮助我重新建立起通关渠道，勉强恢复了物资出港通道，算是没有酿下大麻烦。"一直到香港保卫战爆发前夕，阿石都在以不断进出香港的方式，完成着本应承担的使命："阿石在七战区兵站部服务了14个月，往返港九9次、澳门3次，其中6次因货款和手续出现问题，在港九滞留时间均超过30天，可以说，14个月，他大部分时间是在港九和来往港九的路途上度过的。"但正所谓阴差阳错，等到事发前夕，本应离开香港的郁漱石却鬼使神差地不幸滞留在了香港："也许6日那天，我应该当机立断，阻止阿石下船，并且命令他尽快离开。如果他在恰当的时机离开，他会逃离那场罪恶的攻防战，命运将完全不同。""可是，阴差阳错，他留在了香港，他的命运在这座岛上等着他。"那么，郁漱石到底是因为什么原因而被迫滞留在香港的呢？原来，就在他坐船马上要离开九龙码头的时候，却被他曾经的上司、国防委员会的李明渊少校给拦了下来。事情的真相是，李明渊所押运的一艘满载战略物资的船因为悬挂美国星条旗而被英国当局意外扣押，他急切需要郁漱石留下来帮助他把那艘船弄出来。从本质上说，郁漱石还算是一个比较仗义的有古道热肠的人："李少校的遭遇让阿石心软了，也许不是因为这个，而是海风。那天天气晴朗，暖风和煦，谁都想躲开战争，阿石已经躲开了，可是，他总不能撇下老上司不管，要知道，李少校教过他如何与擅长装傻的美国人打交道。"请一定注意，邓一光在这里非常巧妙地荡开一笔。一般来说，人的心情好坏，与天气的晴朗与否，存在着一定的内在关联。就此而言，邓一光对海风的强调就不能说全无道理。尽管他的顶头上司梅长治并不同意,但到最后却经不住郁漱石的再三纠缠,勉强同意。只不过梅长治认为郁漱石一个人留下并不妥,所以就把他们小组的四个人全都留下了。但是,这位特别看重人间情义的郁漱石,根本就不可能预料到,自己的这一贸然决定,到最后不仅没有帮助李明渊要回船只,竟然还会把自己送入一个万劫不复的深渊。

命运拐点的出现,与美军的海军基地被袭,太平洋战争全面爆发紧密相关。就在郁漱石决定留下的第二天凌晨,日本不宣而战,在马来半岛戈塔巴鲁登陆,同时突袭了美国海军基地火奴鲁鲁岛和瓦胡岛。面对形势突然间的转变,港督宣布香港进入紧急状态,"战争就这么到来了"。就这样,以郁漱石为组长的这个原本只是从事军需后勤工作的军人小组,也就被裹挟拖入到了一场不期然的战争之中:"缪和女和敖二麦随后也冲进来,他俩比朱三样文明一点,至少穿着背心。缪和女随手为我抓了一件外套,朱三样和敖二麦搀着一脸是血的李明渊,我们惊慌地离开摇摇欲坠的办事处,跑到大街上。"需要注意的是,郁漱石他们命运的转折,与一位名叫老咩的民间抗日者的出现有关:"开战两天后,我在九龙遇到老咩。命运在那个时候发生了改变。"就在郁漱石他们小组的几个人举棋不定的时候,老咩的一味鼓噪起到了相应的作用:"我没有反对老咩拿国家的耻辱胁迫我,等于默认了他煽风点火一力撺掇的立场;我说让他抬一筐卵石来,他贯甲提兵地抬来了;我在深水埠没有被炉砖砸断脊梁骨,在金山没有被鬼子的掷弹筒、英军的重炮报废掉,剩下的事情反倒简单了,我是中国军人,不能任鬼子逞凶肆虐,这就是我的责任。"就这样,在把朱三样留在医院照顾李明渊之后,郁漱石、缪和女、敖二麦以及老咩们,便开始以一种误打误撞的方式协同英军对日作战了。接下来,借用冈崎小姬后来与郁漱石对话时一段高度概括的话来说,就是:"11日参加金山作战,18日参加北角战场作战,19日和20日参加黄泥涌作战,审讯记录上是这么说的,这三场香港攻防战中的关键战役,不断受到减员困扰的小组始终坚守在战场上,直到26日凌晨守军投降前几小时,因为小组全部战亡,你本人被俘才结束抵抗。"一直到最后,在郁漱石带领着一支十人组成的小分队试图恢复水库的供水设备最终无果的情况下，郁漱石本人不幸成了日军的俘虏。

其二，从战前一直到战后对香港命运的宏观观照与思考。我们注意到，只有在后来进入D俘虏营，在与英军摩尔少校的交谈过程中，郁漱石方才了解到，其实香港在太平洋战争中的沦陷命运，早在战前就已经被那些政治家们谋划好了："太平洋战争前一年，英国参谋长委员会联合计划小组向战时政府提交了《远东形势研判》报告，认为香港驻军兵力单薄，无法抵挡日军进攻，皇家联合舰队实力亦不足以和强大的日本海军对抗，鉴于香港并非英国核心利益，建议对香港做放弃打算，为远东防务除去弱点。"然而，考虑到国王与大不列颠帝国在亚洲的声誉，军方拒绝对香港不战而弃。这样一来，也就有了郁漱石所理解的："'就是说，'我尽可能完整地梳理上校的说法，'坚守香港是漠视战争对平民生命财产造成的伤害和破坏，但香港陷落和战争造成的悲剧，以及对声望造成的损失，都不如主动放弃香港严重，而联邦军队的抵抗会鼓励美国对日参战。如果这样，抵抗的全部意义不是能不能守住香港，而是如何为香港陷落后的政治压力解围，以及从浴血抵抗那里赢得多少道义优势？'"其实，也不仅仅是英方，中方的高级将领陈策将军，对这一切也同样是心知肚明的："陈策将军汇报此消息后，在座参谋人员欢欣鼓舞，高级将领们则沉默不语。现已查明，由于各方对国军驰援寄予厚望，身为国府驻港最高代表，陈将军颇感为难，命手下参谋伪报了战情，高级将领们是心知肚明的。"你完全能够想象得到，在骤然间了解到这种真实内情后，郁漱石的感觉会有多么绝望和愤怒："我坐在摩尔上校面前，沉默不语，盯着杯子里的红茶底子。我觉得我就是那撮底子。"尽管郁漱石的表现看似平静，但无端被捉弄后的绝望和愤怒，其实早已跃然纸上。由以上分析可见，所谓的香港保卫战，其实只具有象征性的意义。这样一来，有着很多平民与普通战士伤亡的香港保卫战，实际上也就变成了政治家手中的游戏："政治家们看不到一具具血肉模糊的士兵尸体和被强令跪在瓦砾上的平民，查尔斯国王街那座地下堡垒中的海外殖民地图上没有这些内容，只有不断改变的红蓝箭头标志，香港激战中不断倒下的官兵和平民，他们被政治家抛弃了。"问题的关键在于，既然早在战前英国的政治家就准备彻底放弃香港，那么，郁漱石他们的战斗行为，以及在香港保卫战过程中所付出牺牲的意义和价值，也就随之而被彻底消解和颠覆了。

接下来，就是香港的战后命运。早在民国三十二年，也即1943年的时候，随着二战形势整体上向着有利于盟军的方向发展，美英两国的参谋长就在华盛顿举行"三叉戟"会议，制定击败日本的总体战略。其中，第二阶段的目标之一，就是由国民党军准备香港战役。第三阶段的主要目标，则是中美联军夺取香港。到了两个月后的魁北克会议上，香港作为盟军反攻日本的中期目标得到确认。尽管香港的被解放指日可待，但战后香港的归属却成了一个大问题。在这一问题上，中英两国各执一词，互不相让。尽管罗斯福曾经忠告丘吉尔应该把中国当作一个大国来对待，但丘吉尔的表现却是特别傲慢："开罗会议上，香港问题再度被提及，委员长与丘吉尔当面冲突，恼羞成怒的丘氏气急败坏宣称，中国要收回香港必经一战，从他尸体上跨过。"虽然时任中国战区第二任参谋长的魏德迈支持收回香港的决心，但接替罗斯福成为美国总统的杜鲁门，却把支持的方向逐渐倾向于英国一方："19日，魏德迈接到马歇尔转达杜鲁门指示，表示美国不在香港受降问题上再做表态。英军可以接收香港。"就这样，一方面是蒋介石忙于应付国内与共产党纷争的局势，根本就无暇收复香港；另一方面，却也因为美国明显地倒向了英国，香港最终还是英国的殖民地。

香港书写之外，邓一光这部《人，或所有的士兵》另外一个不容忽视的思想艺术成就，乃突出地表现在作家对现代战争的总体性思考与表达上。说到对现代战争邪恶杀人本质的尖锐揭示，美军少尉亚伦的一番话可谓一针见血："我没有英国人的纠结。他们从来没有想过，战争对于人们结果不同，它制造了死亡和伤残，家破人亡，却给政客和投机商创造机会，让他们有机会成为新的国家和时代的代言人，而士兵的全部工作就是杀人——杀掉敌人，越多越好，无论间接还是直接，他们要做的就是这个。"很大程度上，正因为已经清醒地认识到了士兵只是战争中政客们的杀人工具这一点，所以亚伦才会有更进一步的说法："让更多人看到战争干了什么，记住它，这是士兵的家人应该承受的。所以,独立战争期间,美国人发行了英国人在古堡山屠杀波士顿民兵的明信片。没有什么可遮掩的,无论战争的性质是什么,它就是用来干这个的,记住它,别忘记了。"正是在如此前提下,邓一光才会借助郁漱石之口,做这样一种假设性的思考与诘问:"可是,两个中国士兵和日本士兵在战场上相遇,他们一个是山东菏泽的种田人,一个是佐世堡的渔民,他们只在乎世世代代熟悉的高粱和马鲛鱼,连对方是谁都不知道,素无往来,自然也没有任何仇恨。但他们勇敢地向对方冲去,毫不犹豫地把刺刀捅进对方胸膛,用工兵铲切断对方脖子,因为做到这个而欣喜若狂,冈崎学者以为这是怎么回事?"与其说这样的问题是提给冈崎小姬的,莫如说是提给广大读者,或者干脆说是人类全体的。只要设身处地地想一想,正如同郁漱石所假设的,如果没有所谓的战争发生,两个毫不相干的人类个体,原本只是在各自的生存轨道上依照生存规律"日出而作,日落而息",过着平庸但幸福的日常生活。只是由于战争的发生,一切都发生了根本的变化。原本素不相识的两个人类个体,由于所谓国家或者民族仇恨的缘故,在战场上成了你死我活势不两立的敌人。就这样,从个体的意义上没有任何仇怨可言的两个人,因为被所谓的国家或民族仇恨无端绑架,而成了群体意义上的敌人。关键问题在于,所谓国家或者民族的仇恨,从根本上说只与那些政治家或者政治集团紧密相关。令人不可思议的一点是,战争的结果却往往是众多普通民众的无端伤亡。古语"一将功成万骨枯"所尖锐揭示的,也正是这样一个道理。也因此,不知道邓一光自己是否有自觉的意识,但在我的理解中,他借助于郁漱石的这段话语所揭示的,却是一种充满着荒诞色彩的战争现实。试想想,原本毫不相干的两个人,只是由于战争的原因,就在战场上把对方视为敌人,进行着你死我活的厮杀,其具备的荒诞性质,不是一种显而易见的事实吗?大约也正因为如此,邓一光才会进一步追问道:"战争让士兵变成这样,但谁能说得清,士兵们的仇恨和国家的仇恨真的是一样呢?"说实在话,能够清醒地意识到这一点,并且将其艺术地表现出来,邓一光突出的思想能力与艺术智慧自然不容否定。

行文至此,就不能不联想到古希腊伟大的喜剧作家阿里斯托芬一部杰出的反战喜剧《阿卡奈人》。《阿卡奈人》所讲述的，是一个睿智的农民因为与敌国单独媾和进而过上幸福生活的故事。整部剧共分五场。在此剧的"开场"部分，一位名叫狄开俄波利斯的雅典农民，看到雅典的公民大会上，竟然不允许一个主张议和的公民发言。对此倍感愤怒无法接受的狄开俄波利斯，不仅在会后赏给了那位主张议和者八块钱币，而且还暗中派他替自己一家人去和斯巴达人单独议和。到了接下来的"进场"部分，由于狄开俄波利斯单独与斯巴达人议和，雅典附近饱受战祸之害的阿卡奈人用石头追打这个被他们认定是"叛国"的人。接下来，在"对驳场"部分，狄开俄波利斯做自我争辩。在强调自己并不想投靠斯巴达人，声称自己一家人其实也受到过斯巴达人蹂躏的同时，也强调雅典人同样应该为战争负责。对于狄开俄波利斯的表现，一部分阿卡奈人表示极端不满，派主战派将领拉马科斯出阵与他扭打在一起，并把他打败。到了"插曲"部分，一方面，是和平的交易场面，另一方面则是拉马科斯再度出征。最后的"退场"部分，同样带有突出的对比色彩，在凸显拉马科斯因为在战争中负伤而痛苦不堪的同时，也更加强有力地凸显着单独与斯巴达人媾和后的狄开俄波利斯过着饱食大醉的幸福生活。一方面，早在公元前的时候，阿里斯托芬就能够写出如同《阿卡奈人》这样的反战喜剧来，的确令人叹服不已。另一方面，尤其难能可贵的一点，是作家关于狄开俄波利斯竟然可以脱离雅典城邦与斯巴达人单独媾和的天才式的想象虚构。在那个古老的时代，阿里斯托芬的书写，其实已经积极有效地把人类个体与群体（国家或城邦）剥离了开来。无论是个体意识的觉醒与强化，抑或是对战争邪恶性质的理解与认识，这位一向被誉为"喜剧之父"的阿里斯托芬都应该被看作难得的思想先知。尽管我不知道邓一光是否自觉接受过阿里斯托芬的影响，但仅就关于人类个体与战争关系的深入思考这一点来说，二者之间的相承，乃是无可否认的一种客观事实。更进一步说，潜藏于其后的某种更具普遍性的问题，恐怕是人类个体意识与强调集体重要性的国家民族意识之间的矛盾冲突。

毫无疑问，正是在对战争有着真切体认的前提下，邓一光才会不断地借助相关人物之口，进一步表达自己对罪恶战争的深度思考。比如那位因为曾经接受过现代高等教育所以兼具知识分子身份的郁漱石："但是，有一个问题始终让我着迷，人们为什么会有仇恨，为什么会互相残杀？我们是人，共同成为人类，可我们却是不一样的人，就因为一些人说一种语言，另一些人说另一种语言，一些人信仰这个，另一些人信仰那个，解决纠纷的办法只有彼此杀戮。"所谓语言或者信仰的不同，说到底也就是国家与种族的不同。长期以来人类战争的发生，实际上往往是不同的国家和种族之间发生激烈冲突的结果。当然，也正如郁漱石所观察到的，人类的战争也同时发生在某一个国家之内，比如，中国："更何况在这场战争中，被中国人杀死的中国人不在少数"。很多时候，与国家内部那样一种你死我活的战争状态紧密相关的，恐怕就只能是缘于政治或宗教信仰的不同了。唯其如此，一直到战后走出俘虏营的时候，或许与曾经有过难以忘怀的感同身受紧密相关，郁漱石仍然耿耿于怀于战争问题的追问与思考："他身体笔直地坐在我对面，困惑地盯着荆条篮里的面包，'人们为什么会有仇恨？为什么要互相残杀？我们都是人，如果不开口，没有人能分辨出我们不同的种族，但我们是不一样的人，就像他们说一种语言，我们说一种语言，另外的人说一种语言，解决这些语言纠纷的只有子弹。'他停顿了很长时间，然后说，'也许，我们是来自不同物种的生命。'"大约也正是因为对这些更多地发生在不同国家或者种族之间的人类战争感到特别绝望，所以，辩护律师冼宗白才会把自己的目光投向自然界，并把人类社会与自然界做相应的对比："看看庞大而精致的自然界，它自身的冲突有多么巨大和剧烈，可是45亿年过去了，它从来没有把自己破坏到不可收拾的地步，人类却在短短的30年中，在两次全球战争中让自己建立了几千年的文明之杯粉碎掉，在一地的碎片中清晰地看到自己的罪恶。"虽然其内部肯定会有各种不同的矛盾冲突存在，但从总体上看，自然界却能够建构并维持相应的存在秩序，相比较来说，仅仅只是在三十年的时间里，便发生了两次具有毁灭性的世界大战的人类这一群体，就让人不能不感到绝望，不能不怀疑是不是人类的文明本身出现了什么难以自我根治的问题。

尤其值得注意的一点是，这些被政治家或者政治集团所刻意操纵与控制的战争，对"人，或所有的士兵"的内在人性世界产生了毁灭性的打击。这一方面的代表性言论，同样是通过辩护律师冼宗白的口表达出来的："我只想请教诸位，在战争中，为什么国家的软弱无能和罪恶可以畅行无阻，没有人去追究，那些被极端暴虐的战争分子欺凌和屠杀的人们，为国家而战的人们，为什么就不能软弱，这是什么道理？我希望你们能告诉我。"这一方面，一个显著的例证，就是香港保卫战以及香港战前战后的命运归属问题。一方面，是以郁漱石为组长的小组多少带有遭遇战性质的浴血奋战，作为一名普通的士兵，他们在香港保卫战中的表现绝对是可圈可点；另一方面，却是那些政治家们早在战前就已经做出的放弃香港的决定。具有突出反讽意味的是，等到战争结束后，因为被起诉而站到了审判席上的，竟然是在战争中做出了巨大牺牲的郁漱石，堂而皇之地接收了香港的，依然是那些毫无羞耻之心的政治家。两相比较，也就难怪冼宗白会在自己的演讲中提出国家的软弱与普通民众的软弱为什么会是截然不同的遭遇的根本原因所在。关键问题还在于，郁漱石在这场战争中的表现，固然不能说没有"软弱"的成分，但他实际上却也努力地在困境中尽到了一位普通士兵的本分。因为特别感叹于自己的当事人郁漱石的悲剧性命运遭际，所以，冼宗白才会意识到战争会对一个人的人性世界造成多么致命的打击："战争的结局不是一些人死了，一些人活了下来，也不是世界经过胜利者的分配拥有了全新的格局，它最大的结局是人性的改变。"是的，人性，正是人性。一方面，人性的改变，的确是战争所导致的最严重的后果之一；另一方面，文学的一大"英雄用武之处"，也正在于对堪称复杂与深邃的人性世界做深入独到的探究与挖掘。这样一来，邓一光这部《人，或所有的士兵》最值得注意的一大思想艺术成就，自然也就是对以郁漱石为突出代表的那些普通士兵由战争所导致的内在精神恐惧的捕捉与表达。但在具体展开对郁漱石他们精神恐惧的分析之前，我们必须明确的一点是，邓一光对战争所进行的总体性观照与反思，并不是凌空架虚地在抽象的层面展开，而是扎扎实实地建立在以郁漱石为核心人物的关于香港十八天保卫战以及D战俘营战俘生活的几乎是事无巨细的描写基础之上的。反过来说，作家对以郁漱石为核心人物的香港保卫战与D战俘营战俘生活的描写，也并没有停留在就事论事的狭隘视野，而是自始至终都放置在一种堪称宏大的总体战争观照视野之中进行。质言之，郁漱石们的精神恐惧与战争的总体观照与反思，二者之间所实际构成的，乃是一种相辅相成的彼此依存关系。

尽管说在参与香港保卫战的过程中，郁漱石他们也会有心理的怯懦与恐惧，但相比较来说，他们的精神恐惧的生成，更与D战俘营那简直就是地狱一般的战俘生活紧密相关。先让我们来看香港保卫战中的精神恐惧。这一点，是在身为战俘的郁漱石回答日方陆军省俘虏情报局女军官冈崎小姬的询问时表现出来的。当冈崎小姬要求郁漱石描述他所带领的那个小组在香港保卫战中的士气状况的时候，郁漱石的回答是："我回答了这个问题。和正规的战斗单元比，我和我的小组完全是例外，我们是被裹挟进战争的，可我在18日战争中接触到的大多数士兵，他们在作战动机上足以与敌人抗衡。他们缺乏战争知觉和预期，缺少有效的战役指导，在战争期间，被他们所依赖的关键人物欺骗和抛弃，可他们的战斗决心和勇气一直保留到投降命令下达。"更进一步说，"我们被同一场战争裹挟到一起，临时拼凑成了一支成分芜杂的民间武装，老咩和多数人相信自己正在从事一场正确的抵抗行动，在战争中采取了主动攻击方式，而我本人则采取了退缩性适应策略，最终，除了怀有强烈逃亡愿望的我，其他人都在战争中消失了"。当郁漱石强调自己与采取了主动进攻方式的老咩他们相比较，突出地表现出了"强烈逃亡愿望"的时候，他实际上就已经触及了精神恐惧的问题。他之所以会有一种强烈的逃亡愿望，正是因为内心对一场不期而遇的战争充满了恐惧。事实上，也正是在这种内心恐惧的基础上，也才会有冈崎小姬对郁漱石精神世界的进一步解读与分析："在战争开始时不断做出错误判断，使小组失去全身而退的机会；在战争过程中一次次失去信心，把沮丧和绝望的情绪毫无保留地转递给士兵，使小组完全感受不到指挥官的必胜决心，丧失战斗勇气；在战斗最后阶段，胜利已无指望，却顽固地带领信任坍塌的小组冒险去接通水源，这种时候，失败哪里还有回旋余地？要说恐惧的话，是指挥官从始至终的恐惧造成了小组的彻底失败啊！"一方面，曾经接受过高等教育，并且有着自己特殊身世（关于他的特殊身世，容后详析）的郁漱石，本就不愿意实际介入战事之中；另一方面，他的内心世界里对于误打误撞地遭遇香港保卫战根本就没有一点准备，再加上他生性懦弱，所必然导致的就是一种强烈精神恐惧的生成。以我所见，在对话的当时，郁漱石并没有对冈崎小姬的分析做出回应这种反应本身，就说明冈崎小姬的分析在很大程度上已经击中了某种要害所在。

接下来进入我们分析视野的，就是作为小说重头戏的关于那座D战俘营中战俘们日常生活状态的描写与叙述了。如果说作为一位普通士兵本身在战争中的遭遇就已经是面对着生死无常的话，那么，作为一名战俘，置身于仍然在进行中的战争的命运，就简直如同蝼蚁一般可悲复可叹了。正如同邓一光在小说文本中所充分展示出的，一方面，是简陋到极点的生存条件；另一方面，则是战俘营的日方管理者们毫无顾忌的打骂侮辱，乃至于可以随随便便地置战俘于死地的暴力行径。也因此，正如同有批评同行已经明确指出的，身处如此一种特殊境地中的郁漱石这样的战俘们，其最根本的精神特点，就是生成了某种并非莫须有的生存恐惧感："在邓一光笔下：郁漱石固然是俘虏，但还谈不上背叛；他有时苟且，但从不出卖同伴；看上去软弱，但又常以一种'自虐'的方式为难友争取着微薄的权益……在作品中，邓一光丝毫没有在精神层面主观肆意地拔高战俘的精神意志，而只是符合逻辑地去想象处于长期极度饥饿和高度恐惧环境中的不同个体会何所思何所为？于是，在郁漱石身上，我们更多地看到的是恐惧，从一种恐惧到另一种恐惧，他作为正常人的生活感官已被战争切割得体无完肤，就像是战争机器制造的一个社会残次品。"①

具体来说，郁漱石那带有绝对悲剧意味的战俘生涯，是从香港保卫战结束的那一天开始的："民国三十年十二月六日，我的当事人滞留香港，19天后，他在大潭水库被捕，做了日军的俘虏。在此之前，他的小组其他成员全部战死，至少，他当时是这么认为的。"后来才发现，他小组的成员朱三样，

---

① 潘凯雄：《活着，但要记住——看邓一光长篇新作〈人，或所有的士兵〉》，载《文汇报》2019年12月6日。

以及拖累他滞留香港的李明渊少校，也都出乎意料地存活了下来。由于早在当年入职国防物资供应局时，即被要求必须严守保密条例，不得向任何人透露自己的家庭情况，所以，在被俘之后，郁漱石便决定利用自己有所了解的副官缪和女的家族背景来应付日本人："他是南洋人，家里的独子，家族做猪鬃生意，他在日本读过几年书，跟人学了点英语，一年前到广东收货款，被国军拉了差，在部队担任一般性传译工作，战争爆发前一周，他随绥靖公署一名副官入港看望公署余主任夫人上官贤德女士，因此滞留香港。至于他为什么会在大潭水库被俘，他说了实话，他去那里试图修复坏掉的供水设备，以便人们不至于渴死，不然他没法交代他和他的小组为什么会出现在那里，并且携带着武器。"被俘后的郁漱石，与包括德顿、邦邦在内的其他大约五百名各国俘虏，几经周折后，被送到了一个叫作燊岛的地方："隔着狭窄的海峡，我的当事人看到了燊岛。那是一座美丽而幽静的离岛，岛上覆盖着茂密的原始植被，一大群鸟儿在树林上空盘旋。我的当事人并不知道，他将在这座岛上待满三年零五个月。"就这样，郁漱石在这座燊岛开始了他自己长达三年零五个月的战俘生涯。

从人员的构成情况来看，除了大多数华人战俘外，被关押在燊岛D俘虏营的，还包括英国、加拿大、荷兰、美国、印度以及菲律宾等国的俘虏。为了与华俘相区别，其他国家的这些俘虏一般被笼统地称为西俘。整个俘虏营分为东营和西营两部分，西营十六栋营房，东营二十八栋营房。尽管从表面上来看，俘虏营采取了联合战俘自治委员会自治的管理原则，但在实际上，真正的管理权却自始至终都掌握在日本人手里。因为发现新入营的郁漱石曾经在帝国大学读过书，不仅日语流利，而且也还懂一些英语，他被矢尺大介"特别"对待，做了重新安排："于是打断审讯官的讯问，下令对新入营者做重新安置，战俘编号改为131号，从东区华俘营搬出来，搬进西区殖民地战俘营9号混编军官营房。"依照对D俘虏营的既往历史有所了解的美军上尉亚伦的判断："简单地说，D俘虏营没有过去，没有未来，只有地狱般的存在。"与亚伦相类似的一种感觉，来自小说主人公郁漱石本人。他说："我对D营的恐惧不来自寒冷和昆虫，而是那些在D营生活了三年的中国人。"直截了当地说，初始进入战俘营的郁漱石之所以会对D营形成如此一种极其糟糕的印象，与037号战俘龚绍行的影响有关。"作为战俘，你已经失去自由和身份，很快你将失去个性。""你这么想，从现在开始，你不再有过去，也不会有未来，只能退化成低等动物，以想都想不到的方式活下去，等待死的那一天。"虽然说郁漱石当时对龚绍行的说法将信将疑，但此后的一系列事实却充分印证了这种说法的正确性。某种意义上，我们也可以说，邓一光这部长篇小说非常重要的一个部分，就是要将龚绍行的说法以一种特别形象的方式生动细致地一一演绎并表现出来，最终变成了呈现在纸上的现实之一种。

不期然间变身为131号战俘的郁漱石，根本就不可能料想到，他此后的一系列悲惨遭遇，其实都与他曾经的游学经历，与他既懂日语，兼通英语，同时也还能听懂粤语紧密相关。正因为在一个日本人管理的由多国战俘组成的俘虏营里，迫切需要一个如同郁漱石这样的语言沟通者，所以，郁漱石才会被"委以重任"，成为一个具有传译员身份的"双面人"。一方面是："日方要求既懂日语又懂英语同时还能说广东话的战俘131号担任战俘营传译员，战俘营第一次官矢尺大介有权在联合战俘委员会之上领导131号。"另一方面则是："自治委员会找不出理由拒绝日方，但并不赞同日方的安排，委员会要求131号担负自治委员会文书工作，负责委员会日常工作的记录、整理、誊抄和翻译，新入营战俘的教育、转移出营登记和告诫，其次才是委员会与日方沟通工作的传译，131号的工作由委员会成员徐才芳直接领导。"用徐才芳的话来说，就是："'表面上服从矢尺，'徐才芳在黑暗中说，'实际上接受我的领导，任何事情必须向我请示汇报，在条件允许的时候，主动侦察日方情报，提供给委员会。'"究其根本，郁漱石之所以会在战后的法庭审判中被指控"于敌酋俘虏营中屈身事敌"，一个非常重要的原因，就是他曾经被迫扮演过如此一种处境尴尬的实际上两面都不讨好的"双面人"角色。然而，也只有在认真地读过邓一光的这部长篇小说之后，我们方才能了解到，实际的情况与战后的法庭指控恰好相反。尽管郁漱石身上有一半的日本人血统，但在D战俘营长达三年零五个月的战俘生涯中，只要有任何一点可能，他都会想方设法为战俘一方，为自己的同伴们谋取相应的权益。这一方面，代表性的一个典型例证，就是红十字会捐赠物资的分配问题。昭和十七年，也即1942年的时候，红十字会组织曾经向战俘营提供了一批物资，物资被日方的管理者储存到警备队的仓库里，并没有配发给一直处于饥饿状态的战俘。到最后，还是在131号当场出具证据，并说服桐山出面做证的情况下，迫使日方把相关的物资分配到了战俘手里。对此，矢尺大介曾经给出过这样的一种说法："本人没有因为此事惩罚131。这个可怜的家伙并没有因为替战俘赢得宝贵物资配给而受到同伴的感激，相反，他因神龙见首不见尾，属于闪烁其词的危险人物，被排斥在物资监管人员之外，这是他没有想到的吧，至于额外的惩罚，则大可不必了。"正所谓话中有话，在矢尺大介如此一番冷嘲热讽的话语中，我们更是聆听到了一种弦外之音。无论是"本人没有因为此事惩罚131"，抑或是"额外的惩罚"云云，所透露出的明确信息，都是郁漱石也即131号，在战俘营里经常会遭受来自矢尺大介的莫名惩罚。事实上，因为争取战俘各种权益而挨矢尺大介的狂揍，在郁漱石，早已成为家常便饭："矢尺说过那句话以后，把我痛痛快快揍了一顿，揍完直接关进重营仓。""酸枝木制作的囚室潮湿恶臭，高无法站立，长不能躺下，我像一摊烂泥蜷缩在里面，也许脏腑被矢尺打坏了，后背疼痛钻心。一些不知名的虫子嗅到血腥味，军队一样冲锋而来，欣喜地钻进衣裳咬我，吸我的血，到了夜里，蜈蚣爬出来，狠狠蜇我的脚趾，我的腿和脸肿得厉害。"

  如此不断被揍的经历，再加上战俘一方实际上的不信任，以及战俘之间肯定难以避免的彼此争斗，数方面的原因整合在一起发生作用的结果，就是郁漱石精神恐惧的必然生成。"自从12月25日晚上我被两名日本士兵扑倒在黄泥涌茂盛的灌木丛中之后，恐惧就没有停止过。我以为那就是恐惧的终极，已经害怕过了，接下来就是习惯，在习惯中慢慢变得麻木，和别人一样熬下去，熬到战争结束。"但实际的情况却并非如此，"恐惧是一粒种子，它在最初的时候埋得很深，在黑暗中，你只能感到它，知道它在那儿，但你看不到它，在阳光下，你甚至感觉不到它的存在。但你忘了一件事情，它是一粒种子，在埋入生命土壤之前，它已经被传粉受精，一旦破土而出，就会顽强地生长上去，一日日盛大，直到遮天蔽日，把人整个掩没掉"。正因为在战俘营的日子里，内心的精神恐惧可以说一直在噌噌噌地生长，所以，郁漱石不仅想要尽快逃离，并对自己的内心世界进行了足称严厉的自我剖析："我想离开它，我想走出阴冷、肮脏、血腥、敌视和仇恨的战俘营，远走高飞，一分钟也不愿意等待！""现在我可以告诉你们了，我不是一名军人，天生就不是。我出身优渥，喜欢读书，命运却让我做了一名军人。""就算我是一名士兵，人们称之为战士，那也是某种原因'让'我'是'，并非我的本意。"郁漱石出生于国民党军政委员会的高官家庭，天生就是一个读书种子，所以，他才会跑到日本去攻读文学专业。毫无疑问，郁漱石的不幸在于，他不仅遭逢了战争这样一个特定的年代，而且还遇上了一个要求儿子必须投笔从戎的强势父亲。也因此，一种阴差阳错的结果就是，一位本该以读书为业的文弱书生，却偏偏走上了血雨纷飞的战场。想以非作战军官的身份避开真枪实弹的战争，却不仅误打误撞地被迫参加了香港保卫战，而且还不幸被捕，成为地位更加卑微的战俘。只有在进入战俘营之后，得暇回头重新检视自己的人生历程的时候，郁漱石方才意识到那早已深入骨髓的怯懦、软弱以及恐惧："我一直在害怕，一直在害怕，并且因为害怕而颤抖！"事实上，"没有什么可以把我骨子里的软弱和怯懦如同蒲公英花粉一般吹拂掉，我是一个孱弱的人。我想，我就是这样一个人"。

无论如何，我们都应该注意到，在D战俘营，毫无来由的暴力是寻常可见的情形。之所以会是如此，关键在于："暴力可以减缓海外工作人员程度不同的焦虑，它的副作用是和回忆江南稻米的芳香一样，让人上瘾，以致在名目繁多的诸如破坏营规、损坏营具、内务不整、私下窜犯、滋事斗殴等暴力处罚理由之外，出现了一些匪夷所思的施暴理由。"倘若套用"欲加之罪，何患无辞"的那种表达方式，恐怕就是"欲施之暴，何患无辞"。不管怎么说，毫无疑问的一点是，施暴的主体肯定是作为管理者的日本人。那位动辄便在私下里对郁漱石拳打脚踢的矢尺大介，就是其中极有代表性的一位。事实上，也正是在不仅耳闻目睹，而且也还亲身经历了这种种可怕的暴力之后，曾经有过留日经历,并且对日本人和日本文明有着极好印象的郁漱石,开始对这个樱花国度绝望了:"我浑身发抖,无法想象这是我认识的日本人。不,这不是!我曾经认为我认识他们,在京都皇宫的甬道上、东京浅草的樱花下、帝国大学的课堂里;在阿国加代子兄妹、浅野早河先生身上,我认识他们!现在我知道,我错了,那不是他们,这个创作出人类第一部长篇小说的民族,这个拥有多情俳句、缠绵和歌和悱恻能乐的民族,怎么会有这么至深的憎恶和残忍?我不相信这是人的世界,但它的确是,韦凫灶是人,D营的战俘们是人,八朗太郎也是人,可是,人怎么可以这样,怎么可以做到?"不管怎么说,你都必须承认,这一段充满激情的诘问性话语,肯定是邓一光这部厚重长篇小说最精彩的段落之一。在描写郁漱石对日本人与日本民族认识产生变化的同时,邓一光的值得肯定处,更在于鞭辟有力地揭示了人性或者民族性构成本身的复杂性。那个曾经创造出璀璨文明的国度,固然是日本,但那个发动了大规模的侵略战争,试图建立所谓"大东亚共荣圈"的国度,也同样是日本。温文尔雅的阿国加代子兄妹与浅野早河先生,固然是日本人,凶残野蛮的矢尺大介与八朗太郎,也同样是日本人。也因此,在认同郁漱石那充满激情的诘问性话语的同时,我们更认同作家邓一光试图借此而呈现人性或民族性复杂性构成方面所做的努力。

人性本就有善恶之分,战争这样一个特定的社会环境却又会无限地放大这种善与恶。这一点,集中地表现在那位简直就是以怨报德的李明渊少校身上。成了战俘的郁漱石,无论如何都不可能料想到,自己竟然会在D战俘营与原以为早已不在人世的李明渊少校再次相遇:"离开卫生科后,我的当事人又累又困,在黑暗中拖着步子朝西区走去。路过东区16号营房时,他听见一个熟悉的声音。他朝16号营房那边看了一眼,看见一个穿便服的中年男子拄着手杖站在营房门口,正和两个军官说话。屋里油灯的光线投射出来,照在男子脸上。我的当事人就像看见一个鬼魅,人被定在那儿,完全傻了。男子停下说话,回过头来看我的当事人,嘴巴一点点张开,直到能塞进一头牛犊。"却原来,由于亚历桑德拉·康妮嬷嬷把他巧妙地藏在停尸房里的缘故,身负重伤的李明渊竟然在那里一藏就是六个月。如果不是一位华人医生举报了他,他极有可能在死人当中一直生活下去。尽管说战俘营肯定不是什么好地方,但能够与自己曾经的上司不期而遇,却还是让一贯仗义的郁漱石一时欣喜若狂。为了表达这种欣喜的心情,郁漱石千方百计地搜寻募集食物送给李明渊:"我不管他们怎么说,把手伸进他们的私人仓库,募集到一听橘子罐头、一小块人造黄油、一把铝制饭勺和一撮烟草。""我把礼物大剌剌地堆在李明渊的床上。我觉得自己完全在讨好他。"能够让郁漱石这样一位自尊心超强的人,屈尊做出如此一种"讨好"的行为来,所充分说明的,只能是他内心深处对这份生死不渝友情的特别看重。然而,一副热心肠的郁漱石,却没有料想到,进入战俘营之后的李明渊,不仅热衷于偷偷摸摸地搞所谓"中央系"的宗派活动,而且到最后竟然还成了一名可耻的犹大,竟然出卖了曾经因为他才滞留在香港的郁漱石。不管怎么说,李明渊的出卖都令郁漱石难以理解和接受:"因为告发者,我在战争到来的最后一刻留在了香港,因为这个做了俘虏,现在,我却被那个在码头上张皇失措抱着我痛哭流涕的人出卖了!我把我的一些情况告诉了他,我被自己出卖了!""我感到震惊,脑子里一片空白,天气寒冷,我却一个劲地出汗,豆大的汗珠不断顺着脖颈流进后背。我遇到大麻烦了,不,不是麻烦,是死到临头!"问题在于,李明渊为什么要出卖郁漱石呢?对此,李明渊自己给出了一种可谓是振振有词的说法:"你应该继续想,往下想,你比我更卑鄙。我受伤那会儿,你到处跑来跑去,把我扔在俄国人诊所里受苦;我遭受伤痛折磨的时候,你在犹豫要不要把我丢掉,自己一走了之;我从死神手里逃出来,你把我像块烂抹布似的丢在玛丽医院,指使卫士杀死我;人们在战俘营里熬干最后一滴血,你同人兽同体的鬼子暗渡金针,你说吧,这世上有比你更卑鄙的?我告诉过你,我不允许叛徒存在,你出卖了所有人的利益,我不过只是出卖了你一个人。"依照存在主义的说法,他人就是地狱。李明渊恩将仇报以怨报德的所作所为,在充分暴露其人性之恶人性卑劣一面的同时,却也强有力地再次印证了存在主义此种观点的合理性。关键在于,即使李明渊恩将仇报,无耻地出卖了自己,郁漱石在处理他的后事时却仍然情不自禁地流露出了一种人道主义的宽恕情怀。"不不不,我的朋友,你在干些什么,难道你永远都要把亲戚弄成一锅糊涂汤才罢休吗?""还有,我一直想问,你在南京城破城后失去音讯的太太,不足半岁的女儿,她们现在在哪儿?"就这样,"站在李明渊泥土新鲜的坟头,泪水不由糊满了我整张脸。四个士兵诧异地看着我,知趣地走到一边去,警备队的看守远远站在树林旁,没有过来阻止"。面对着出卖了自己的李明渊,郁漱石能够超越个人恩怨,一边眼含热泪一边联想到李明渊太太和女儿的下落,这种人道主义宽恕情怀,就是显而易见的一种事实。当然,这种人道主义宽恕情怀,与其说是属于郁漱石,莫如说是属于作家邓一光的。

  要想深入讨论郁漱石身上的精神恐惧与战争之间的复杂缠绕关系,无论如何都绕不过去的,就是他在战俘营里被迫接受日方陆军省俘虏情报局女军官冈崎小姬的安排,配合她完成一个关于战俘的研究项目的相关情节描写。首先需要明确的一点是,对包括冈崎小姬在内的一众日本军人,邓一光既没有简单化,也没有妖魔化。"她有一张精巧的蛋形脸,小巧而略微上翘的鼻子,同样小巧的嘴,仿佛故意带着一种隐含不露的霸气。她穿着蛋青色陆战队衬衣,改制过的姜黄色窄裆马裤,衬衣在宽阔的皮带上方两寸处隆起,合身的马裤衬托出修长的腿和消瘦的臀部,就算一身军装,也堪称精致,如果不是敌国人员身份,她可是个轻盈曼妙的人儿。"即使我们清楚地知道冈崎小姬的敌对国军人身份,这样一位轻盈曼妙的女性身上所散发出来的女性魅力,也仍然是非常诱人的。如此一种轻盈曼妙,再加上她身上所拥有的智慧,假若不是分别属于交战国的双方,我想,郁漱石与冈崎小姬最起码可以成为惺惺相惜的好朋友。即使已经无可避免地成了交战的对手,他们事实上也是智力相当的很好的谈话对手。很大程度上,正是因为有了冈崎小姬的激发,也才有了郁漱石对战争问题的若干深入思考。比如,所谓的战争荣誉问题:"文明的进步就像新猎物的踪迹,令人激动,必须升华自己与非族群的文明区别,为群体谋杀建立荣誉、信仰、国家这些符合进化的理由。日本人为了大东亚秩序,中国人为了中华民族存亡,不列颠人为了上帝和乔治,加拿大人和印度人为了联合王国荣誉,士兵一旦被说服,就认为杀戮是合理的和必要的,如果没有战争,人类的勇气和献身精神这些高贵的品质将被毫无激情的和平岁月消磨掉,这就难怪,交战国士兵拥有同样的勇敢和忠诚,甚至一致的战争道德观了。"在前面,我们曾经专门探讨过战争中个体与群体的关系,并认为阿里斯托芬早在《阿卡奈人》中就已经意识到这一点,并将其展现了出来。关键的问题很显然是,既然战争只与那些政治家或者政治集团有关,对人类个体可以说有百害而无一益,那为什么在战争中还会有那么多普通民众趋之若鹜地浴血奋战呢?有了作家借助于郁漱石对于战争荣誉问题的深度解剖,这一重要的问题,自然也就迎刃而解了。却原来,主要原因还是人类个体被洗脑,被灌输了一整套与整体谋杀其实没有必然联系的所谓"荣誉、信仰、国家"关联项。这样一来,不同交战国的士兵却都拥有着"同样的勇敢和忠诚,甚至一致的战争道德观"这一问题,也就可以得到很好的解释了。那么,被诸如"荣誉、信仰、国家"等关联项绑架了的普通士兵是否就可以远离内心世界中的精神恐惧呢?答案只能是否定的:"长期深陷恐惧的民族,因为不安全感,对世界抱有敌意,除非确认世界被它控制,否则很难把恨意转化为友善,这种情况,反而促使深陷恐惧的人民,因为确认血缘归属的需要,暗示自己不但是民族一分子,而且是民族精神的一分子,必须征服一切敌人,最终成为冈崎学者所说的勇敢士兵。"

然而,不管怎么说,以上所谓战争荣誉的问题,其实也不过是精神恐惧的一种被转移而已,早已渗透到人类个体内心深处的由战争而导致的精神恐惧,实际上一直不可能消失,一直都存在着:"我认为纳什医生忽略了一点,战争对士兵的损伤不仅限于躯体,还包括认知、行为、情感、过失性和适应性损害,这需要专业人员的评估,而这些事情他无法做到。之所以这么说,是我想到冈崎学者,她教会了我怎么看待整体的人。她是这方面的专业人员,对自己的专业疯狂迷恋,但很显然,战俘们无法指望她的帮助。"根据第一次世界大战后的医学研究报告,"一部分战争损伤概率属于永久性损伤,受到伤害的士兵将终身带着战争伤痕和后遗症生活,包括适应障碍、焦虑障碍、抑郁障碍、交际困难。酗酒、药物依赖、生物紊乱、性无能和早衰,直到不甘心地离开这个世界"。之所以会是如此,一个重要的原因在于,精神恐惧很大程度上，乃是天生的："我原来以为恐惧是会传染的，它发生在群体中，人们是它的受染体，由别人传染给自己，或者由国家传染给国民，但是我错了。恐惧是天生的，自打有了生命它就存在，和生命一起栖伏在湿润的子宫里，一点点长大，然后随同生命一起来到这个世界，它只能靠自尊心来抑制，一旦自尊心没有了，恐惧将最终战胜这个人。"这一方面的一个典型例证，就是身为小说主人公的郁漱石。我们注意到，战争结束后，重新回到香港的郁漱石，曾经在辩护律师冼宗白的家里弹奏过一首名叫《死岛》的钢琴曲："妻子几次从厨房出来，倚在门口入神地听郁漱石弹琴。她悄悄告诉我，郁漱石弹的曲子叫《死岛》，作曲家受到一幅亡灵渡过冥河前往地狱的油画影响，写下这首钢琴协奏曲。"事实上，也正是在对郁漱石进行了细致的观察，并聆听了他弹奏的《死岛》后，冼宗白对郁漱石的精神恐惧与生存绝望方才有了更加深入的理解与认识："我看出来了，即使有过音乐，他仍然对生活冷漠，回避人群，有着强烈的焦虑，看上去显得孤独而无助。我知道他很努力，他一直试图摆脱战争留给他的巨大阴影，真心地想帮助人们脱离战后困难，可我有一种感觉，他在深深地内疚，为一位香港姑娘，一位独生子下属，一位曾经的上司，还有很多他说不出来的生命，因为这个，他对战后活下来感到羞耻。"其实，在战俘营的时候，郁漱石曾经做出过一个艰难的选择，那就是冈崎小姬明确提出的，到底是选择附日还是选择继续待在俘虏营里："他宁愿待在生不如死的俘虏营中，也没有选择条件优裕的附日诱惑，但他其实非常害怕。他不断提到两个字，恐惧。他说他一直在恐惧。那是一种什么感受，他没说，我想象不出来，我只是很吃惊他谈了那么多。我从来没有思考过他说到的事情。一个人活着，他一直在害怕，能够想象这种感受吗？"由于可诅咒的战争的缘故，郁漱石的自尊心被彻底摧毁。从此之后，他的心理世界就完全被那种可怕的精神恐惧给控制了。虽然一般人根本无法理解与想象一个人成天伴随着精神恐惧活着是怎么一回事，但对于郁漱石来说，他已经无论如何都不可能走出这种可怕的精神恐惧与生存绝望了。唯其如此，冼宗白才会有这样一种真切的感受生成："我有一个不祥的念头，郁漱石逃出战俘营，活了下来，但是，他，还有更多和他一样经历同时侥幸活下来的人们，他们在战俘生涯中失去了生命意义，在停止自发呼吸、心脏停跳、瞳孔反射机能消失之前，已经死去了。"

事实上，正如同冼宗白已经明确意识到的，类似于郁漱石这样的人或者士兵，不仅仅只有郁漱石一人，毫无疑问是一种普遍性的存在。尤其不容忽视的是，对于这一点，郁漱石自己还被困于D战俘营中的时候，就已经有了清醒的意识："我在战俘中幽灵似的无声穿行，走过一座又一座墙面黝黑的营舍。我去审讯科、教育科、卫生科、治安科、战俘调解委员会、鞋工班、缝工班、理发班、病员班、炊事班，我去那里干些什么或者什么也不干，手插在裤兜里，站一会儿，然后离开。满眼都是我的同类，我看到的每一个人都是我自己，不管是不是能够克制住，他们全都在害怕，那些害怕是真实的，没有任何黑夜能将它遮掩住。""是的，我希望离开我的同类，因为他们的存在，我的害怕会成倍增长，我拥有的不光是自己的恐惧，而且是无数堆积起来的恐惧。"这一方面的一个恰切例证，就是那位美军上尉亚伦。但在具体展开关于亚伦的讨论前，我们首先应该意识到，美国文化或者西方文化与中国文化或者东亚文化在对战俘问题上的不同理解与认识。在前者看来，在战争的前提下，战俘的产生乃是顺理成章的事情。因为生命存在是第一位的，所以，在切实对抗不过的情况下，以举手投降成为战俘的方式保有生命，无可厚非，天经地义。因此，战俘这一特定的身份，与社会道德无涉。换言之，战俘也是人，也有着自己的人格和尊严。然而，到了后者这里，一切就被颠倒了过来。中国文化或者东亚文化认为，战俘的产生乃是战争中实在被迫无奈的一件事情。很多时候，在把战俘与社会道德紧密绑架在一起的情况下，他们认为，道德评价比生命存在更重要。也因此，一种"不成功，便成仁"的所谓"舍身取义"的理念，才会特别盛行，才会成为普遍的社会意识形态。一旦不幸成为战俘，在人格与尊严被剥夺的同时，也就成为一种带有耻辱感的存在。但即使如此，即使美国文化或者西方文化对战俘有着足够的宽容与认识，曾经长期生活在战俘营里的美国人亚伦，在战后也仍然面临着遗存的精神恐惧。"一天夜里，我从噩梦中大喊大叫地惊醒过来，劳莉塔正泪流满面地搂住我的脑袋在黑暗中哭泣。

她做了和我一样的梦。她告诉我,在那个梦中,我们是两个毫无共同之处的生命,我们形同陌路。她痛哭着说出令她恐惧的事情:当我和她做爱时,我的身体冰冷僵硬,牙齿咬得咯咯响,眼里透出绝望的神情,仿佛我被困在一个令人恐惧的世界里,而那样的我正在憎恨这个世界中的一切。她痛楚地向我举起她的胳膊——她的手臂上,一道一道,全是我在噩梦中对她施暴抓挠出的血痕。"尽管在清醒的状态下一切看似都很正常,但一旦进入无意识的睡梦状态,亚伦便不仅变得冰冷僵硬,而且还会对劳莉塔施暴。这些行为充分说明,在战俘营里生成的精神恐惧,不仅早已渗透到了亚伦的无意识深处,而且还会以施暴的方式表现出来。

在结束关于郁漱石精神恐惧的讨论之前,我们既需要对他的基本性格特征有所了解,也需要对他那特别的跨国身世和跨国爱情经历有所了解。借助于出庭做证的外交部代办秦北山之口,邓一光首先对郁漱石的性格特征有所介绍:"郁漱石没有人们想象的那么聪明,他根本不知道,国民政府在美利坚合众国就像乞儿,受人白眼。""郁漱石心眼善良,不像他的哥大母校杜威教授那样,主张实用主义哲学,也不像他的学长宋先生那样,工于经济算计,我们很快成了朋友。""他工作十分出色,进步很快,他的才华就是那段时间飞速表现出来的。""郁漱石性格有些孤僻,不爱聚众,总是一个人打发工作之余。""郁漱石那么说,我着实吃惊。他是个性格怪异的人,总能一眼看明白事情的真相,偏偏又把真相说出来。"综合以上种种,提炼概括一下,郁漱石的基本性格特征就是,心地善良,内向孤僻,略显怪异,虽然谈不上聪明伶俐,却有着相当突出的工作能力。所有这一切,到了后来展开的主体故事情节中,都有着相对充分的对应表现。

接下来,就是郁漱石的特别身世与爱情。由于父母曾经刻意隐瞒的缘故,郁漱石很长时间都不知道自己的生母是谁。一直到民国二十年,也即1932年的时候,他才从养母尹云英那里了解到,自己的生母竟然是一个名叫冈崎的日本人:"外交部一个使节夫人告诉我,漱石的生母是帝国大学助理研究员。""是的,漱石的生母不是中国人,那个生下孩子却始终没有出现在孩子生活中的女人，她不是洗衣妇，只是无法留在力主与日决战的知堂身边，出现在愤怒地声讨日本的中国人面前。生下漱石，而这孩子应该叫她母亲的女人，她是日本人。""那位女性是帝国大学的学者，十五年前到过中国，为一名中国军人生下一个男孩，她姓冈崎。"郁漱石当年之所以要执意前往日本的帝国大学学习东亚文学，其内在的一种驱动力或许正在于他想要借此机会去完成寻母的潜在使命。只有这样，我们也才能够解释郁漱石后来从日本回到中国后，拒绝去战场上杀日本人，最终选择去美国任职的决定："'母亲，我到底是中国人还是日本人？'孩子紧紧拽着箱子的把手，毫无主张地盯着我的眼睛，'如果我说不清楚我是什么人，我又怎么可以煽动起报国的激情？我该报生父的国，还是生母的国？我能为它，为它们做什么？或者相反，它和它们能为我做什么？或者我和它本来应该做，但我们都没有做，没有做到，不肯做？'"这是郁漱石从日本返国准备前往美国前，和自己的养母尹云英所讲述的一番话。从这段话中，我们不难体会到其内心深处由于自己的特别身世所导致的根本纠结之所在。到了战俘营中，他之所以答应冈崎小姬配合她完成相应的科研项目，其实也与他拥有一个同样姓冈崎的生母紧密相关。也因此，尽管说郁漱石后来不期然间被裹挟进香港保卫战，并最终不幸地沦为战俘，但他内心深处的身世纠结却始终未能得到缓解。如此一种特殊身世，再加上郁漱石留学日本时与阿国加代子之间那样一种刻骨铭心的生死恋情，在中日战争期间就必然会使我们的主人公陷入某种身心撕裂的状态之中。对此，辩护律师冼宗白有着极其清醒的认识："然后，我提到了一位参加了香港殖民地保卫战的中国士兵，他叫郁漱石，有一位中国父亲，一位日本母亲，他是他俩结合生出的孩子。战争发生时，他无法求助血缘和国籍给予他他应该怎么做的指导，他选择了站在反侵略者一方的抵抗者阵营，带领他的小组参加了战斗，他的小组中一半人如今躺在国联报告那组骇人听闻的数字中。"不仅如此，郁漱石自己也还有一个日本恋人，因此冼宗白才会进一步说道："他有一个中国父亲，一个日本母亲，身上流着两股敌对者的血，他要和谁作战？他应该去杀死谁？现在，他的恋人失踪了，不知去向，他想去找回她，他只有这一个愿望。"一方面是被迫无奈地卷入战争之中，另一方面是内心深处有对日本生母与恋人的解不开的精神情结，再加上香港保卫战与战俘营中的种种遭遇，所有这一切叠加在一起，自然也就最终生成了郁漱石的精神恐惧与生存绝望。

只要是熟悉邓一光战争题材作品的朋友就都知道，他此前的书写既有浓郁的浪漫主义色彩，也表现出了强烈的英雄主义情结。这一点，单从《我是太阳》《我是我的神》这样的小说标题中，即可以明显见出。依据笔者多年来的阅读经验，作为一位作家，能够从当年那样一种具有浪漫主义色彩的浓得化不开的英雄主义情结，跨越到《人，或所有的士兵》这样一种"去英雄化"之后的对于战争中精神恐惧情绪的真切书写，其实是非常不容易的一件事情。事实上，也只有在这样的一个前提下，我们才能够理解邓一光为什么一定要在小说之前写下"远离战争，不论它以什么名义"这样一句题记。无论如何，我们都应该把邓一光这部耗费十年时间苦心经营的长篇小说看作一部难得一见的杰出的反战小说。我们从其中所真切感受到的，乃是作家内心深处一种难能可贵的人道主义悲悯情怀。

那些人性与命运的急风和暴雨

——关于迟子建长篇小说《烟火漫卷》

最近一些时日,在与朋友聊天的时候,我们总是会情不自禁地涉及一个在代际的意义层面上把所谓的"50后""60后"作家与"70后""80后"作家进行比较的话题。其中,能够达成共识的一点就是,那些"50后""60后"作家的创作状态较之于"70后""80后"作家,之所以要表现得更为恒定,能够长期地保持一种较高的思想艺术水准,一个不可忽视的重要原因恐怕就是,前一个作家群体的小说创作基本上都是起步于20世纪80年代那样一个文学的黄金时代,在经过了差不多四十年的积淀之后,这个群体的作家不仅已经形成了相对成熟的各自不同的思想艺术风格,而且也已经在某种程度上完成了未来文学史上的"经典化"过程。所谓的"经典化",就是说无论未来的文学史将会对这个群体中的作家个体做出怎么样的一种具体评价,他们都毫无疑问会在其中占有一席之地。很大程度上,正是因为他们已经彻底摆脱了诸如未来文学史书写的焦虑这样一些事关"文学名利"问题的困扰,所以他们才能够"无忧无虑"进入某种专心致志的小说写作状态之中。从创作心理的角度来说,正是这样一种"心无挂碍"的情况,才更能够使他们在写作过程中把自己最好的竞技状态表现出来。反过来说,既然能够"心无挂碍"地把自己最好的竞技状态表现出来,那接连不断地为文坛奉献品质足够优秀、艺术质量"免检"的优秀小说作品,也就自在情理之中。我们这里将要重点展开讨论的迟子建，毫无疑问也正是这样一位能够长期保持较高思想艺术水准，能够接连不断地创作精品力作的优秀作家。

阅读迟子建的长篇小说《烟火漫卷》，扑面而来的感觉就是，既往迟子建小说中一些习见性文本要素依然存在。比如，对那些花草树木以及飞禽走兽尤其是鸟类饱含尊重和理解的一种真情书写。倘若仅仅从取材的角度说，这部主体故事发生在北国名城哈尔滨的《烟火漫卷》，或许可以被看作一部城市小说。一般来说，由于远离大自然的缘故，城市小说中很难会有鸟类的存在空间。但到了迟子建的《烟火漫卷》中，却不仅仍然出现了小鹞子这样一只雀鹰的形象，而且作家还巧妙地将它编织进了故事情节之中。这只后来被黄娥认定为小鹞子的雀鹰，是刘建国驾驶他那辆"爱心护送"车，在接送固定客人翁子安的路上意外发现的："七八分钟后，在接近山门似的主塔时，在灯影下，刘建国发现了一只灰褐色的大鸟，蜷伏在桥栏杆上，似在歇脚。"在试图两次放飞这只雀鹰皆无果的情况下，刘建国最终把它带回了哈尔滨："他没有把它交给林业部门，而是送给了黄娥。"对这只小鹞子的不期然出现，黄娥先后给出过两种不同的理解。先是把它看作不吉利的"讨债鬼"，后来才转换观念，把它看作"守护神"："刘建国说那你就别把它当成讨债鬼，你当它是你和杂拌儿的守护神，就会喜欢它了。黄娥睁大眼睛，说你说的对呀，我咋没往好处想它呢！"之所以会有理解上的这样一种转换，其实与黄娥内在心境的变化紧密相关。原来，长期在七码头那样的乡间社会生活的黄娥，内心深处早已把这只雀鹰和自己的丈夫卢木头联系在了一起。一开始，她确信它是来为卢木头报仇的，"她觉得这是索她命的前奏"。但由于刘建国的言语规劝，"黄娥渐渐改变了看法，她想这是卢木头派来，或是他化身的保护神，不然她也不会捡到那顶帽子。黄娥像卢木头一样，常拿那顶帽子喂鸟"。心地善良的黄娥，却无论如何都料想不到，到最后，那只雀鹰就是因为要呵护她，要接引晚归的她而不幸殒命。所以，在雀鹰不幸殒命之后，黄娥才宁愿自己的手指肿胀滴血，也硬是用双手挖坑埋掉了这只总是那么善解人意的小鹞子。一方面，迟子建的确是在写雀鹰,但在另一方面,她却又何止是在写雀鹰,她借助于这只雀鹰所要深度揭示的,其实是黄娥一种深埋在心底、无以言说的精神隐痛。

再比如,对普通百姓也即小人物充满烟火气的日常生活场景的生动摹写。我们注意到,北国名城哈尔滨,在迟子建的长篇小说中得到充分的书写,实际上只有很多年前的那部《白雪乌鸦》以及这一部《烟火漫卷》。或许与《白雪乌鸦》所关注表现的,乃是一场一百多年前的可怕瘟疫,因而作家的笔触只能集中聚焦于瘟疫这一核心事件,在那部长篇小说中,迟子建并没有能够对哈尔滨的日常生活场景展开从容的描写。也因此,只有到了这部旨在呈示一众小人物日常生活世相的《烟火漫卷》中,作家才能够以一种绝对称得上是从容不迫和闲庭信步的心态,耐心细致地展开对当下哈尔滨市民日常生活场景的精描细绘。这一方面,最具代表性的片段之一,就是关于哈尔滨炖菜的一段活色生香的描写:"哈尔滨人的早餐相对简单,但晚餐决不能马虎,餐桌若没一两样主打菜,似乎一天就白忙活了。""哈尔滨人喜欢炖菜,尤其是晚餐,如果没有一样炖菜,肠胃都会和你过不去,总觉缺了什么。炖菜是荤腥与蔬菜的狂欢,是牲畜王国与性灵世界在千家万户的美妙相逢。牛、羊、猪、鸡、鸭、鹅、鱼、虾、蚌、肉鸽,地上跑的,天上飞的,水里游的,都可挑起炖菜的大梁。"又或者,更进一步说,在这部《烟火漫卷》中,哈尔滨其实完全可以被看作小说中一位潜在的主人公。只要稍加留意,即不难发现,从一年四季的自然风景,到近现代以来逐渐形成的中西结合的标志性建筑,其中当然也包含那些与宗教信仰紧密相关的教堂、清真寺以及如同极乐寺这样的佛寺,再到充满烟火气息的简直就是热气蒸腾的民俗风情,所有这些,都汇聚到了迟子建富有灵性的笔端。不知道迟子建自己是否有明确的意识,反正我觉得,如果把这些极具艺术感染力的文字从小说中单独抽出,本就是一篇篇关于哈尔滨的精彩散文。倘若把这些灵性文字,再与《烟火漫卷》中那些哈尔滨近现代以来的吉光片羽式的历史片段结合在一起,迟子建或许就是在不经意间为她自己已经居住了很多个年头所以饱含深情的北国名城哈尔滨作传了。

但以上这些习见性小说要素在《烟火漫卷》中的出现,却并不就意味着迟子建是在重复自己。这是我们不管怎么说都要特别强调的一点。事实上，迟子建这部《烟火漫卷》，无论是思想内涵层面，还是艺术形式层面，可圈可点处的确很多。首先是作家对多重故事时间的巧妙编织。某种意义上说，小说是一种与时间紧密相关的文学文体，细细品读《烟火漫卷》，就可以发现，其中最起码存在着五重被作家以不动声色的笔触叠合并置在一起的时间。第一重，当然也是最重要的一重时间因素，也就是主体故事发生的这一年时间。整部长篇小说不仅由上部"谁来署名的早晨"与下部"谁来落幕的夜晚"两大部分组成，而且上下两个部分又都分别由八章内容构成，即使仅仅从视觉的角度来看，也是既对称又匀称，首先给人一种非常赏心悦目的感受，更进一步，在进入这一年的时间内部之后，迟子建也仍然对时间进行着更加匠心独运的精细化处理。具体来说，整部作品加起来一共十六章，其中的每四章又分别对应一年的春夏秋冬四季。第一章的故事发生时，时间很显然是在春天："三月末的哈尔滨虽未开江，但积雪消融了。空中偶尔飞雪，也是气数已尽，落地即化了。""刘建国驾驶着'爱心护送'车从道里出发，去南岗的一家医院接翁子安时，是清明节的前一天。"然后，就是第五章的开头："哈尔滨的春天来得晚，可它入夏的脚步却快。市花丁香花才谢，人们就得穿短袖衫了。这里的夏天典型的标志，你不用去看植物园的牡丹和太阳岛的荷花是否开了，也不用辨听城市上空多了几种鸟鸣，你从饭馆酒肆门前摆出的移动餐桌，支起的太阳伞，以及入夜开始弥漫的烧烤气味，就知道夏天到了。"等到了下部第一章的时候，时间的脚步也就走到了秋天："立秋这个节气，在南方城市中也许体现得并不明显，暑热依然会侵扰人们。但在哈尔滨，立秋的日子，却真的是秋天登场的时刻，哪怕早晨艳阳高照，到晚上却是清凉如水。此地民谚'早上立了秋，晚上凉飕飕'，殊为传神。"接下来，就是下部第五章的开头一段文字了："初冬的哈尔滨往往躲不过雾霾天。每年十月二十号，是法定开栓供暖的日子，分布在城区的一座座锅炉，就像一辆辆坦克，进入备战状态，只等号令，对冬天的战役就打响了。它们一旦运转起来，燃煤就是未来五个月的主旋律。"就这样，每一个季节各统领四章内容，春夏秋冬，起承转合，整部小说的叙事节奏拿捏得可谓恰到好处。

第二重,是黄娥携带杂拌儿出现在哈尔滨之后的四年时间。"那是四年前一个深秋的夜晚,刘建国出工回来,下了碗面条吃掉,换上正装,穿上皮鞋,正准备下楼,去老会堂音乐厅听一场音乐会,刚打开门,就见自家门口蜷坐着一对母子。女的四十上下模样,穿一条蓝牛仔裤,黑毛衣,斜挎一个帆布包,模样清秀,但面色和唇色极为黯淡。而与她相挨的孩子,六七岁光景,细脖子大脑袋,黑红的脸上生着几块癣,正有滋有味地啃鸡爪,手和嘴油乎乎的。""这女人就是黄娥,而那男孩是她的儿子杂拌儿。"按照黄娥自己的说法,她和儿子来自黑龙江上游青黛河畔的七码头,和丈夫卢木头因为男女私情而发生争吵,最终导致了卢木头离家出走。因为黄娥早已闻听刘建国一直在寻找一个失踪已久的男孩,所以便携带儿子主动来到哈尔滨,专门来投奔其实素不相识的刘建国。对于自己这种在别人看来特别荒唐的举动,黄娥建构的逻辑是:"因为你要找的是男孩,杂拌儿是男孩,而他现在没爸了,你得给他当爸,男孩得有男人管。"尽管刘建国曾经对不期而至的她和杂拌儿避之唯恐不及,但最终还是不得不借助妹妹刘骄华在榆樱院的一处住所,"接纳"了在哈尔滨举目无亲的母子俩。而黄娥和杂拌儿也就这样开始了他们在哈尔滨的生活历程。但请注意,或许与迟子建编织情节时的一时疏忽有关,在这一重时间的处理过程中,留下了一点其实完全可以避开的瑕疵。在小说即将结束的下部第八章,曾经出现过这样的一句叙述话语:"榆樱院往年春节是冷清的,租户一般都回乡过年了,只有老郭头驻守,他会在自家门口挂上走马灯。"依照我根据上下文语境的一种猜测,写到这里的时候,迟子建很可能忘记了四年前就已经被刘骄华安顿在了榆樱院里的黄娥母子。其他的租户可以回乡下过年,黄娥他们母子俩却绝对不可能再回七码头去过年。这样一来,那句只有老郭头一个人在榆樱院过年的话语表达,其不恰当处也就一目了然了。

第三重,是从刘建国1977年不慎丢失铜锤开始的先后长达四十多年的时间。那个时候的知青刘建国,还在黑龙江北部的一个林区插队。在一次休探亲假返回哈尔滨的途中,因为格外思恋好友于大卫,便专程改道去看他。没想到，正是这一看，从根本上决定了他未来数十年的不幸命运。因为于大卫和妻子谢楚薇正双双准备应对即将到来的高考，便委托刘建国顺路把他们的儿子铜锤带回到哈尔滨去："刘建国说铜锤那时快一岁生日了，也不眼生，谁抱都行，很是省心，而且谢楚薇奶水不足，铜锤半岁就喝奶粉了，路上也不用母乳，所以他一口答应了。"未曾料到的一点是，尽管刘建国一路上已经做好了足够谨慎的防备，但还是不幸把铜锤给丢失了。自此之后，自感罪孽深重的刘建国，也就走上了一条真正可谓是万劫不复的寻找铜锤之路。自己不小心把朋友的孩子给丢失了，那千方百计地把铜锤找回来，也就是既合乎逻辑更合乎道德伦理的天经地义之事。对于刘建国这种带有突出自我救赎性质的明显耽误了青春和生命的寻找之旅，他的妹妹刘骄华曾经进行过这样一种不无痛楚的描述："二哥为了找铜锤，差不多把黑龙江每一个地方都走到了，到现在还没个老婆。"但即使刘建国如此全身心地投入，他的寻找之旅一时间看起来也仍然如同"等待戈多"一般遥遥无期。

第四重，是刘光复的父亲刘鼎初从佳木斯抱回一个日本遗孤的1949年开始至今七十多年的一段时间。由此，迟子建牵扯出的，首先就是日军当年侵华，并在东北地区建立伪满洲国的一段史实。在得知自己已经病入膏肓的情况下，无论如何都放心不下弟弟的刘光复，向于大卫披露了一件惊人的往事："刘光复告诉于大卫，刘建国并不是自己的亲弟弟，而是日本遗孤。这个秘密除了父母和他，外人不晓，刘骄华也不知，所以请于大卫不要跟任何人说。"原来，身为日本遗孤的刘建国，他的母亲是当年关东军的一位随军护士，父亲是开拓团的一名成员。日本战败后，苏军要把他们赶往遥远的西伯利亚去做苦工。因为担心到苏联后将会遭受非人的折磨，他们在拼命逃脱后，相依为命，结为夫妻。但也就在刘建国出生不久，他的亲生父母就不幸双双亡故。此后，被富有同情心的刘鼎初夫妇收养，因为他是1949年生人，所以就被取名为"建国"。事实上，也只有到了这个时候，我们方才能够明白，在刘鼎初他们这个家庭里，为什么受宠的总是刘建国："家中就刘骄华一个女孩，本应她最受宠，可父母似乎对刘建国更偏心一些。比如餐桌上有了一碗溜肉段或是煎带鱼，刘鼎初总是先夹给刘建国。"一般来说，老二总是要穿老大穿过的，"可刘建国的母亲给孩子做新衣时，刘建国穿簇新的，刘光复捡弟弟穿过的"。以上这些看似反常的情形，其实都与刘建国的日本遗孤身份紧密相关，因为他不是刘鼎初夫妇的亲生孩子，所以在识大体明事理的刘鼎初夫妇那里，也才会特别受宠。

第五重，则是与于大卫的母亲谢普莲娜紧密相关的20世纪初一直到现在已然超过了百年的时间。这样一来，迟子建也就把哈尔滨当年因为中东铁路的开筑而成为远东地区国际大码头的那段历史，有机地编织进了这部《烟火漫卷》之中。"于大卫家庭背景复杂，他的母亲谢普莲娜来自波兰，父亲于民生则是中国人。而谢普莲娜在此之前，还有过一段婚姻，她的前夫是来自俄国的伊格纳维奇。"此外还有一点不容忽视，那就是谢普莲娜的犹太人身份。哈尔滨一个小小的家庭，竟然先后涉及三个不同的国家，完全可以被看作"国际大码头"的形象缩影。然而，与哈尔滨的所谓"国际大码头"地位相比较，更值得注意的一点，恐怕是谢普莲娜前夫伊格纳维奇的悲惨命运。日军已经建立伪满洲国若干个年头之后的1937年，就在谢普莲娜已经有孕在身的时候，伊格纳维奇接到了父亲病危的消息，匆匆忙忙地赶往莫斯科。"而那时苏联迫于形势，已把中东铁路经营权卖给日本，日本人越来越多，很多苏联侨民开始移民，但伊格纳维奇留在了哈尔滨。而选择留在哈尔滨的苏联人，他们在回到自己熟悉的土地时，往往被视为有问题的人，遭到逮捕与审讯，以致永远失去音讯的事件频发，所以谢普莲娜很不愿意丈夫回去。"尽管情形如此险恶，但挂念父亲心切的伊格纳维奇，也还是不管不顾地踏上了归途。然而，谢普莲娜的担心并非多余，回到苏联后的伊格纳维奇，果然在劫难逃："一到家乡，就被特务盯上，父亲葬礼结束的第五天，他被抓走了，押解到高尔基市监狱。"具体来说，"伊格纳维奇被指控叛国罪，说他勾结日本人，出卖国家利益。这是因为当局掌握到他娶了一位波兰商人的女儿，而这个波兰商人，与日本人往来甚密"。原本只是正常不过的联姻关系，就这样被栽上了"莫须有"的罪名，真正可谓是"欲加之罪，何患无辞"了。既如此，悲惨结局的最终酿成，也就实在无可避免。到了"一九四一年春天，谢普莲娜收到了伊格纳维奇弟弟寄来的一个包裹，里面附有一封短信，告诉他伊格纳维奇已被处决，他去监狱领回了哥哥的遗物，一只棕色手提箱"。尽管说到了1955年夏天的时候，以苏联专家身份出现在哈尔滨的伊格纳维奇的弟弟给谢普莲娜带来了哥哥已经被政府平反的消息，但人死不得复生，这个迟来的平反消息对于早已命赴黄泉的伊格纳维奇本人来说，无非是一张轻飘飘的纸片，除了某种莫名的巨大嘲弄与反讽之外，其实毫无意义可言。

我们都知道，汉语是一种时态特征极不明显的语言，它不像英语那样不仅有区别分明的"现在时""过去时"以及"将来时"，而且在三种时态内部还可以做更进一步的时态的区分与组合。也因此，迟子建在这部《烟火漫卷》中，能够以第一重故事时间为主体，把如上所分析的五重故事时间近乎天衣无缝地叠加并置在一起，其实就是非常不容易的一件事情。但五重时间的巧妙缝合，也只不过是《烟火漫卷》艺术形式层面上不容忽视的特点之一。与此同时，小说另外一个值得注意处，就是对"草蛇灰线法"的成功设定与运用。所谓"草蛇灰线法"，并非迟子建的独创，而是明末清初文学巨擘金圣叹在小说评点中较为广泛地使用的一种技法术语。在其著名的《读第五才子书法》中，金圣叹写道："有草蛇灰线法。如景阳冈勤叙许多哨棒字，紫石街连写若干帘子等是也。骤看之，有如无物，及至细寻，其中便有一条线索，拽之通体俱动。"① 通俗一点说，作为中国古典小说的结构技法之一，"草蛇灰线法"就是在小说的故事情节和人物关系之间隐伏贯穿着一条若隐若现、时断时续的线索脉络。在《烟火漫卷》中，迟子建非常娴熟地多次成功使用了这种"草蛇灰线"的方法。

比如，在上部的第三章，曾经出现过这样一段叙述话语："而刘建国返城后，母亲把退休安排子女就业的唯一指标给了他。虽然那时刘光复也没工作，但母亲说刘建国丢了人家的孩子，未来日子不好过，必须有个稳定工作，不然都找不到媳妇。"一方面，母亲给出的说辞完全站得住脚，但在另一方面，也只有我们通过此后的故事情节了解到刘建国真实的日本遗孤身份之后，

---

① 金圣叹：《金圣叹全集》第1册，江苏古籍出版社1985年版，第22页。

方才恍然大悟，原来母亲之所以对待刘建国如此这般偏心，乃因为他根本就不是自己的亲生儿子。越不是亲生儿子，越要不遗余力地加以袒护，迟子建借助于这种"草蛇灰线"，在凸显命运吊诡的同时，更写出了母爱的一种无私与伟大。再比如，在上部的第四章，出现过这样一个细节描写，那就是在得知自己已经罹患重病将不久于人世之后，刘光复曾经专门找于大卫谈过一次话："为此他让保姆准备了好酒好菜，把于大卫请到家中，求他放过弟弟。他们喝了很多酒，说了很多掏心窝子的话，最终于大卫答应了一个将死之人的乞求。"问题在于，一个将死之人，刘光复为什么一定要专门找于大卫谈话？更进一步说，他们俩之间又会谈论些什么？为什么于大卫在经过了这次谈话后，竟然真的就决定放过丢失了铜锤的刘建国？这一系列问题，只有到后来，在刘建国的日本遗孤身份真相大白之后，方才能够得到圆满的解释。如果说母亲对刘建国的关爱体现为把工作机会专门留给他的话，那么，刘光复对弟弟的关爱就体现为借助于披露刘建国的真实身份以求得于大卫对弟弟的原谅。

但与以上两处"草蛇灰线"相比较，与小说的思想精神内涵的实现关系更为密切的，恐怕却是另外两处"草蛇灰线"方法的使用。一个出现在上部的第五章里："刘建国平素是不怎么联系他的。但有个礼拜天，他突然给于大卫打电话，求他一起带个男孩，去澡堂泡澡。于大卫说你又不是带女孩泡澡，干吗这么忌讳，还得我陪绑？刘建国说他不习惯带学龄前儿童洗澡，怕有闪失。"即使仅仅从刘建国给出的说法来看，其闪烁之处也是显而易见。只有到后来，伴随着故事情节的逐渐展开，我们方才彻底了解到，原来刘建国之所以特别惧怕自己单独一人带着男孩去洗澡，与他在四处搜寻铜锤无果的过程中一次无意间犯下的罪恶紧密相关。但在展开对他的罪孽的分析之前，我们首先需要注意到这样一个细节的存在。在上部第七章的结尾处，刘建国搭乘客栈老板的汽车返回驻地："客栈老板打开了雨刷器清理虫子黏腻的尸骸时，刘建国仿佛看见了一道道血痕，心阵阵作痛，他对客栈老板说：'请慢点开。'"一个人，能够如此关注体恤蚊虫蝼蚁的生命，其内心深处的善良可见一斑。如果我们更进一步地把这个细节，与刘建国为了寻找铜锤竟然不惜耽误自己的青春和生命这样的故事情节联系在一起，那么，他的善良无私与道德高尚，似乎是毋庸置疑的一种客观事实。

但令人无论如何都难以置信的一点是，刘建国这么一个心地善良的人，居然也会在情绪失控的情况下，犯下不可饶恕的罪孽。"刘建国来洗澡，最怕遇见小男孩，尤其是六七岁光景的。这些孩子大都由家长带着，或是父亲，或是爷爷。刘建国一见他们童贞的脸，纯净的目光，无瑕的裸体，就有被阳光刺痛的感觉，会不由自主地缩着身子，闭上眼睛。这个时候的温水池，对他来说就是深渊，他觉得自己在下沉，被深不见底的黑暗吞噬了。"长期以来，尽管刘建国竭尽所能地想要遗忘这件罪孽，但它却一直梗在他心中从未消失："他明白对一个本质善良的人来说，罪恶是不会被岁月水流淘洗掉的，它是一颗永在萌芽状态的种子，时时刻刻要破土而出。所以刘建国明白，罪恶一件不能沾，否则人生就没真正的晴朗。"其实，更准确的表达应该是，对那些心存善良的人来说，罪恶是一件不管怎么说都沾不得的事情。具体来说，这件令刘建国一想起来就追悔莫及的罪恶的真相是，1983年的夏天，四处搜寻铜锤的刘建国，来到了作为中苏界湖的大兴凯湖畔。正是在大兴凯湖畔，一方面想起自己这么些年来因四处搜寻铜锤所饱受的那些委屈，另一方面也因为联想起了知青时的恋人张依婷，刘建国一个人大放悲声："本该在青春期闪光的爱与性，在刘建国的命运中，是板结泥土中被压抑得干瘪了的种子，难以发芽，那一刻他的委屈终于爆发了，大放悲声。"但也正是在这个特定的时刻，他忽然在一条废弃的船的舱里，遇到了"一个穿白背心的六七岁模样的男孩，光着屁股，玩万花筒"。刘建国无论如何都想象不到，这个天真无邪小男孩的突然出现，竟然会刺激出他内心潜伏着的魔鬼邪欲来："他那无邪的姿态，令他想起张依婷在林场倾着身子拉小提琴的情景，而他天真的脸蛋，简直就是张依婷天使般面庞的翻版。刘建国一阵恍惚，哽咽着叫了一声'依婷'，热血上涌，他疯了似的跳进船里，扑倒小男孩。船底已无舱板，小男孩躺在沙地上，被他压得喘不过气，他哭叫着，用万花筒砸刘建国的额头，浑身滚满了沙子。此时的刘建国满心都是魔鬼，难以自持，然而未等他彻底发泄，沙滩上传来四蹄动物奔跑的声音，一条狗根本没有叫一声，昭示它的到来，旋风般跃入，咬住他后脖颈。刘建国疼得松开小男孩，瞬时从噩梦中惊醒，羞愧交加，虚汗横流。"请原谅我必须把这些相关文字抄引在这里，不如此就难以充分凸显出刘建国的罪恶来。从此之后的刘建国，不仅怕见光屁股的小男孩，而且也怕见月亮和狗："它们一个是天上的审判官，一个是地上的警察，都洞见了他的犯罪。"到后来，一直到翁子安刻意闯入黄娥母子的生活之后，刘建国方才渐渐地鼓起勇气去面对自己曾经的罪恶："从心灵世界祛除一寸黑暗，他就得了一寸光明。他终于鼓起勇气，想去寻找多年前被自己猥亵的小男孩了。"当刘建国重返大兴凯湖畔，经历过一番耐心打探，方才了解到，自己当年的罪恶行径的确对那个名叫武鸣的小男孩造成了相当严重的精神创伤。不仅怕见成年男人，而且一直到现在都是一个人孤独地生活。也因此，如果说当年那个偷走了铜锤的人对刘建国造成了严重的伤害，那么，刘建国自己则同样也对武鸣造成了严重的伤害。正因为刘建国已经真切地意识到了自己罪孽深重，所以，他最终才决定用余生来陪伴武鸣，以如此一种充满着忏悔意味的行动来为自己赎罪："他打算回哈尔滨收拾一下东西，将房子出租，到这儿买套房子，用余生陪伴武鸣。"

另一个，则出现在上部的第七章："自从于大卫告诉他不必找铜锤之后，刘建国确实没再来过犹太公墓，以致他把车停在墓园外，看守人见刘建国和一个陌生人来此，觉得奇怪，不像往常似的见着刘建国和于大卫立即放行，而是朝翁子安要身份证，做个登记。刘建国得以觑见翁子安的二代身份证信息，上面标注他一九七七年二月生人，地址是鹤岗市下辖的一个县。"紧接着，两人便进入公墓。翁子安在将石子摆到谢普莲娜墓前之后，要求刘建国先离开，他要一个人单独待一会儿。没想到，这一等，就是整整一个小时："翁子安从犹太公墓出来时，眼睛亮了，气色也好看了。他告诉刘建国，祭奠完谢普莲娜，他又拜谒了一座犹太建筑师的墓。"一向都是医院里出医院里进的翁子安，为什么好端端地要来拜谒看起来与自己毫无关系的犹太公墓？还有，作家为什么一定要在这里披露翁子安出生的相关信息？虽然刘建国对此似乎毫无怀疑，但作为读者的我们却不能不心生疑窦。其实，这也是迟子建事先埋下的一条伏脉千里的"草蛇灰线"。与此紧密相关的，则是翁子安不仅对他当年丢失铜锤产生了浓烈的兴趣，而且也还向刘建国打听了解事件的全部过程，以及若干相关的重要细节，比如，那只掉在地上的虎头鞋。实际的情形是，所有的这些叠加在一起，最终也都构成了这一条"草蛇灰线"的有机组成部分。

其实，在从于大卫那里了解到自己乃是日本遗孤的奇特身世之后，刘建国就不仅放弃了继续寻找铜锤的行动，而且也对人生产生了巨大怀疑："自从于大卫告诉了他的身世遭遇，刘建国倒是彻底放下了寻找铜锤的念头，因为他活了大半辈子，竟然连自己是谁都不知道，他对镜中的'我'，突然感到陌生。"在试图查找自己的亲生父母而无果的情况下，"刘建国明白，自己是被命运之鸟，衔到哈尔滨的一粒风中的种子，落地生根，已是刘家土壤的一株植物，与此荣枯"。但命运就是如此吊诡，正所谓"踏破铁鞋无觅处，得来全不费功夫"，就在刘建国因为心灰意冷而放弃了寻找铜锤的行动之后，他反而在不期然间获知了铜锤的下落。给他最终揭开谜底的，就是后来被取名为翁子安的铜锤本人。原来，事情的真相是，翁子安的母亲，当年和一个上海知青谈恋爱，结果这个上海知青返城后却遗弃了她。关键的问题是，翁子安母亲这个时候已经有孕在身，尽管家人一致反对她把孩子生下来，但翁子安母亲却坚决不从。到最后，孩子不仅在七个月时早产，而且在一次感染肺炎后送到医院三天就夭折了。孩子的夭折，对翁子安母亲的精神造成了巨大的打击："失去孩子后，母亲的精神渐渐不好了，她整天在窗前呼唤婴儿的乳名'四点'，因为这孩子是凌晨四点出生的。"为了使翁子安母亲的精神得到宽慰，他的舅舅只好在火车上做手脚偷回了一个小男孩。这个男孩，就是铜锤，当然，也是翁子安："翁子安说舅妈没能怀孕，舅舅始终惦记给母亲抱养一个孩子。结果那年秋冬之交，也是很巧的，舅舅那时是煤矿的技术员，他去哈尔滨参加一个培训班，遇见了您抱着于大卫和谢楚薇的孩子回哈尔滨，舅舅在背带上做了手脚，偷走了那个孩子。翁子安见刘建国大张着嘴，指了指自己说，就是偷走了我。"是的,正如你已经预料到的,寻找铜锤已经四十多年的刘建国,在获知了这一消息之后,一时陷入巨大的震惊之中:"刘建国多想大哭一场啊,可他没有眼泪,头脑一片空白,好像走在茫茫无际的雪原,没有日月,世界一片虚空。"而翁子安,一时之间也不知道到底该怎么面对自己的舅舅了:"无论舅舅如何忏悔,翁子安觉得他对刘建国犯下的罪行不可饶恕,但他对舅舅又是依恋和同情的,是他把他抚养成人。"然而,也并不只是翁子安,即使是他那位已经罹患喉癌的舅舅,也因为自己当年的犯罪行为而陷入了深深的悔恨之中,他之所以一定要把煤矿股份的百分之三十转让给刘建国,也正是这种悔过心理充分发生作用的结果。与此同时,有一点需要提出与迟子建稍加商榷的就是,在《烟火漫卷》中,为什么一定要如同患强迫症一样地让所有的悬疑都拥有明确的答案。这样一来,是不是会使得这部长篇小说因存在过度的戏剧性巧合而减弱其相应的艺术真实性呢?

其实,除了以上这些我们已经深度分析过的"草蛇灰线"之外,《烟火漫卷》中,也还有黄娥和杂拌儿的故事。这一方面,最早出现的具有暗示性的意象,就是那只雀鹰和那顶卢木头曾经戴过的帽子。黄娥之所以会对那只雀鹰先后给出过"讨债鬼"与"守护神"两种截然相反的理解,也与她内心所潜藏的隐痛紧密相关。原来,她的丈夫卢木头,不仅早就因为怀疑她与刘文生偷情而活活气死了,而且她也已经一个人神不知鬼不觉地将卢木头葬在了鹰谷之中。既然对卢木头之死心存愧疚,黄娥便准备自己也一死了之,好去阴间陪伴丈夫。但唯一令她忧心忡忡无法放手的,就是儿子杂拌儿的未来生活该怎么办。黄娥之所以不惜千里迢迢也要跑到哈尔滨来,硬是要把杂拌儿塞给四处奔波寻找铜锤的刘建国,就是为了能够早一点去陪伴早已是阴阳两隔的卢木头。

毫无疑问,正是以上哈尔滨这些普通百姓充满烟火味的日常生活构成了迟子建这部《烟火漫卷》的主体内容。事实上,倘若仅仅只是顾及作品的主体内容,从一种相对平实的角度来说,这部长篇小说或许也可以被命名为"烟火四季"。但一方面因为"漫卷"二字更传神,也更有气势,另一方面,也因为我们在下部第二章的结尾处读到了这样一段叙述话语"黄娥又怎能想到，她出了极乐寺十来分钟，命运的雷电劈在她身上，把她卷入爱与痛的风雨长夜"，所以，才把笔者的这篇文章最终命名为"那些人性与命运的急风和暴雨"。无论如何，在这部《烟火漫卷》中，我们既能够真切感受到哈尔滨普通百姓日常生活的烟火气，也能够聆听到那些骤然降临到人世间的人性与命运的急风和暴雨。

坐标系与精神分析的百年乡土中国

——关于胡学文长篇小说《有生》

阅读胡学文耗费多年精力创作完成的长篇小说《有生》，首先引起我极大兴趣的，就是何为"有生"，以及胡学文到底为什么要把他的这部长篇小说命名为《有生》？依照百度百科的说法，所谓"有生"，有两种语义：其一是有生命者，专指人类；其二是活着的时候。一方面，以上的两种语义，都切合胡学文的这部长篇小说；另一方面，由其中的第二种语义，我们很自然就会联想到余华的那部长篇小说名作《活着》。虽然无法确证胡学文在酝酿构思的过程中是否对《活着》有所借鉴，但二者之间具有某种相似性却是无法否认的一种客观事实。《活着》中，有许多死亡的景观。到最后，除了那头与福贵相依为命同样被命名为"福贵"的老牛之外，其他所有的亲人全都因为这样或者那样的原因而不幸离世。正如同《活着》一样，《有生》也是一部包含许多死亡景观的长篇小说。在女主人公祖奶也即乔大梅漫长的一生中，先后嫁过三任丈夫，一共生育九个子女。到最后，除了第二任丈夫白礼成以及那个名叫白花的女儿因失踪而下落不明.之外，另外的两任丈夫和八位子女都先于她而死亡。别的且不说，单就情节设定这一方面的相似性，我们也基本可以确认，胡学文的《有生》受到过余华《活着》的影响。但在承认以上这种影响存在的同时，我们更需注意到，作为一部字数多达五十万字的长篇小说，胡学文在借鉴余华的同时，也有自己独具个性的艺术表现方式，更有自己对世界、生存以及人性的深刻理解与判断。

要想更好地进入《有生》的文本世界，就必须意识到《我和祖奶》的后记的重要性。一般来说，作家在后记中都会从一些实有的人或事出发，来讨论小说创作的具体缘起。这篇后记一直到大半部分的时候，留给我们的也都是这种感觉。作家从自己返回乡村写起，从沿路的那些乡村景观，一直写到了仰靠在椅子上的祖奶："祖奶坐直，你没到村口，我就听见了，坐车回来的？我并不吃惊，虽然岁月在她的额头和眼角刻了无数痕迹，但她的腿脚依然硬朗，一程走三四十里不带喘的；耳朵尤其灵敏，听音辨物，于她不仅是能力，还是生活习惯。"①接下来，就是对祖奶情况的一种总体概括性介绍："祖奶生于清朝末年，十岁那年随父母从河南虞城逃荒北上。父亲是锢炉匠，她是学徒。父亲本想送她进宫当细匠，尚未到京城，民国取代了大清朝。父女继续向北走，在塞外安家落户。祖奶改学接生，成为塞外最有名的接生婆，一生接引一万两千多人。祖奶并非我的祖母，她是宋庄的祖奶，是塞外的祖奶。"②应该说，一直到这个时候，我们都还以为，祖奶乃是现实生活中实存的一位人物。但胡学文接下来的"坦白"却令我们一时"瞠目结舌"了："好吧，我老实交代，祖奶是我虚构的人物。在写作的三年中，我与她朝夕相处，加上构思的时间，达七八年之久。闻其声，见其形，睹其行，揣其思，杀青之时，竟恋恋不舍。她仍在塞外，而我仍有机会造访她，遂写下上述的臆想。"③只有到这个时候，我们方才恍然大悟，原来，这位被胡学文一再造访的祖奶，竟然是一个被作家虚构出的人物，竟然也就是小说文本中那位生命力强大又足够坚韧的女主人公。由于长期酝酿构思，一位原本虚构的人物，竟也被逐渐赋予了现实的生命力，以至就连胡学文本人，也会产生出上述一种臆想。由这种臆想，我们就不难感觉到胡学文在创作过程中投入之深。在这样一个遍布文化与文学快餐的年代，胡学文能够用七八年的时间来酝酿构思并创作一部长篇小说，其实是非

---

① 胡学文：《我和祖奶》，载《钟山》长篇小说2020年A卷。
② 胡学文：《我和祖奶》，载《钟山》长篇小说2020年A卷。
③ 胡学文：《我和祖奶》，载《钟山》长篇小说2020年A卷。

常不容易的一件事情。

但《我和祖奶》这篇后记的重要，却还不仅仅体现在这个方面。与一种简直就是"反其道而行之"的小说写作缘起相比较，更重要的，恐怕还是后记中胡学文关于小说叙述方式构想方面的若干自我交代。一个是叙述视角的设定："还有叙述视角的问题。最初，我设定由鬼魂叙述，但想到已经有那么多小说均如此叙述，从胡安·鲁尔福《佩德罗·巴拉莫》到托尼·莫里森《宠儿》，均光彩夺目，尾随其后，不只危险，亦糟糕透顶。若由祖奶坐在椅子上，一边喝茶一边回忆又太简单太偷懒了。省劲是好，只是可能会使叙述的激情和乐趣完全丧失。小说家多半有自虐倾向，并非故意和自己过不去，而是对自己的折磨会爆发动力。这样，我让祖奶不会说，不会动——请她原谅，但她有一双灵敏的耳朵。小说写她的一个白日和一个夜晚，在这短短的时间内，讲述了自己的百年人生。"①让一个只剩下敏锐的听觉与思考回忆能力的百岁老人来承担最主要的叙述功能，毫无疑问应该被看作胡学文在叙述视角设定方面一种创造性的努力。不仅如此，作家竟然只是让祖奶在一个白日加一个夜晚，也即在差不多二十四小时的时间范围内完成长达百年的人生历史叙述，其实也显示了作家某种非同寻常的叙事控制能力。尽管在思想艺术旨趣方面存在着极其明显的差异，但胡学文的这种设定，的确可以让敏感的读者既联想到戏剧创作中著名的"三一律"，也联想到杰出作家艾特玛托夫的长篇小说《一日长于百年》。我们注意到，在祖奶以第一人称"我"展开叙述的部分，曾经出现过看似违反叙述法则的地方。比如，第九章的第七节出现过这样一段叙述话语："那个年注定是凄惨、伤悲、黯淡的，不贴对联不剪窗花不放鞭炮，声音和色彩远离了大梅和她的三个孩子。也就是一年而已，虽然难熬，但一觉醒来，长夜就过去了。"上一段的结尾处是："我反复问过李春，没有任何征兆，一锅烟尚未抽完，他便不动了。"很显然，正因为丈夫李旺与公爹李富接连去世，所以那个年才过得特别凄惨、伤悲以及黯淡。下一段的内容则是："三月中旬，李贵突然回来了。他总是神出鬼没，如同影子。那一夜，我外出接生，天

---

① 胡学文：《我和祖奶》，载《钟山》长篇小说2020年A卷。

明心急火燎地往回赶,看到坐在灶边灰塌塌的身影,不由愣住。"如果我们把三个段落的内容联系在一起,就可以发现,段落里出现"声音和色彩远离了大梅和她的三个孩子"这样的句子,并不是第一人称叙述在违反叙述法则之后被转换成为第三人称叙述,而是通过第一人称的一种自我称呼,最终传达出某种人生的悲凉意味。

更进一步说,胡学文设定祖奶这样一位百岁老人来作为小说中的第一人称叙述者的一个成功之处,就是可以借助这位早已看遍世事,见惯生生死死,历尽人生沧桑的百岁老人恰如其分地传达某种对命运无常的感慨,某种对世事人生的形而上思考。比如:"她的遭遇算什么呢?如果我能开导她,如果我还有说话的可能,我会把我的经历讲给她听。那很可能吓着她,我自己也被吓着过,但我绝不认为自己是不幸的。一个又一个坎,一场又一场难,那是活着的代价。我接生过上万个孩子,没有一个是笑着出来的,恰恰是哭声证明了生命的诞生。"一生中经历了那么多苦难,尤其是身边的亲人们,除了孙子乔石头外,全都先她而离开了人世,如此情形,当然是非常不幸的。在这种境况下,祖奶仍然要强调"绝不认为自己是不幸的",所表明的,其实既是祖奶,更是胡学文对生命存在的一种辩证性认识。一方面,人生固然是不幸的,固然是"一个又一个坎,一场又一场难",但在另一方面,这些"坎"和"难"的存在,没有成为阻止生命存在的力量,反而进一步证明了人类生命力的顽强。而这,很大程度上也正构成了这部长篇小说的标题《有生》最根本的寓意所在。再比如:"如果没遇到牧羊人李贵,如果不是在那个季节,甚至如果没看到那只蚂蚁,我和父亲会错过宋庄,更不可能扎根。命运是什么?时时想得到,但永远也说不清楚。"什么叫命运?这个无论如何都难以说清楚的东西,首先需要的就是一个必要的时间长度。只有在一个必要的时间长度内,命运方才有浮出水面的可能。一部人物众多的《有生》中,之所以只有祖奶才配得上去感叹并谈论命运,正因为她已然经历了百岁人生。此外还有一点就是,貌似变幻无常的命运,其实总是会和所谓的偶然性紧密联系在一起。具体来说,这里的偶然性,既体现在李贵身上,也体现在那只蚂蚁身上。李贵的重要性,体现在他为走投无路的乔大梅父女提供了未来人生的一个方向，一个最终的落脚之处。那只被父亲的一泡尿液反复浇淋却依然能够活下来的蚂蚁，带给父亲的人生启示，就是必须坚持着活下去："父亲本可以捻死蚂蚁，但父亲整个人呆立着。父亲不相信蚂蚁还活着，还能窜。父亲盯着一个奇迹。"很显然，如果说蚂蚁的活着就是一个生命的奇迹，那么，它所带给乔大梅父女的人生启示就是，不管遇到什么样的艰难，都要坚持活下去。很大程度上，活着或者说"有生"本身，也正是人类生命最根本的意义之所在。而这，也正暗合胡学文长篇小说《有生》所要表达的思想题旨。

当然，如果着眼于《有生》思想题旨的表达，更值得注意的一点，其实是作家对祖奶也即乔大梅身份的特别设定。小说中的祖奶，曾经先后拥有两种不同的身份。首先是子承父业的锔炉匠，其次是"自作主张"的接生婆。所谓"自作主张"，就是指尽管遭到了黄师傅的数次拒绝，以及公爹李富的规劝，但祖奶依然不管不顾地选择了接生婆这一职业。所谓"锔炉匠"，就是指各种瓷器开裂后的弥补者："父亲是锔炉匠，清早踩着蛇（前文中作家曾经把出村的弯曲小路比作"蛇"）离开，黄昏踏着蛇归来。盆、碗、碟、盘、罐、缸、篓子，长缝短缝，经父亲修补后，滴水不漏，即便再裂，也不会从锔钉的地方开裂。"从一种象征的意义上来说，祖奶子承父业的锔炉匠身份，很显然意味着一种对生命裂痕的及时弥合。至于接生婆，作为最早迎接生命到来的"活菩萨"，其呵护生命的意味，乃是一种显而易见的事实。由以上分析可见，无论是锔炉匠，还是接生婆，作家对祖奶前后两种不同身份的设定，事实上也都是服务于《有生》思想题旨表达的。这一方面，一个无论如何都不容忽视的细节就是，祖奶曾经自杀过。那是在她的第三任丈夫于宝山出场之前，这个时候的祖奶已经经历了身边亲人的很多次死亡以及不幸离散的沉重打击，只剩下孤零零的一个人："就是那个时刻，我听到急促的脚步。与孟姓男人的脚步不同，我能辨出来。我在凳子上立定，把绳套从脖子移开。我若去了，那些婴儿怎么办？那是天命，我不能违抗。我没再犹豫，扯掉绳子跳下地。来人进院，我已经准备妥当。确实，是请我接生的。"是的，既然是接生婆，那就无论如何都得接生,也就自然成了祖奶不可能违抗的天命。正因为祖奶已经深深地体味到了自己所肩负的天命,所以,也才会有接下来一段叙述话语的出现:"一夜忙活,母子平安。那家人致谢,说我是菩萨现身。这样的话听得太多,我从未在意,但在那个早上,却如信念植入我的骨髓。我不能死,必须活下去,好好地活着。死去的亲人虽多,但我要接引更多的婴孩到世上。"我们在前面已经说到《有生》是一部包含各种死亡景观的长篇小说,但只有在注意到祖奶自杀未遂这一细节之后,我们才能够彻底明白到底什么叫作向死而生。因为从根本上说,只有在各种死亡景观的映衬之下,我们才更能够意识到生命存在的意义和价值。

我们注意到,在一篇涉及莫言小说童年视角的文章中,曾经有论者指出:"莫言小说《拇指铐》《野骡子》等都采用儿童视角讲述故事,但通过儿童的回溯性叙述也不能排除潜在作者成人的经验叙述,'回溯性叙事中再纯粹的儿童视角也无法彻底摒弃成人经验与判断的渗入。回溯的姿态本身已经先在地预示了成年世界超越审视的存在'。其实包括莫言小说在内的许多小说虽都是儿童的视角,但却是成人的经验,这在小说形式中会产生一种拉开距离的空间审美。"[①] 此种情形,实际上也存在于《有生》这样一部以百岁老人祖奶为第一人称叙述者的长篇小说之中。这一方面,最典型不过的一个场景,就是祖奶关于自己出生时情况的一种叙述:"接生婆的目光再一次投向母亲屈起的双腿,脸色突然变了。虚弱的母亲没有察觉。出来的不是头,而是脚。如果两只腿还好,现在是一只腿。这叫踩地生。""在成为乔大梅之前,初到世上时,我只是一只粉嫩的脚丫。差点要了母亲性命的婴儿。母亲昏过去两次,接生婆差点儿又要逃离,当然她没有机会。黄昏时分,蛤蟆的叫声撞得窗户纸哗啦作响,我终于出来了。"无论如何,这都应该是一种典型的童年叙事手法,但问题也正出在这里。且不说一个人怎么也得两三岁的时候才可能产生记忆,单是让一位还没有真正降临到人世间的"婴儿"讲述自己当年是怎样被母亲以一种"踩地生"的方式推送到人世间这一事实,从情理上来说,就是完全不可能的

---

① 杨天豪:《莫言小说中的饥饿叙事》,载《小说评论》2020年第4期。

一件事情。如此一种儿童视角中，成人经验的强势介入，乃是毋庸置疑的一种客观事实。某种程度上，我们也可以把这种带有一定超验或者说超现实色彩的第一人称叙述，干脆就看作一种如同上帝那样既能够了解现实世界也可以洞悉超验的非现实世界的第四人称叙述。由此，我们进一步联想到了诺奖得主托卡尔丘克在其获奖演说中关于"第四人称讲述者"的一种创造性说法："我还梦想着一种新型的讲述者——'第四人称讲述者'。他当然不仅是搭建某种新的语法结构，而且是有能力使作品涵盖每个角色的视角，并且超越每个角色的视野，看到更多、看得更广，以至于能够忽略时间的存在。哦，是的，这样的讲述者是可能存在的。""大家是否想过，这位出色的讲述者、在《圣经》中大喊着'太初有道'的人是谁？是谁写下了创世的故事、混乱与秩序分离的第一天？是谁追寻宇宙诞生发展的过程？谁了解上帝的思想，知道他的疑惑，坚定不移地在纸上写下：'上帝承认这是好事'？那个知道上帝在想什么的人，是谁呢？"①问题显然在于，祖奶可不可以被看作这样的一位叙述者。一方面，我们无论如何都应该认识到，既然把祖奶设定为一位百岁老人，让这位既不能说话，也不能行动，只剩下敏锐听觉的百岁老人躺在床上回忆其漫长一生中所经历过的那些人和事，"坎"与"难"，那也就应该把一位百岁老人的若干特点也设定出来。比如说，一定程度的谵妄，一定程度的记忆模糊（因此在回忆往事时难免也就会出现张冠李戴的错位状况）。只有这样，才能够更具说服力地营造出逼真的叙事氛围。但在另一方面，如果说胡学文的创作初衷就是要把祖奶打造为一个半神半人的具有一定超验特质的第四人称叙述者，那这一点自然也就另当别论了。

除此之外，还有一点应该被提及的，就是接生婆对祖奶做出的一种可怕预言："临出门，接生婆说，这孩子命……人。她肯定想说另一个字，似乎觉得不妥，改了口。父亲沉浸在喜悦中，大与硬，于他没什么区别。我活着，这就够了。"毫无疑问，按照中国的民间哲学，如同祖奶这样的"横生"（"踩

---

① 奥尔加·托卡尔丘克：《温柔的讲述者——托卡尔丘克获奖演说》，李怡楠译，载《世界文学》2020年第2期。

地生"即其中的一种）者，命会特别硬，既克父母，也克丈夫，还克子女。纵观祖奶的一生，似乎也的确如此。克来克去，到最后，身为百岁老人的她，身边竟然只剩下孙子乔石头。但即使是乔石头，依照小说结尾处祖奶的超验预感，恐怕结局也不妙。"夜空传来喜鹊的叽喳声，我突然打了个激灵，结巴着，你是来？……不，这不可能！""死神叹息了一声。""我枯瘦的身子如水一样流溢，往床的四周漫去。我哀求，别带走他，好么？要带就带我，我已经活够了，快点带我走吧。"祖奶之所以会有这个担心，乃因为乔石头就在此晚应他自己曾经严重伤害过的喜鹊之邀，前去和她会面了。由于此前喜鹊的刻意谋划，所以乔石头此去其实凶多吉少。依照小说中一种暗示性的表达，专门负责引领死者到该去的地方去的死神，之所以会突然现身于祖奶面前，正是为了引领乔石头。也因此，小说的结尾处才会出现这样一段祖奶充满了焦虑感的叙述话语："乔石头这阵儿已经到喜鹊家了吧。我一面暗暗祈祷，一面努力竖直双耳，捕捉着村庄细微的声响。我从来没有过的安静，也从来没有过的急躁。我的心被劈开，四分五裂。"那么，故事的结局如何呢？难道说百岁老人祖奶真的还要再失去世上唯一的亲人吗？所有的一切都是未知数，其空白只能够由拥有阅读主体性的广大读者依据自己的生存经验去填充。又或者，这个时候的胡学文，其实已经写一连串的死亡写到手软的程度了。他实在不忍心再给百岁老人祖奶的心上插一把刀，所以他才以这样一种带有明显开放性的方式结束了这部篇幅不小的长篇小说。

另一个，是一种"伞状结构"的创造性设定："我一直想写一部家族百年的长篇小说。写家族的鸿篇巨制甚多，此等写作是冒险的，但怀揣痴梦，难以割舍。就想，换个形式，既有历史叙述，又有当下呈现，互为映照。但如此结构似有困难，我迟迟没有动笔。某日小雨，我撑伞在公园边散步，边思考着小说的结构问题。看到前面一个人举着伞脚步匆匆，我突然受到启发，回家后立即在本上写下'伞状结构'。也许在天才那里，随便一想即可开花结果，于我，那是艰难的路。所以，那一刻我欣喜若狂。"①原来，除了以第一

---

① 胡学文：《我和祖奶》，载《钟山》长篇小说2020年A卷。

人称叙述者的方式出现的祖奶之外，小说还有另外五位视角性人物："另外五个视角性人物均是祖奶接生的，当然，祖奶和他们不是简单的接生和被接生，如伞柄与伞布一样，是一个整体。"①这里，首先需要展开讨论的一个问题就是，《有生》到底是不是一部描写家族百年的长篇小说。一方面，胡学文确实写出了以祖奶为核心人物的一个中国塞北乡村家族长达百年之久的故事；但在另一方面，我们却也应该注意到，除了已经占据文本半壁江山的家族百年故事之外，作家最起码也把另外一半的文本篇幅用来讲述当下宋庄其他人的故事。有了这样的一个部分之后，继续把《有生》定位成一部描写家族百年的长篇小说，这种观点恐怕也就难以成立了。因此，与其把《有生》看作一部家族小说，反倒不如干脆把它定位成一部以家族为核心的社会小说更具说服力。

其次，除了祖奶采用第一人称或者说"第四人称"的叙述方式，胡学文还专门设定了次一级的五位视角性人物。依照我的理解，这五位视角性人物分别是麦香、如花、喜鹊、宋慧以及杨一凡。当然，我们之所以强调他们五位只是视角性人物，主要因为作家只是借助于他们的视角展开相关的故事叙述，并没有像祖奶那样，干脆就被设定为"我"这样一个公开现身的叙述者。大约因为祖奶的第一人称或"第四人称"叙述是主干，可以被看作伞柄，而另外五位视角性人物的第三人称叙述，相对来说处于次一级的位置，所以被理解成为伞布，两方面有机结合的结果，自然也就是胡学文自己说起来都很是有点"自得"的所谓"伞状结构"。一方面，我们固然承认胡学文"伞状结构"的艺术构想具有突出的创造性；但在另一方面，《有生》的这种艺术结构方式，是否还可以有其他的理解方式，其实也还是值得提出来加以特别讨论的一个问题。从我个人的阅读感受出发，与其把这种结构方式称为"伞状结构"，反倒不如把它看作一个坐标系式的艺术结构更具合理性。之所以要这么说，乃因为祖奶第一人称叙述的那个部分，与另外五位视角性人物的叙述部分，二者之间其实有着鲜明的界限与分野。尽管说以上两部分也时有交叉，但从总体上说，由祖奶公开现身担任叙述者的那个部分，属于历史叙述。从一百二十年前的那个庚

---

① 胡学文：《我和祖奶》，载《钟山》长篇小说2020年A卷。

子年，也即1900年祖奶出生的那一年开始叙述，时断时续地一直到了"文革"结束的1976年。尽管说在祖奶的叙述过程中，也曾经提及钟玉兰后来对她的两次探望："1982年，钟玉兰回宋庄看我；我双八之年，她又回来。她已经是知名妇产科专家，声音依然是软的，像水泡过，但我能听出她性格里的硬核。"但一个显在的事实是，这只是一种补充性的交代。祖奶讲述的主体故事，伴随着乔枝被抛弃后的自杀，早已经完全终结。而乔枝的自杀，很显然发生在"文革"即将结束的时候："1976年，我的第五个女儿，也是我的第九个孩子离开了我，没有人再喊我娘。"虽然说一直到小说终结的2000年之后，祖奶的生理生命依然在延续，但她所讲述的故事却差不多与"文革"同时结束。如果说祖奶所叙述的部分属于历史部分，那么，以麦香、如花、喜鹊、宋慧以及杨一凡他们五位为视角性人物的那一部分，毫无疑问也就应该被看作现实部分（请注意，在我们的理解中，"文革"结束的1976年，乃是区分历史和现实两个不同阶段的分水岭）。然而，虽然说现实部分的时间跨度多达二十多年，但胡学文所真正用力的，却是跨世纪的2000年前后那个阶段。其实，明眼人一下子就可以看明白，最起码，我们平常所谓改革开放的80年代，在《有生》中就是付之阙如的。尽管说在这一方面作家也没有做出过明确的时间交代，但依据文本中的若干蛛丝马迹来判断，现实部分的主体故事，应该发生在市场经济时代。比如，就在第一章的第七节，曾经出现过这样一段叙述话语："在我的朽木身躯再不能动后，耳朵常常听到'强拆'，那些人絮叨着，每每说到这两个字，语气突然就重了，牙齿咬合猛了许多。听闻虽然多，却不是什么都能参悟的。"这段叙述话语中的关键词，毫无疑问是"强拆"。就这样，借助一个时代特色非常鲜明的词，胡学文巧妙地暗示出了小说故事发生的具体时代背景。当然，与"强拆"这样的词相匹配，也还有作为主体情节之一存在的企业家乔石头意欲购买坞包山为百岁老人祖奶修建祖奶宫的故事。与此相关联的，也还有乔石头出传记这样的细节："他出了本传记，当然是雇人写的，代笔的作家名头挺响，获过多个奖项呢。代笔费就花了二百万，还不算印刷、宣传。"将以上这些带有突出的信息性与暗示性的细节联系在一起，另外五位视角性人物那个部分的具体时代背景，自然也就一目了然了。在以上分析的基础上，如果我们把祖奶作为叙述者的历史部分理解为纵向轴，把另外五位视角性人物的现实部分看作横向轴，二者一纵一横，交叉组合在一起，所最终构成的，事实上也就是一个相当标准的坐标系。以我所见，正是凭借着这一纵一横的坐标系的设想与建构，胡学文最终相当成功地完成了对于百年乡土中国历史与现实的深度审视与艺术呈示。

小说写了祖奶的一天加一夜，叙事难度也由此而来。如果是紧接着一天之后的那个夜晚，时间设定上就会有矛盾的现象存在。小说开始不久的祖奶叙述部分，首先出现过这样一个细节。如花哭哭啼啼地一定要见祖奶："麦香端了架子，你不说，我可不准你见祖奶。""如花又呜一声，这才哽咽着，钱玉被毛根射死了！"由这一细节可知，毛根射杀钱玉，应该是发生在当天的事情。但根据后面故事情节的发展演进状况，在钱玉被毛根射杀后，紧接着又发生了如花状告毛根，毛根接受阎有道盘问后，接受处罚，处罚结束后，毛根回家，最终在体认到如花内心深藏的苦楚后，给如花真诚道歉等一系列事件，这一系列事件从发生到完成，都需要一定的时间。无论如何，都不可能在一个白日加一个夜晚的时间内完成。

如果联系作家此后透露的一些蛛丝马迹，我们就会明白，其实，所谓的另一个夜晚，乃是二十多天后的一个夜晚。比如小说中最早提及乔石头将要回家时，叙述者是这样交代的："麦香说，我用香多熏熏，待乔石头回来……绝不会闻到。""宋品说，没准他明早就到家了，你咋熏？"紧接着，宋品反复强调："还有一夜时间，你准备准备。"正所谓"未见其人，先闻其声"，由于乔石头地位的重要和显赫，仅仅只是他要回家的消息传来，在宋庄就已经是"山雨欲来风满楼"了。然后，是这样的一个细节："麦香和宋品又起了争执。宋品让她现在就检查，他的哑音里满是焦急，仿佛乔石头已经在回村的路上。麦香则坚持到晚饭后，现在到了吃饭的钟点，'不能饿着祖奶！'"以上两个细节清楚地告诉我们，最起码，从叙述者祖奶所能感知到的角度来说，她获知孙子乔石头即将返回到宋庄的消息，是在那个"长于百年"的"一日"。

这一细节发生的时间，与如花哭诉钱玉被毛根射杀，应该是同步的。

然而，从其他几位视角性人物的部分来看，乔石头回到宋庄的时间，绝不仅仅只是一天。比如"听到乔石头回来的消息，喜鹊突然间被钢筋刺穿，整个人不会动了，疼痛伴随着惊喜迅速漫过。宋品已经离去，只有她一个人立在街角。夜色渐厚，她与房屋树木墙头融为一体，成为黏稠的黑暗。她忘了自己为什么站在夜里，似乎思维也凝固了。""难舍的是祖奶，还有即将回来的乔石头。她有被轰炸的恐惧，又有刹那碎裂成齑粉的期待。"但相比较而言，更重要的却是这样的细节："喜鹊掐算着日子，从听到乔石头回来的消息已经过去三天。除了给黄板送饭，喜鹊哪儿也没去。她在等乔石头过来看她的喜鹊。那是他和她之间的仪式。但三天了，没见乔石头的影子。喜鹊不知何故。""又过了两天，乔石头还是没影儿。"尽管小说并没有做明确的交代，但由此推断，喜鹊和乔石头见面肯定已是数日后的。与此形成呼应关系的，还有祖奶叙述部分的这样一段叙述话语："石头在我床头坐下。他回来二十余日了。每个白天他都要出去。他要把堠包山买下来，回来那天便讲了。宋品与麦香的对话中也数次提到。"除此之外，值得注意的还有小说即将结束时死神的出现。发现死神时祖奶所特别强调的那句"又来了"，其实就暗示着时间差的存在。由此，即可以断定，上部中的白天，是4月间的一个白天，而下部中的夜晚，则已经是时隔二十多天之后的5月的一个夜晚。某种意义上，胡学文很可能是在以这样一种既合理又灵活的叙事时间处理方式，区别于乔伊斯那部叙事与故事时间同样是二十四个小时的《尤利西斯》。

其实，除了坐标系式的艺术结构以及叙述方面的创造性设定之外，这部长篇小说其他的很多方面也都值得大加肯定。比如，作家语言能力的非同寻常。"冬天咣当一声砸下来，突然，猛烈，连个准备的功夫也没有。"祖奶和她的父亲，是从河南虞城出发而最终落脚到位于塞北的张北县营盘镇宋庄的。虽然同属广义上的北方，但实际上塞北的冬天却要比虞城的冬天寒冷许多。也因此，对于在塞北度过第一个冬天的祖奶父女来说，其寒冷绝对是难以承受的。怎么样形容这样的冬天才好呢？胡学文首先使用了"咣当"这样一个象声词来说明塞北冬天的"突然"与"猛烈"。与"咣当"相搭配的，则是"砸"这样一个动词。仅一个"砸"字，便胜过描摹塞北寒冷冬天的许多文字。"麦香说她歇得骨头都酥了，罗包便由着她。他不知这一个月零一天她怎么过来的，不知白天和夜晚如何将她削成竹子。"这里最值得注意的，是"削成"这一动词的精准使用。因为要与邱猴子一起私奔而不成的缘故，麦香把自己关在家里整整闷了一个月零一天。正所谓"为伊消得人憔悴"，一种痛苦加悔恨的复杂情绪对这期间的麦香，事实上构成了巨大的精神折磨。具体来说，这种精神折磨的直接后果，就是麦香身体的急剧消瘦。借助于"削成竹子"这种说法，胡学文极其形象地写出了麦香身体的消瘦程度。"毛根瞄瞄光洁的纸，就我一个人签？宋品说，当然不是！每户都要签！我先来给你报喜，你要头一个签。毛根没再犹豫，半天才把名字画好，又照宋品的吩咐摁了手印。宋品发愁地说，这一户户跑下来，我这腿怕要累断了，还真想和你调换一下呢。"明明是写字，这里却偏偏要写成"画字"。毛根是一个不怎么会写字的粗人，除了自己的名字之外，其他的字肯定也识不得几个。所以，他"半天才把名字画好"，一个"半天"，再加上一个"画"字，既传神地写出了他识字不多更不会写字的状况，也写出了他签字时那样一种如同阿Q画圆一般的认真程度。说来说去，胡学文特别善用动词。很多时候，只是一个动词的妙用，就使得笔下的文字充满了活力。正如同王国维评价"红杏枝头春意闹"时所说的那样，"着一'闹'字，境界全出"。

  我们都知道，要想在一部篇幅相对巨大的长篇小说中书写长达百年之久的乡土中国的历史和现实，胡学文所面临的一个根本问题，就是如何处理那些激荡不已的政治风云。这一方面，一些史诗性的长篇小说，比如陈忠实的《白鹿原》、莫言的《丰乳肥臀》、贾平凹的《山本》等，不仅已经做出过很好的尝试，而且也都取得了突出的思想艺术成就。也因此，如何才能够有效地避开这些作品的成功经验而独辟蹊径，事实上也就成为胡学文创作《有生》时不能不思考解决的一个问题。一方面，胡学文当然不可能彻底避开政治风云，时不时地也对故事发生的政治时代背景有所暗示或谈论，比如"当然，让我惊骇的还不是这个，而是他的辫子没了，炸裂的头发使脑袋突然大了许多。我差点没认出来。父亲好像魔怔了，我叫了两声，他才警醒，合上门，然后靠着门板缩坐到地上，哀声道，皇帝没了"。辛亥革命的发生，当然是中国历史上的一个重大政治事件。这里，借助于父亲被剪掉辫子之后的无限哀伤，胡学文既巧妙地暗示了辛亥革命的发生，更是写出了皇帝没了之后，如同父亲这样的普通民众一时的手足无措与惶恐不安。正因为某种皇权情结早已在父亲心里根深蒂固，所以他才会陷入精神恐慌的状态之中："没天理了！他冲我喊，然后双手捂住脸。我不知该做什么，就那么傻傻地看着他。"再比如，"两人又说到打仗，李富伯说好多地方都在打仗。父亲很是吃惊，他走村串户都没听说，李富伯竟然知道这个"。这个时候，毫无疑问已经是军阀混战的时期。借助于父亲和李富他们俩的谈话，胡学文所强烈暗示出的，正是这样一种时代背景。但在另一方面，从总体上说，出现在《有生》文本之中的，却可以说都是乡村世界里那些包括生生死死在内的日常生活。在有效地规避开政治风云的描写之后，直截了当地书写百年来中国乡村普通民众的生存状态及其精神境遇，正是胡学文这部《有生》某种思想艺术价值之所在。

与作家对时代历史与乡村日常生活之间关系一番煞费苦心的处理相比较，《有生》中更值得注意的，是有意无意间对于一种精神分析方式普遍而精妙的深度使用。又或者，也正是在这样的一个前提下，我们才能够把《有生》所呈现的百年乡土中国图景，干脆就看作一个精神分析的乡土中国。

就我个人有限的阅读视野来看，以如此大的篇幅和力度建构一个精神分析的乡土中国，胡学文的《有生》极有可能是第一部。我们注意到，关于精神分析与文学创作之间的关系，尤其是现代主义生发以来，这种关系更趋紧密，曾经有西方学者做出过非常到位的论断。在彼得·盖伊的理解中，现代主义最根本的特征之一，就是与弗洛伊德，与精神分析之间的内在紧密关联："弗洛伊德精神分析学说对于现代西方文化的影响并未彻底显现出来。尽管这种影响并非直截了当，但肯定可以说是巨大的，特别是对于中产阶级知识分子而言，他们的艺术品位也不可避免地与现代主义的产生和发展紧密地交织在一起。"①"但是，不管读者认为弗洛伊德对于理解本书内容有什么样的帮助，我们都应该清醒地认识到，任凭现代主义者多么才华横溢，多么坚定地仇视他们时代的美学体制，他们也都是人，有着精神分析思想会归于他们的所有成就与矛盾。"②由此可见，是否具有精神分析学深度，的确可以被理解为衡量当下时代文学作品优秀与否一个不可或缺的重要标准。从这个角度来看，胡学文《有生》这部满满都是精神分析的长篇小说，就必须引起我们的高度关注。其中很多人物之所以能够给读者留下深刻的印象，具备一种精神分析深度，是显而易见的事实。

我们注意到，胡学文在小说中曾经借助视角性人物之一杨一凡之口，表达过这样一个感觉："他忽然觉得，林月莲是病人，和他一模一样的病人，不过是症状不同而已。其实她心里很难受的，他想，竟暗暗生出一点点怜惜和同情。"其实，又何止是杨一凡与林月莲，从一种精神分析学的角度来看，任何一个人类个体，恐怕都是有病的人。具体到这部《有生》，不论是历史部分的白礼成、李春，还是现实部分的喜鹊、如花、毛根、罗包、宋慧、杨一凡、羊倌、乔石头、王大翠、林月莲，当然也包括祖奶在内，所有这些人物，都可以被看作有病的人，也都可以从精神分析的角度获得相对充分的阐释。首先是白礼成。白礼成的病症，主要表现为莫名的痒痒："白果夭折后，白礼成就得了怪病，动不动就痒。有时是胳膊，有时是大腿，有时背痒，有时胸痒，有时浑身刺痒。"关于白礼成的痒，小说中曾经有过非常形象的描述："白礼成哼了一声，还想说酸话的，但嘴没张开，突然就痒了，龇牙咧嘴，弓腰扭胯，转眼就变成麻花。""似乎那不是病，而是什么宝贝，他守护着，不让任何人靠近。当然，他也不忍着，自己蹭。柜角、门框、墙角、石棱，或在地上打滚。而且叫声也高，哎呀妈呀天呀地呀地乱叫。白礼成神情恐怖，不用说那些孩子，钱拜日都不追着看了。"尽管常言说知夫莫若妻，但因为白礼成心计过深

---

① 彼得·盖伊：《现代主义——从波德莱尔到贝克特之后》，骆守怡、杜冬译，译林出版社2017年版，第2—3页。
② 彼得·盖伊：《现代主义——从波德莱尔到贝克特之后》，骆守怡、杜冬译，译林出版社2017年版，第3—4页。

的缘故，连同已经和他在一起生了三个孩子的祖奶，在很多时候对他的真实心理也琢磨不透："我不知道白礼成为何要用自虐的方式惩罚自己，我只知道，他的每一声叫喊、呻吟都是刀子、叉子、钉子，长长短短粗粗细细，无一例外都射进我的身体。即便闭眼凝望白杏飞翔，我也能听到刀叉钉箭射进身体的声响。"尽管如此，但祖奶也还是明白，白礼成之所以这样痒痒，乃是因为心中有气，是"那气结成了团，不蹭出不来"。那么，白礼成之气到底因何而生呢？细细推敲，其根源还是出在祖奶身上。白礼成和祖奶成家后，先后生了三个孩子，白杏、白果以及白花。没想到的是，其中的两个很早就离开了人世。先看白果。其实，祖奶与白礼成之间情感裂隙的最早生成，与白果的特殊出生方式脱不开干系。自己不仅有孕在身，而且眼看着就要临产，但出于接生的天命，祖奶还是不顾白礼成的坚决反对，坚持接受包货郎的登门邀请，去给他的弟媳妇接生。结果，就在好不容易才把这个踩地生的孩子接生到人世的同时，她自己竟然也因为胎气被触动要提前生孩子了："半上午，我在包家炕上产下了白果。她哭了一声便止住，仿佛因为把她生在别家生我的气，那一声啼哭仅仅告诉我她活着。"实际上，真正因此而生气的，并不是白果，而是白礼成。然而，尽管白礼成一度因此而阴阳怪气，但获知祖奶又怀上了第三个孩子白花，白礼成的脸上很快就又挂上了笑容。关键的问题是，这位被母亲生在别家炕上的白果，到后来竟然又同样因为祖奶要给别家接生孩子而夭折在了别家的炕头："这时，我才想起我的白果。没错，抓住产妇双腿的那个时候，白果便被我抛在了脑后。"对于身为接生婆的祖奶来说，不管怎么样都得接生，这是她不可违逆的天命："天命，怎么可以违逆？我并不想为自己辩解开脱，只是想说，进入那个世界，我不再属于白果，不再属于自己。"尽管如此，白果的夭折，也还是让祖奶悲痛欲绝："那个日子如刀刺进我的身体。我的白果，我的女儿，就这样无声地离我而去，死神硬生生地从我手里夺走了她。"但祖奶根本就不可能预料到，白礼成竟然会因此而和自己心生隔阂："我并不知道，我不在意的事情，于白礼成而言，却是一把刀子。插进身体里的刀子。""虽然日子一如从前，但我和白礼成之间有了隔，就如他背上的伤，愈合却结了痂。"从精神分析学的角度来说，白礼成心理情结的最初生成，很显然就在这个时候。也因此，等到那位天生就要飞翔的白杏，某一天中午，竟然解脱了胳膊上的死扣，一个人跑出去，最终"飞"到蝴蝶河里不幸丧命之后，白礼成就无论如何都不可能再原谅自己的妻子了。他把所有的账，都不管青红皂白地记在了一心一意只想着接生的祖奶身上。毫无疑问，两个女儿的先后夭折，不仅让白礼成无法接受，而且也构成了他那些永远都不可能释怀的痛，甚至可以说从根本上彻底改变了他的人生："白礼成原来是个话篓子，白果夭折切掉他一块儿舌头，白杏离去又切掉一块儿，他的话一天天变少，像白日说那么久那么多是极少有的。"尽管说一向颇有心计的白礼成把这一切都埋在内心深处，但最终还是通过他携带白花出走不归的行为而表现出来。究其根本，白礼成之所以要携带白花以探家的名义出走不归，正是因为白果和白杏两个女儿的先后夭折，对他形成了巨大的情感与精神创伤。为了让白花不再重蹈覆辙，不再重复她两位姐姐的不幸命运，白礼成最终出此下策。毫无疑问，不管是他的奇痒无比，还是他的携女出走不归，都是其内心深处某种丧女情结发酵作祟的结果。

然后，是喜鹊的父亲羊倌。虽然不论从哪一个角度来说，羊倌都称不上《有生》中的主要人物形象，但如果从审美和艺术的角度，尤其是从精神分析的角度来考察，他却无疑是小说中刻画塑造最成功的人物形象之一。羊倌是一个生性过于懦弱的牧羊人。他的懦弱，甚至懦弱到了任由自己强势的妻子白凤娥肆意妄为的地步："当然，最特别最瞩目的还是白凤娥与羊倌的婚姻。白凤娥算不上鲜花，羊倌也并非牛粪，但两人站在一起，却是天和地的差距。白凤娥为何嫁给羊倌，众说纷纭，八成是臆想、猜测，没有定论。但树枝（喜鹊的本名）与小更是实实在在的，没有一个像羊倌，这很说明问题。自然，树枝与小更像谁，就需要想象和推断了。"实际的情形也正是如此，现实生活中的白凤娥，对羊倌可以说毫无情分可言，否则也就不会发生她联手奸夫试图谋杀羊倌的罪恶了。如果不是喜鹊格外警醒，一直有所防备，羊倌恐怕早就一命呜呼了："她从睡梦中惊醒，便看到了在无数个暗夜中疯狂啃咬的那一幕：一男一女摁在羊倌身上，一个掐羊倌的脖子，一个掐羊倌的下体。女的是白凤娥，披头散发，男的戴了顶帽子，她没看清。"原来，白凤娥和宋庄的供销员蓄谋已久，要在掐死羊倌后，再伪造一个羊倌自杀的场景，以逃避法律的惩处。一般情况下，既然白凤娥已经绝情到这种令人发指的地步，那羊倌早就应该和她恩断义绝、形同陌路。但事实并非如此。等到白凤娥在狱中主动提出离婚的时候，羊倌却拒不签名："他不想离，他的怒不过是虚张声势，他怯懦，害怕。她差点掐死他，他和她该不共戴天，可他竟然还恋着她！还想当她的丈夫！！老天，这是人么？这是男人么？他不是骨贱，而是根本没有骨头。已经是笑话了，羊倌还要制造更大的更骇人听闻的笑话。"虽然羊倌最终迫于无奈还是和白凤娥离婚了，但他在内心深处却一直都依恋着这位对自己特别残酷的女人，一直都离不开这个女人。无论如何，我们都不能简单地以所谓的懦弱或者下贱来指责羊倌。很多时候，深入的理解远远胜于简单的指责。从根本上说，这并不是羊倌的过错，而是人性真实如此。后来，因为心里的念念不忘，离婚后的羊倌，竟然提出要去探望狱中的白凤娥："某日，羊倌说想去探狱中的白凤娥，喜鹊几乎不敢相信自己的耳朵。她让他再说一遍，他就又说了一遍。他的目光虽然躲闪，但没被她盯得低下头。闪开，又对视住，再闪，再对视。"这哪里是目光的对视，这简直就是一种意志和精神的较量。在一向懦弱无比的羊倌这里，这是从来都没有过的事情。也因此，虽然喜鹊坚决反对，但在羊倌的坚持下，喜鹊最终还是被迫让步了。整个对峙的过程中，面对喜鹊的百般阻挠，懦弱的羊倌曾经讲出过这样斩钉截铁的话语："你拦不住我，我去定了！"很大程度上，正是他这种罕见的坚决态度，迫使喜鹊做出了让步："自她记事以来，这是羊倌说得最硬最豪最有男人味的一句话。这稀少的硬感动了她，她做出让步。"没想到的是，喜鹊的这一让步，竟然使得羊倌的探监行为成了惯例。羊倌之所以执意于探监，关键还是因为内心始终对白凤娥无法释怀："羊倌承认自己糊涂，可就是放不下她。然后就哭了，哽哽咽咽的，她为什么不掐死我？她那会儿掐死我好了，我就不这么难受了！愚蠢、顽固、无可救药，喜鹊不无痛心地想，自己这是遭的什么罪啊。"正因为羊倌内心一直都深深地依恋着早已对他绝情绝义的白凤娥，所以在连着享受了长达十年之久能够探监的"幸福"生活之后,白凤娥被提前释放,这居然对他的精神世界构成了极大的打击:"羊倌有如轮胎,一年两次的探视更像是充气,胎瘪下去便萎靡不振,于是就去充。充过气果然好了,吃得饱睡得香。突然没地方充气,羊倌魂就散了。"一个人既然已经魂飞魄散,那就完全变成了一具行尸走肉。然而,令人感到特别意外的一点是,尽管小说并没有交代具体的过程,却借助小更也即花志钢之口,向喜鹊报告了羊倌杀人的消息:"喜鹊的第一个反应是不可能。羊倌杀了白凤娥?借他一百个胆子也不敢啊。而且,他哪里舍得?虽然白凤娥给他脖子上套了数道紫箍,她依然是他的宝儿。"虽然胡学文留下了明显的空白,没有具体交代羊倌的杀人情形,但从一种精神分析的角度出发,我们却可以做出合乎事理逻辑的一种猜测和推断。正如同羊倌曾经感叹当初白凤娥为什么不干干脆脆地杀了自己一样,面对着出狱后不仅拥有了各种生活的可能,而且也已经日渐远离自己的白凤娥,内心痛苦万分的羊倌,其实是在通过一种杀人的方式最终占有自己始终都无法释怀的白凤娥。通过断然扼杀对方的方式来实现一种无望的爱情,尤其是对于如同羊倌这样一贯懦弱无比的男人来说,他其实是以一种极端的方式实现或者说完成了自己。唯因如此,羊倌才成了《有生》中最具精神分析深度的一个人物形象。

接下来,是那位做豆腐的天才罗包:"罗包是豆腐性,胆小、懦弱,谁都可以欺负他。"甚至,罗包连一头母猪都惹不起。但他在做豆腐方面,却是一个少有的天才。一方面是祖传手艺,他的先祖曾经给庚子事变时西逃路上的慈禧太后做过豆腐;另一方面,更因为他有这方面的天赋,天生就适合做豆腐,所以,罗包才会把自己的豆腐产业越做越大,越做越红火。但除此之外,却也另有奥秘:"包揣父亲在内,没有谁知道罗包与豆腐之间的关系。既非继承祖业的必须,也非只适合干这行的无奈,更不是他的秉性如豆腐。那是他的秘密。豆香扑来,他的身体便会长出无数的鼻孔和嘴巴。"很大程度上,正是这种豆香牵引出了另一种改变了罗包存在方式的香气。这种奇异的香气,竟然出自爱吃豆腐的本村姑娘麦香身上:"从麦香手里接搪瓷盆的瞬间,一阵奇香刺过来，突然，迅猛。罗包毫无防备，哆嗦了一下，搪瓷盆摔在地上。"毫无疑问，罗包之所以到后来面对着公然背叛了自己要和邱猴子一起私奔的麦香，也仍然是不离不弃，根本原因正在于对她身上如此一种奇香的固执迷恋："虽然只是未遂的私奔，却给罗包灌下一大碗毒药，几乎要了罗包的命。"但罗包根本就没有料到，费这么大一番周折方才成就的这一桩姻缘，只是过了两三年时间，竟然因为麦香的变化而陷入某种难以摆脱的困境之中。麦香的变化，主要表现在三个方面。一个是，衣食无忧的她，突然变得在钱财问题上特别抠掐在乎起来。土墩娘原本只是来家里坐了一会儿，麦香发现少了五元钱后，就硬是把这笔钱赖在了土墩娘身上。罗包虽然竭力反对，但她依然我行我素。再一个是，那么爱吃豆腐的她，竟然一下子就变得闻不得罗包身上的生豆味了："麦香突然就闻不得罗包身上的生豆味了，每次他亲热，她都嫌弃他，这么重的豆气，呛得我头都大了，赶紧洗洗。生豆味已经深入到罗包的骨肉，成为他身体的一部分，无论怎么洗，抹几遍香皂都冲洗不掉。"还有一个，就是一直到后来安敏进入罗包的生活中之后，罗包方才恍然大悟，原来，麦香曾经在生育的问题上欺骗过自己。本来是自己的身体有问题生不了孩子，但麦香却利用罗包的信任，硬是把生不了孩子的问题转嫁到了罗包身上。然而，尽管如此，罗包依然是一个香气的迷恋者："他仍喜欢香气，可香囊却成了他的折磨。牢笼有很多种，铁链、石墙，也可以是其他。罗包的生意越来越好，个人却陷入囹圄之中。"

罗包命运的改变，与安敏的不期然出现紧密相关。如果不是那个春节，安敏误了车留在了镇上的豆腐坊里，不是罗包和麦香发生冲突后一气之下返回到镇上的豆腐坊里，那此后的一切，恐怕也都还是未知数。然而，正如你已经预料到的，虽然安敏已经出现，但麦香却始终无所不用其极地不肯答应离婚："麦香的手段，罗包见多了。哭骂、叫嚷、痛斥、哀求、昏倒、寻死。最绝的一次她把一头母猪赶进豆腐坊，那也是罗包最狼狈的一次。"既然如此，那罗包的离婚，也就成了一场遥遥不见终点的马拉松。但也正是在离婚的问题上，胡学文写出了罗包人性的某种复杂性。一方面，罗包固然坚决要和麦香离婚，但另一方面，他在内心深处却并不因此而仇视她："她虽然令他难堪，她以死威胁他，但他并没把她当仇人。他软弱、退让，却不仇视她。他的情感里混杂了太多的东西，自己也难以说清。"问题的关键在于，在离婚这件事情上打了很多年消耗战之后，麦香突然祭出了新的一招。那就是，她一方面口口声声说要结束这一场消耗战了，但在另一方面，这场消耗战到底会以怎样一种方式结束，她却始终语焉不详。这样一来，麦香的结束方式，也就成了高悬在罗包和安敏头顶上的一柄"达摩克利斯之剑"："麦香的笑古怪难测，他实在想不出麦香的结束方式，她自己干，还是雇凶。"正因为麦香那副高深莫测的样子，所以安敏以及孩子的安危，也就成了罗包放不下的一种精神情结："罗包听得见火捻子的嘶响，却不知炸药藏在什么地方，再次陷入惶恐。"需要注意的是，在如此一种惶恐不安的状态之下，罗包竟然在墙上无意中发现了一只蜗牛："蜗牛仍是爬行的姿势，似乎在寒冬里也曾尝试过。罗包像看到受难的同类，痛惜顿生，却不知如何援助。呆了呆，他捡起一支柔软的羽毛，试图掸去蜗牛背上的灰尘，谁知软羽轻轻碰触，僵干的蜗牛突然风化。罗包难以置信，瞪大眼睛乱瞅，试图拾捡哪怕一粒尘埃。可他什么也没寻到。蜗牛真正死亡了，罗包越发地伤感。蜗牛以这样的方式活着，被他弄死了。但再瞅空空的没有任何痕迹的砖缝，忽又生出虚妄的感觉，那里什么都没有，是他眼花了吗？"这哪里是在写蜗牛，这简直就是在借蜗牛写罗包，又或者，胡学文是在借助于这只风化的蜗牛传达自己的某种哲学观与世界观。试想，在浩瀚的宇宙时空中，又有哪一个生命能够逃脱如同蜗牛这样的虚无命运呢？！因为虚无，所以到最后，罗包竟然连这只蜗牛到底是不是一种客观的存在也都陡然间生疑了。这样一个细节，在很大程度上，甚至可以让我们联想到庄周梦蝶的古老故事。事实上，也正是因为百般努力也找不到解决难题的方向，所以在得知乔石头要购买坮包山的消息之后，罗包才孤注一掷地把最后的希望寄托了这位有着传奇色彩的企业家身上："但现在，罗包决定赌一把。也许宋庄的头号传奇可以化解他的烦忧，掐灭嘶嘶啦啦的碎响。于是，他像安敏那样笑一笑，然后盯住宋品，一字一顿地说，我答应签字，但我有条件。"乔石头到底能不能帮助罗包彻底解决离婚的问题，胡学文在文本中并没有给出明确的答案。尽管如此，作家却非常成功地写出了罗包精神情结的某种转换。如果说在安敏出现之前他的精神情结主要体现在对麦香身上那种奇香的特别迷恋，那么，在安敏不仅出现，而且还深度介入他的日常生活之后，罗包的精神情结也就转换成了对安敏母子安危的由衷担忧。

无论如何都不能不提及的，是喜鹊以及那位影响了她一生命运的乔石头。纵观喜鹊的半部人生，她的精神纠结主要体现在两个方面。一个是对母亲白凤娥的强烈不满，以及对父亲羊倌和弟弟小更的恨铁不成钢。原名树枝的喜鹊，打小就给村人留下了特别难对付的"刁"的印象："她的刁打小就出了名。不但刁，还护犊。虽然长弟弟小更两岁，却是小更的天。"问题在于，小小年纪的喜鹊何以会如此"刁"蛮呢？细细想来，其根源乃在于她那个不正常的家庭。正如同我们在前面已经提到过的，父亲羊倌和母亲白凤娥的极不般配，曾经是村人们热衷于议论的一个中心话题："树枝就是从闲汉懒婆肆无忌惮的戏弄中揣摩出白凤娥有问题的，她似懂非懂。""非懂时她沉默不语，似懂时她就唇枪舌剑。她并不是开始就刁，是被那些闲言碎语淬刁的。"由于白凤娥锒铛入狱，更由于羊倌懦弱无能，小小年纪的"刁"喜鹊便成了统领全家的一家之主："那是标志性的一晚，喜鹊成为一家当之无愧无人能撼的统帅。"打小就因为父亲的懦弱饱受屈辱，所以喜鹊一直想要完成的目标就是好好地改造羊倌和小更："喜鹊对羊倌总归还留了些面子，对小更没有任何客气，直奔核心。"她之所以一定要把小更的名字改为花志钢，根本原因正在于此。当然，诚所谓"江山易改，本性难移"，正如同我们已经知道的，虽然喜鹊在改造父亲羊倌方面下了不少的功夫，终归还是收效甚微。喜鹊的另一种精神纠结，乃集中表现在对乔石头的感情上。早熟的小姑娘喜鹊，对乔石头生出喜欢，是在九岁的时候："第一次被乔石头吸引，她九岁，与乔石头年龄相仿。那时白凤娥就喜欢往供销社跑了。马蜂在车倌家的房檐下筑了巢，车倌老早就发现了，但没理会。"无奈处在于，尽管喜鹊九岁就对乔石头有了好感，但乔石头却始终对此无动于衷："爱慕并非突如其来，那粒种子早在九岁便在心里扎根，日夜生长，喜鹊明白那就是爱时，它们不再是孤零零的植物，遍身都是，蓬勃，强劲，甚至疯狂。成年后，两人见面反不怎么说话了，互相点一下头。嘴巴闭着，眼底却是有内容的。喜鹊相信石头懂。"在喜鹊的理解中，乔石头那么精明能干的一个人，怎么会不懂自己的暗送秋波呢？更何况，自己一个女孩子家，就是再怎么"刁"，也不能"太多主动，太过赤裸"。但没想到，这乔石头还偏偏就是无动于衷，就是按兵不动。万般无奈之下，喜鹊只好准备自己出面去祖奶家毛遂自荐，自己给自己提亲了。因为她已经彻底打定主意，非乔石头不嫁。然而，命运就是这么神秘，这么吊诡，就在她准备去给自己提亲的这个晚上，喜鹊竟然遭遇了不测："直到倒在莜麦地里，她才明白遭遇了不测。她拼命挣扎，大声呼救。也就叫了一声，脑袋挨了重重一击，她登时昏过去。"就这样，在被污辱失身之后，喜鹊彻底打消或者说放弃了嫁给乔石头的念头："一切在那个黄昏碎裂。醒来时，她先看到深蓝色的天幕及天幕上那把弯刀，以及射来射去的黑影。"喜鹊原以为自己绝对配得上乔石头，"但现在不同，她失了身，如同破布一样摊在莜麦地里。那个梦被彻底击碎，那么轻易就被击碎了，她心如死灰"。然而，尽管遭此大劫，但喜鹊的内心深处实际上却一直都没有真正放下过乔石头。她后来之所以会嫁给那个其实和她并不般配的黄板，也还是在黄板身上窥到了乔石头影子的缘故："她很兴奋，因为她在黄板身上瞥见另一个她渴念却已无缘的人的影子。"即使到了黄板已经如衰朽的枯木一般，令喜鹊特别绝望的时候，她所寄希望的，也仍然还是从九岁开始就成为自己人生偶像的乔石头。她希望，能够借助乔石头的帮助，逼出他凶狠的性子来，让腰杆早已断折的黄板重新把腰杆挺起来。

残酷的事实是，到头来乔石头竟然真的辜负了喜鹊这一番柔情蜜意。内心对乔石头一直怀有满满爱意的喜鹊，无论如何都不可能料到，那个在莜麦地里污辱了自己的人，竟然不是别人，而是乔石头本人。或许因为这个事情太重要也太过于出人预料，胡学文差不多要等到小说即将结束的时候，方才把这个谜底彻底揭开。面对着一手把自己拉扯大的祖奶，乔石头最终以忏悔的心情坦白了两件事情。一件是，尽管他口口声声答应祖奶千方百计地去寻找长时间失踪的白花姑姑，结果却是瞒天过海，根本就没有去找："她的一切消息都是我胡编的，她人在哪里，是否活着，我并不知道，反正她不可能站到你面前，也没办法验证，祖奶，对不起。"两相比较，另一件不仅更为重要，而且也更为致命："我现在说另一件。祖奶，你累了吧，可我窝心底许多年了，非说不可，就今夜，就现在！乔石头的声音恢复冷峻。""我从来没对人讲过，祖奶，别人不知道，我自己知道，我其实有怕，怕得要命。"那么，天不怕地不怕的乔石头到底怕什么呢？"祖奶，我怕喜鹊。"为什么会怕喜鹊呢？"事实上，我也不明白，我怎么会怕她，不是从现在开始，而是从小时候，记事起就怕。其实也算不上真正的怕，就是有点紧张。我不知道怎么回事，每次见她都这样。她和我说话，我的手心就会冒汗。我没和你说过，我怕羞，我尽量避免和她说话，可完全躲开她是不可能的，走着走着就碰见了，而且看不到她的时候，我又渴望，又不甘心。我说不清那是什么感觉。"可怜的乔石头其实不明白，他这种紧张、害怕的感觉，就是对喜鹊的一种爱情。正因为那个时候的他，既不懂何为爱情，更没有察觉到喜鹊早就爱上了自己，所以一向以胆大著称的乔石头，才下定决心要拿下喜鹊："她是横在我心上的一道坎，我不服，不服就想砍掉这个坎。"到最后，"终于机会来了，那天傍晚，她从东坡回村，抄的近路……"在这里，我们无论如何不能忽视喜鹊遭受污辱时的感觉："她的下体并不疼，疼的是心，是骨。她没有费力去琢磨撕碎她的歹人，满脑子都是乔石头。若有他陪伴，她断不至于遇险。她是他的，如果没有遭遇这一切，这会儿她正在祖奶面前为自己提亲。"喜鹊在遭遇污辱时本能想到的，是乔石头。但在莜麦地里污辱她的，也正是她所心心念念的乔石头。两相对照，所映照出的，既是人性的某种极端丑陋，也是所谓造化弄人的吊诡命运。不管怎么说，我们都应该想象到，乔石头的坦白会对祖奶的内心世界构成怎样巨大的打击："我的心被沙石猛击了一下，天啦！那个夜晚，喜鹊哭得那样悲痛。歹人竟然是石头，我的石头！天啦，这世界真是疯了。"事实上，也只有到这个时候，我们方才可以明白，乔石头为什么总是要躲得远远的，原来他是在以此种方式逃避自己的罪责。但正所谓"如鲠在喉，不吐不快"，乔石头的这种精神情结,其实一直都在作怪,让他的内心世界根本就不得安宁。只有在充分认识到自身的罪孽,并做好赎罪的精神准备之后,乔石头才最终面对着祖奶打开了自己的心扉:"我和喜鹊已经没有可能,我知道,比来比去,毁的不只是我,还有她们(指乔石头生命中后来的那些女人),但把喜鹊从心上驱离,我做不到。她已经嵌到我的肉里,成为心脏的一部分。而且,随着年岁渐长,我的愧疚越来越深。我不知道怎么办,每次回来我都去看她。我想坦白,向她赔罪,可是见到她,我的勇气就丧失了。我不敢承认,只问她要不要帮忙。"就这样拖来拖去,一直拖延到了喜鹊主动邀约乔石头一定要在午夜时分见面的时候。尽管从乔石头的角度来说,他这次一定要坦白自己的深重罪孽,但在预感一向精准的祖奶这里,她却明显地预感到了凶多吉少。如果我们把祖奶的不祥预感和死神的突然现身联系起来,那么,一种悲剧性结局的形成,也就是合乎人性和艺术逻辑的一种结果。而自以为罪孽深重的乔石头,也就极有可能以这种方式实现自我的精神救赎。

除了以上这些被我们深度剖析过的人物形象,其他很多人物形象实际上也有很多可圈可点之处,怎奈篇幅有限,不能在此一一论及。但九九归一,话题还得回到小说中最重要的人物形象祖奶也即乔大梅这里。作为一位以"踩地生"方式来到这个世界的"横生"者,她的命的确很"硬",不仅"克"死了三个丈夫与九位子女(我们把失踪的白礼成和白花也笼而统之地计算在内了),而且从结尾处的相关描述看,她唯一的孙子乔石头恐怕也凶多吉少。但与此同时,作为一位把接生当作自己天命的接生婆,在她漫长的百岁人生中,先后把一万一千九百八十六人(按照乔石头的统计数字)都接引到了这个苦难而多情的世界上。生与死,人生最关键的两个环节,就以这样一种神奇的组合方式体现在了百岁老人祖奶身上。其中,尤其值得注意的,是祖奶一种达观而不失悲悯的人生姿态:"多年后,即便我戴着高帽弓腰撅腚地挨批斗,想起白礼成(白礼成曾经讥讽祖奶不管不顾地接生只是为了出大名)的话,我也不后悔。""我绝无炫耀的意思,只是想说,我也害怕,但没被吓倒过,就算面对土匪面对日本兵。如白礼成所言,只要有人请我接生,我就换了一个人。"何以如此？祖奶为什么能够抵达此种人生境界？说透了，还是对生命有足够的尊重和敬畏。在祖奶或者干脆说在作家胡学文的心目中，生命的存在肯定高于一切。很大程度上，这恐怕也正是小说被命名为《有生》的根本原因所在。与此同时，我们也不能忽视这样一段叙述话语："但，但是，有一样却没随金钱、地位、时间改变和消失，躁和烦始终牢牢在心里扎着，就像一颗魔幻的种子，今儿长成粗壮的树，费了九牛二虎的力气，终于砍断，明儿又长成葳蕤的草，好不容易揪断，后天又变成嶙峋的山石。不停地生长，不停地变形，周而复始，生生不息。实在受不了的时候，罗包就躲到这里。"这段叙述话语中所强调的那种无法驱散的"躁和烦"，首先固然是罗包的一种真切人生感受，同时也是对某种人生形而上本质的尖锐揭示。西方存在主义哲学所一直强调的人生之"烦"，其实与罗包这里所感受到的"躁和烦"，有着明显的相通之处。换个角度来看，其实也不只是罗包，小说中先后登场的数量众多的人物，也都被各种表现形式不同的"躁和烦"紧紧地缠绕着。精神分析学的一种理解方式，之所以能够在面对《有生》的时候有很大的用武之地，根本原因正在于此。

  不管怎么说，在一部多达五十万字的长篇小说中，胡学文借助坐标系结构的精心打造，一方面充分地表现人生本质的"躁和烦"，另一方面深入地思考人的"生与死"这一永恒命题，最终呈现给广大读者一个精神分析的百年乡土中国图景，他的这部《有生》的确可以被认定为一部相当优秀的现代性特色明显的史诗性长篇佳构。无论如何，能够在早已司空见惯的那个政治历史与文化冲突的百年乡土中国之外，绘就一个精神分析的百年乡土中国的图景，可以被看作胡学文《有生》最突出的思想艺术成就所在。

时代精神的创伤记忆

——关于钟求是长篇小说《等待呼吸》

就在我执笔准备撰写这篇关于钟求是长篇小说《等待呼吸》的批评文章的时候，不期然间读到了法国作家埃德蒙·雅贝斯代表作《问题之书》中关于文学创作的一句话："对作家而言，发掘他将要创作的作品近乎于同时发掘一桩奇迹或一道伤口，近乎于发掘伤口中的奇迹。"[①]埃德蒙·雅贝斯，尽管是法国享有盛誉的作家，曾经与萨特、加缪、列维·斯特劳斯一起并称为"四大法语作家"，但他在中国的影响力却实在有限得很。孤陋寡闻如我者，也只有在拿到《世界文学》第三期的时候，方才知道了他的存在，并进一步了解到他在法国文学界的重要性。依照如此一种情形推想，钟求是虽然很可能涉猎广泛，但他在创作《等待呼吸》这部长篇小说之前，恐怕也未必就有机会了解到埃德蒙·雅贝斯以及他的代表作《问题之书》。强调这一点，主要是为了凸显埃德蒙·雅贝斯与钟求是的某种殊途同归。尽管在创作之前并没有了解到埃德蒙·雅贝斯关于文学创作的如此一种睿见，但钟求是却在无意之间用自己的长篇小说《等待呼吸》强有力地呼应并证明着埃德蒙·雅贝斯相关主张的真理性意义和价值。尽管我对钟求是的个人生活经历一无所知，但或许因为我们是同龄人，很明显有一代人共同的生存经验，所以，在这部《等待呼吸》中，我不仅读出了一段充满痛感的历史过程，而且更能触摸到那段特别历史所造成的

---

① 埃德蒙·雅贝斯：《问题之书》，刘楠祺译，载《世界文学》2020年第3期。

与时代精神紧密相关的某种创伤记忆。如果说留学生夏小松的意外死亡可以被看作那段特别历史所造成的深度精神创伤的话，那么，他那位生死不渝的恋人杜怡始终都没有放弃对他的执着怀想，就可以被视为埃德蒙·雅贝斯所说的那种"伤口中的奇迹"，或者也可以表达为历史深度创伤记忆中的人性救赎奇迹。

我们都知道，19世纪的英国作家狄更斯写过一部杰出的长篇小说叫《双城记》，到了2018年，开始小说创作不久的著名批评家张柠，则出版过一部名为《三城记》的长篇小说。一方面，我们不知道张柠的命名是否受到过狄更斯的影响；另一方面，我们也同样不知道，钟求是是不是为了避免同名重复，而没有把他这一部其实与三座城市紧密相关的长篇小说命名为《三城记》。但无论如何，在阅读《等待呼吸》的过程中，由于故事不仅集中发生在莫斯科、北京以及杭州这三座城市，而且这三座城市都分别对主人公的命运产生过重要影响，我的确由此而联想到了狄更斯的《双城记》，也联想到了张柠的《三城记》。也因此，不管钟求是在小说创作过程中是否考虑过用"三城记"命名，反正从我个人的阅读感受来说，如果把小说命名为《三城记》，很可能更加切合作家某种书写时代精神创伤记忆的创作题旨。当然，我这么说也并不意味着否定《等待呼吸》这一标题。细细想来，《等待呼吸》这一小说标题的由来，或许与第三部《杭州的氧气》中曾经被一再提及的话剧《恋爱的犀牛》中郝蕾演唱的那一首名为《氧气》的歌曲存在紧密的内在关联。事实上，也只有推想到这里的时候，我们才能够真正理解，钟求是为什么要在他的这一部意在凸显历史记忆中的精神创伤的长篇小说中，一再提及歌曲《氧气》。关于郝蕾《氧气》这种"带着一些神秘、一些颓废直接进入野性的演唱"，第三部的第一人称叙述者"我"，也即章朗，曾经和杜怡一起进行过相对深入的探讨："我说，我以前讲过，这是一首做爱的歌。杜姐说，还有呢？我说，能感应到身体在扭动，一种高潮时的呼吸困难。"面对"我"的这种理解，"杜姐说，你其实不懂……这首歌唱的不仅仅是身体的感觉。我说，什么……意思？她说，你听到的是身体的做爱，我听到的是精神的挣扎。我说，嘿嘿，做爱当然挣扎，这个我懂。她说，你他妈还是不懂！"由于"我"和杜怡之间有着七岁的年龄差距，当然也因为他们之间更为遥远的思想与精神差距，正如同"我"只能从《氧气》中听出身体的扭动一样，只知道贪图一时肉体享受的"我"，根本就理解不了发生在很多年前的历史沧桑巨变给杜怡的精神世界所造成的那种不能彻底平复的创伤记忆。因为内心深处存在这种难以平复的精神创伤，所以杜怡的精神才会不断挣扎，才会强烈地感受到精神上"呼吸"的困难。就此而言，《等待呼吸》这一标题，当然也是非常符合钟求是书写题旨的一个小说标题。

  作为一部现代感特别突出的长篇小说，活跃于《等待呼吸》中的不过寥寥数人，除了杜怡、夏小松以及章朗他们三位之外，就是若干具有突出跑龙套色彩的过场人物，真正可谓招之即来，挥之即去。需要引起我们高度关注的，一个是时间与结构的处理，另一个是叙述者的设定。首先，是叙事时间。从1991年开始，一直到2015年（"不用说，我脑子里出现了第一次与杜姐站在这里抽烟的情景。那时的我，比现在的我年轻许多，准确地说，是年轻十一岁。那时的我，还有紧张的心跳。"第三部杭州的故事开始于2004年，加上十一年，正好到2015年）故事结束，整部小说要处理的时间跨度应该是二十五个年头。具备一定时间长度，当然是非常必要的。如果没有足够的时间长度，作品就不可能成功地传达出命运的悖谬与沧桑。营造和传达命运感是评价长篇小说思想艺术水平的重要标准之一。对此早已心知肚明的钟求是，自然会在《等待呼吸》中努力做到这一点。我们注意到，作家在第三部曾经专门提及过一首写给死亡的译诗："她不知道对方善于毁约／因此她顺从地躺下／躺进心爱的棺仓／却从没有思量过／有人会悄悄地合上盖板。"针对这样的一首诗，有着足够沧桑体验的杜怡，自然会发声回应："杜姐说，为什么不是命运呢？命运撕毁合约，命运给合上盖板。 说命运这种大词儿，我就不吭声了。我不知道杜姐的心念，但明白她心里装着不一样的死亡故事。"正所谓"借别人的酒杯，浇自己的块垒"，这哪里是在评论一首关于死亡的译诗，这简直就是杜怡借助这首译诗的谈论，直接"浇注"自己内心无法缓释的块垒。更重要的一点是，钟求是其实是要借此充分凸显某种不以个人意志为转移、冥冥之中自有定数的命运感。关键问题是，面对故事中长达二十五年的时间跨度，钟求是采取了非常睿智的处理方式，遂使得小说拥有了一种别具新意的艺术结构。一方面，钟求是依照故事先后发生的三座城市把整部长篇小说切割为"莫斯科的子弹""北京的问号"以及"杭州的氧气"三大部分。其中，第一部分"莫斯科的子弹"所主要讲述的，乃是中国的两位留苏学生杜怡与夏小松，1991年居留在即将发生历史性巨变的苏联首都莫斯科时的情感与人生遭际。总体的故事时间被很好地控制在了一年之内。第二部分"北京的问号"的故事时间紧接着第一部，所集中聚焦的，是夏小松不幸去世后杜怡一个人在北京城苦苦打拼、挣扎的生活故事。因为这一部分的故事结束于1993年底1994年初（这一方面的一个显著标志，就是杜怡所经办的那个大学毕业生的结案时间："过了元旦，终于传来法院结案的消息：大学毕业生傅亮以抢劫罪获刑三年，剥夺政治权利三年。"仅仅是第二天的上午，杜怡就"辞别出租房"离开了北京），所以，第二部分的故事时间差不多应该是两年。第三部分"杭州的氧气"的故事时间明确起始于2004年。正是在这一年的初秋时节，身兼第一人称叙述者功能的"我"也即章朗，在杭州偶遇已然变身为书店女老板的杜怡。相比较而言，这一部分的故事时间是最长的，从2004年初秋，一直延续到"我"专门跑到山西晋城去寻找失踪很多年的杜怡和她的儿子夏小纪。

由以上的罗列分析，我们不难看出，尽管说三部分故事内容所占的文本篇幅都差不多，但它们所各自处理的故事时间却大不相同。第一部分"莫斯科的子弹"，从第三页开始，一直讲述到第一百零三页结束，文本篇幅是一百零一页。第二部分"北京的问号"，从第一百零七页开始，一直发展到第二百三十四页结束，文本篇幅为一百二十八页。第三部分"杭州的氧气"，从第二百四十五页开始，最后行进到第三百七十四页结束，文本篇幅为一百三十页。用一百零一页的篇幅讲述时间长度为一年的故事，再用一百二十八页的篇幅讲述两年时间内发生的故事，最后用一百三十页的篇幅讲述十一年时间内发生的故事，只要把这些略显枯燥的数字罗列在这里，明眼人即可看出，如果从叙述学的角度来看，非常明显地存在着一个叙事速度逐渐加快的过程。问题在于,钟求是为什么一定要采取此种不断加速的叙述策略呢?一方面,这种情形的出现,与生活节奏的日渐加快可能存在着某种对应关系;但在另一方面,如果把这种加速叙述与作家试图传达某种由历史造成的时代精神的创伤记忆的写作题旨联系在一起,那么,一种更具合理性的理解恐怕就是,叙述速度愈是缓慢,就愈是说明这一段故事所造成的精神创伤真切且难以抚平。具体来说,第一部分"莫斯科的子弹"最为缓慢,充分说明那一时期造成的精神创伤极其深,以至杜怡用自己余生的时间都不可能抚平。第二部分"北京的问号"时间相对缓慢,所说明的则是北京城的苦难生活所造成的精神创伤,尽管无法与莫斯科时期相提并论,但也同样不容易被抚平。至于第三部分"杭州的氧气",虽然与精神创伤紧密相关,但没有造成新的精神创伤。究其根本,由第一人称叙述者讲述的这一部分故事,其实只能看作前两个部分精神创伤的具体表现。很大程度上,作家钟求是正是依凭着第三部分的那些具体表现,去进一步触摸并探究既往沉重历史所造成的那些难以被抚平的精神创伤。然而,除了我们已经论及的以上三个部分之外,钟求是《等待呼吸》也还有另外两个"无处安放的部分"存在。因为这两个部分无法被纳入以上三部分之中,所以,钟求是只好以"无处安放的部分"的方式将其似乎强制性地安插在了第二部分和第三部分之间。这就有了二百三十七页的"无处安放的部分:年"。年是什么?钟求是这里的年,其实也就是岁月的意思。钟求是把杜怡的北京故事结束后从1994年开始一直到2003年长达十年之久的一段漫长岁月,以年份叠加的形式将其一股脑地全都放在了这一个页面上。尽管看上去好像只是一些年份数字的简单罗列与叠加,但在作家所刻意营造的文本空白中,我们却完全可以想象得到,在那段长达十年之久的岁月长河中,曾经一度陷身于险恶"江湖"世界的弱女子杜怡,是怎么样凭借自身坚忍的意志从人生的泥淖中拔身而出的。紧接着,又有了从二百四十一页到二百四十二页的"无处安放的部分:你"。这个篇幅极其简短的部分中的"你",毫无疑问就是第三部分"杭州的氧气"中的第一人称叙述者"我",也即章朗。因为这一部分的主要功能旨在交代"你"也就是"我"的那个残指的由来,所以在某种程度上也可以看作"你"也即"我"一个并非不必要的前传。由以上分析可见,这两个"无处安放的部分"尽管看似简短,但对于《等待呼吸》这部长篇小说来说,却并非可有可无。无论如何,其在艺术结构上一种承上启下的必要交代和过渡作用是不能被轻易否认的。很大程度上,也正是这两个部分在文本中的穿插,使得这部长篇小说的艺术结构显得很是新颖和别致。

其次,是叙述者的设定。虽然包括两个"无处安放的部分"在内,一共也只有五个部分,钟求是却先后使用了三种不同的叙述人称。前两个部分,再加上"无处安放的部分:年",所使用的是类似于上帝式的第三人称非限制性叙述方式。尽管如此,细细地辨析一下,我们还是不难发现,这些部分一个非常重要的视角性人物,就是杜怡。而这实际上也就意味着,虽然没有直接采用第一人称的叙述方式,但一种主观性色彩非常明显的叙事视角的存在,却还是确凿无疑的一种文本事实。接下来的"无处安放的部分:你"所采用的,是一种相当罕见的第二人称叙述方式。简短的篇幅中,作家以一个"你"字一贯到底。虽然说有"你"就肯定有"我",就有一个潜在的"我"存在,但如此一种叙述方式却又明显不同于有"我"出现的第一人称叙述方式。到了第三部分"杭州的氧气"中,作家所采用的,则是主观性色彩最为鲜明的第一人称叙述方式,叙述者"我"名叫章朗。他既是一位音乐的发烧友,也是女主人公杜怡的仰慕与积极追随者。这一点,在叙述话语中已然有突出的表现:"我早说过,以我的判断,杜姐不是个经历简单的人。相对我的平庸无趣的履历,她的生命内容也许是我的两倍三倍或四倍五倍。虽然只年长我几岁,可她过去的岁月似乎很远很深,里头藏着一堆挺重的东西。"由一个人生阅历相对简单的音乐发烧友来讲述一个其实早已饱经人生沧桑的现代女性的故事,作家这种带有突出反讽意味的艺术设定,读来真可谓别有一番滋味。我们注意到,为了跟这位其实谈不上有多少人生阅历的音乐发烧友的身份切合,钟求是特别采用了一种把一些流行歌词不断注入叙述话语的叙述方式。比如:"不过毫无疑问,这是个不错的主意,它像一首歌所唱的那样:有一个主张飘过来,像一枚树叶落在我的头上。"再比如:"但我又知道,经过了那个夜晚,我和杜姐的关系不可能跟以前一样啦。有一句歌词说得好：无人街头的那个拥抱，是一次暗中的出发。"这样一来，在展开叙述的过程中，伴随着故事情节的变化，适时地插入一些恰如其分的歌词，自然也就成了第三部分"杭州的氧气"一个明显不过的叙述特征。

更进一步说，除了以上两方面之外，钟求是《等待呼吸》尤其不容忽视的一个艺术特点，就是对所谓精神分析手段的熟练操作和使用。鉴于精神分析学与现代以来的文学艺术之间存在着格外紧密的内在关联，我曾经在一篇文章中特别强调："举凡那些真正一流的小说作品，其中肯定既具有存在主义的意味，也具有精神分析学的意味。"[①]而精神分析手段的熟练运用与否，事实上也就成为衡量一部当代文学作品是不是具备现代性的一个重要标准。钟求是的这部《等待呼吸》，在对精神分析手段的运用方面，的确已经达到了很高的段位。

这样的一个重要话题，必须从第三部分"杭州的氧气"开始展开必要的回溯性探讨。我们注意到，就在"我"也即章朗第一次和自己仰慕已久的杜姐发生肉体关系的时候，他就注意到了她身体上的异样存在："我的视线窜动一下，捉住了她的胸部。这是两只好看的乳房，饱满而又清秀。在呼吸中微微颤动。乳房之间，两道交叉的细疤组成一个'×'，醒目地印在白白的皮肤上。"但其实，在此之前，当"我"第一次在音像店见到杜怡的时候，就已经注意到了她手上的那截残指："我低头找了钱，把碟片放进袋子递给她。在她接过袋子的当儿，我又愣了一下，因为我瞧见她的小指套着一截假肢。"一个书店的女老板，一个看上去清瘦美丽的现代都市女性，为什么既有残指，也有两道交叉细疤组成的"×"呢："我想问她这个'×'疤痕是怎么回事，马上被自己拦住了。我觉得此时掌握不好嘴巴的分寸。"虽然说身为当事人的第一人称叙述者"我"也即章朗不好意思开口询问这些疤痕的具体来历，但身为读者的我们却早已心知肚明，所有的这些疤痕实际上都可以看作既往精神创伤的一种症候式文本书写。一方面，正是沿着这样的身体症候，钟求是开启了追溯

[①] 王春林：《多声部的文学交响》，北岳文艺出版社2012年版，第49页。

既往历史所造成的精神创伤的过程；另一方面，也正是依循着这些看上去特别令人触目惊心的身体症候，作家相当成功地塑造了杜怡、夏小松以及章朗这样三个格外具有精神分析深度的人物形象。

先让我们来看那位身心曾经备受折磨的主人公杜怡。杜怡自打经历了1991年的历史事件之后便再也无法释怀的精神情结，与不期然间击中了她热恋男友夏小松的那颗罪恶的子弹紧密相关。1991年，由于"苏联解体"，这一年变成了影响整个世界大格局的关键年份。没想到，由于杜怡和夏小松也恰好在莫斯科留学，这一年也从根本上彻底改变了他们俩的生存状态。这一年暑假的时候，原本已经决定乘机回国的杜怡，为了能够更好地陪伴恋人夏小松，主动退掉了机票，留在了其实早已处于一片风雨飘摇状态的莫斯科。没想到，就在他们俩应邀到老师家的乡下别墅度假的时候，莫斯科却发生了历史性的巨大动荡："电视上出现了耸人的画面：俄罗斯总统府白宫前的跑马广场上，布满了黑压压的人群，少说有上万人。人群中停着一些坦克和汽车，其中一辆坦克上竖着一群男人身子和一面俄罗斯旗子。"面对此种突如其来的情况，夏小松决定立即赶回城里去："夏小松沉默一会儿，说：'明天上午，我们回城里去！'杜怡说：'为什么？看电视不好吗？'夏小松说：'不好！我不能只在电视跟前远远看着。'"虽然是情投意合、两情相悦的一对恋人，但他们的对话却相当清晰地表明了他们在面对重要政治事件时的根本差异。质言之，内心有着某种政治情结的夏小松，充分显示出了一种介入历史的强烈冲动，而杜怡，却充其量也只是一位对历史动荡有着某种好奇心的旁观者。如果不是因为有夏小松的存在，杜怡其实并不一定非得要回到城里，出现在政治事件的现场。事实上，也正是因为内心有政治情结，所以夏小松才一定要从同学那里借来一个照相机，很显然他是要用这个照相机真实地记录稍纵即逝的重要历史场景。唯因如此，才会有他们俩之间对话的更进一步生成。当杜怡要求夏小松谈一谈他此时此刻的真切感想的时候，"夏小松说：'不是采访也说不好感想，因为我还是吃不准。我不认同经济过度自由化，所以也不会认同叶利钦，但准备进攻白宫的那帮人我也没有好感。我心里现在只有两个字……'杜怡说：

'矛盾?'夏小松说:'迷茫!'杜怡说:'你要是迷茫我就更不明白了,好在我现在的心态是看热闹。'夏小松说:'你不光看了热闹,兴许还瞧了历史。'杜怡笑了说:'这么大的场面,看上去是有点像历史。'"从根本上说,夏小松的心理状况之所以会显得"迷茫",正缘于他这种积极介入历史现场的主动姿态。同样的道理,杜怡之所以有一种无所谓的"看热闹"的心态,也特别切合于她置身事外的旁观者身份。然而,无论是夏小松,还是杜怡,都不可能料想到,到最后,他们所面临的竟然是一场令人欲哭无泪的人生悲剧。在广场上乱哄哄的历史现场,不幸的结果之一,首先是照相机被碾碎。尽管说夏小松为了抢回照相机,曾经不管不顾地以个人之力与一辆坦克相对抗:"坦克还在缓缓前进,几乎要压住相机。这时夏小松做了个幼稚动作,大腿绷直,双手抵住坦克边沿,仿佛就此能让对方停下。"正如你已经认识到的,面对着以坦克为象征的强制性历史暴力,如同夏小松这样的对抗行为最终只能以无奈的失败告终。到最后:"他手中的相机已变成薄薄的残片,像一本缺角的旧书。"这个耐人寻味的细节,很显然预示着夏小松记录历史企图的彻底失败。记录历史的企图失败倒也罢了,关键的问题是,就连作为肉身存在的夏小松自己,到最后也难逃一劫,难逃那颗不知道具体来处的罪恶流弹:"相机残片脱离夏小松的手,掉到地上,紧接着他一抻脖子,也仰身向地上甩去。杜怡脸一紧扑上去,见夏小松的手捂着胸口,指缝间渗出红液。"尽管夏小松的弹伤在莫斯科得到了及时的治疗,而且也取得了很好的疗效,但由于他们俩随后决定乘坐国际长途列车返回北京,夏小松在长途旅行的过程中肺部严重感染,所以,他们刚一回到北京,夏小松就又一次住进了医院。虽然杜怡和夏小松的父母为了挽救他的生命,做出了各种努力,但到最后,夏小松还是不治而亡。

我们注意到,在杜怡和夏小松其实时间不算太长的恋爱过程中,情到浓处的夏小松曾经数次意欲突破杜怡身体的最后一道防线而不得。也因此,眼看夏小松终将不治,倍感遗憾的杜怡,便决定以一种特别的方式偿还这笔欠债:"过了片刻,他的手听话地握成拳状,只留下一根昂然的中指。她的手不再犹豫,使劲攥住他的手,推动那根中指往前一点点试探,一点点挺进,最后猛地撞向她的深处。她痛叫一声，身子扭动一下静住，长久长久地静住。同时她发现自己脑袋停在一尺高的上方，眼里涌出汹涌的泪水，滴在夏小松的脸上。"然而，问题的关键是，尽管杜怡可以从身体的形式上把自己交给夏小松，以此种方式弥补既往的遗憾，但夏小松的意外死亡在她内心深处留下的精神创伤，实际上却是此后的漫长时间都无法彻底抚平的。一直到很多年之后的2015年，杜怡依然要坚持带着自己那位名叫夏小纪的儿子出现在贝加尔湖边（"杜姐没加我微信，但很快在短信里发来两张图片，一张是贝加尔湖的漂亮蓝冰，一张是一个十来岁小男孩的脸。这小脸像夏小松，真他妈的像呀！"），其实正是她内心深处某种根本就不可能随着时间的流逝而得到缓释的精神情结发生作用的结果。

但请注意，构成了杜怡精神情结内涵的，除了夏小松不幸中弹身亡外，也还有她后来在北京城为生存而苦苦挣扎时留下的那些精神创伤。为了挽救夏小松的生命，杜怡不惜向那位胖卷毛借了五万元巨款。要知道，在20世纪90年代初期，五万元还真的不是一个小数字。夏小松死了，由他造成的巨额欠款却不能不还。既为了偿还欠款，也为了能够在北京城生存下去，杜怡在短短的两年时间内真可谓饱尝了各种肉体与精神的屈辱。先是以三点式的方式成为那个人体造型构成的巨大问号下面的点儿："只要往深处扒一扒，她内心角落里也藏着一样东西，你就是问号。这问号默默蹲在那里，不明白地瞧着日子，瞧着日子里飞行的一颗子弹，瞧着那颗子弹击中了两个年轻者的命运，而问号下面的那个点儿，多么像命运淌下的一滴眼泪。"接下来又成了那个红膛脸"书法家"的模特，专门让他在自己光滑如绸缎的背上写字。没想到，在此过程中，她竟然不幸被性侵："他似乎添了气神，抱紧她的臀部提了起来。杜怡身子一紧，喉咙呜咽几声哑住了，泪水慢慢渗出来挤满了眼眶。透过模糊的泪水，她看见自己的头发挂下来，向前一甩一甩。"关键还在于，虽然杜怡被性侵后曾经一度坚持要报警，但等警察来到现场之后，她却又自动改变了主意，不再强调性侵事实的存在。正所谓"一文钱难倒英雄汉"，她之所以会接受此种精神屈辱，主要还是因为急于挣钱还款，她迫切需要红膛脸信封里那厚厚的一叠钱。再后来，迫于生计压力，她又成为一个上门服务的家教。她的两个乳房之间之所以会留下那个交叉的"×"，就是因为在做家教期间与男雇主关系暧昧，故而遭受了如同"红字"一般的文身惩罚。

但相比较而言，杜怡在北京的生活历程中，记忆最为深刻的，恐怕还是与胡姐儿结识并成为她的手下的那段特别经历。这段其实带有一定黑社会色彩的生活经历，与胡姐儿们所从事的非同寻常的"工作业务"紧密相关："原来胡姐儿和朋友一起创办了一个特别的办事机构，宗旨与三T公司相似，也是替人排忧解难，只不过该机构不以公司的面目出现，平常不在公众视线之内。机构所受理的都不是小事，譬如毕业分配调整、工作调动促成、刑事案件斡旋、投资项目疏通、部门批文催快等。受托人有北京本地的，也有外省来京的，托办费用按难度面定，基本上做到了公正合理。若事情办不成，预收的费用自然全数退回。"加盟胡姐儿的办事机构之后，杜怡连着接了好几单活儿，正是在想方设法参与解决这些问题的过程中，杜怡对胡姐儿主事的这家办事机构有了进一步的了解。尽管实际情形也的确如胡姐儿所说的那样，"咱们办事儿既不顶撞法律也不违反政策，只是在边沿的灰色地带遛走儿……用一句好听的话，咱是润滑剂，给这些个有点生锈的运行机器注点儿油"，但究其根本，这个办事机构很显然已经涉及了巧妙利用体制空隙的权钱交易问题。一方面，是那些当事人提着猪头也找不到庙门，求情无门；另一方面，则是那些权力的拥有者千方百计地想要寻租让渡手中的权力，试图凭此而谋取经济利益。胡姐儿的办事机构所扮演的角色，就是在其间牵线搭桥，以此而获取自身的中介利益。严格说来，既然已经涉及了权钱交易的问题，那也就在某种程度上触碰到了法律的底线。杜怡之所以在了解到相关情况后萌生退意，意欲金盆洗手，主要原因正在于此。但进去容易脱身难，既然已经加盟了胡姐儿的这个办事机构，并且对办事机构的内情有所了解，那杜怡意欲脱身，就不会是一件简单的事情。果然，就在萌生退意的杜怡以为自己已经瞒天过海，神不知鬼不觉地逃到了蚌埠的时候，李三儿他们却很快就紧随而至。为了达到有效地控制杜怡的目的，李三儿他们在彻底弄残了杜怡右手小指的同时，更是强迫她吞食海洛因，以造成吸毒的事实。面对着杜怡的困惑,李三儿给出的回答是:"这是胡姐儿的意思。胡姐儿说,你知道了不少东西,不收住你可不行!"由此可见,杜怡的那根残指,既是她个人记忆中无法抹去的某种精神创痛,也与作家钟求是的一种社会批判意图紧密相关。由胡姐儿主事的这个带有黑社会色彩的办事机构,就可以被看作当代中国的一种怪现状。隐身于其后的,事实上正是中国社会体制的某种不合理。

同样被一种精神情结所严重困扰的,是那位其实早在1991年就不幸弃世了的理想主义者夏小松。依照小说的描写,这位马克思的坚定崇拜者,由于置身于20世纪90年代初期那个特定社会历史语境,一直非常关心并思考着社会主义制度的发展问题。或许与他的经济学专业研究生身份紧密相关,夏小松的相关思考便集中在了马克思与哈耶克的深度比较上:"夏小松承认自己的脑子有些受困,因为马克思和哈耶克的主要用力点不一样,马克思对付的是资本主义,哈耶克抨击的是计划社会,两个人的比武有时候站不到一个擂台上。"即使如此,夏小松也准备坚持不懈地将相关思考努力进行下去:"夏小松书包里则放了《资本论》俄文版和《通向奴役之路》中文版,近日他在积攒资料,准备写一篇有点厮杀味道的论文,题目暂定《当代苏联语境中的马克思和哈耶克论点比较》。"但那个时候的夏小松根本就不可能料想到,且不要说马克思与哈耶克的深度比较,即使是他论文标题中的那个"苏联"本身,也已经是处于某种岌岌可危的状态了。那年暑假,一听闻俄罗斯白宫前的跑马广场上发生历史性骚乱,就迫不及待地不惜冒着生命危险也要出现在历史现场,所真切说明的,正是理想主义者夏小松内心深处存在某种牢不可破的社会政治情结。在被流弹击中之后,夏小松依然坚持要以自嘲的方式开玩笑:"夏小松的脸在几秒钟里浮起一层苍白。他动一动嘴角,像是凄笑了一下,说:'那破枪,一不小心射中了马克思。'"我们都知道,夏小松之所以要如此这般自嘲,乃因为自己在胸口文了一个马克思的头像。然而,只要我们联系具体的社会历史语境认真地思考一下,夏小松看似无意间说出的自嘲性话语中,存在某种一语成谶的味道,恐怕也是一种无可否认的客观事实。他当年情投意合的恋人杜怡,之所以在历尽沧桑的很多年后，依然对他念念不忘，一方面，固然因为有强烈的个人情感投入，但在另一方面，却也毫无疑问与她对夏小松理想主义气质的迷恋有关："她说，他是80年代末最早留学苏联的研究生，读书很用功，一个字儿一个字儿读过《资本论》。我说，还有呢？她说，他不像你，他是个理想主义者，是的，他是个理想主义者。我说，还有呢？她说，有一天他遇到了一颗子弹，这颗子弹到了他肺里。我说，还有呢？她说，后来他死了，没有还有了。"虽然只是简洁短暂到了极致的一段对话，但杜怡对夏小松身上那种理想主义气质的迷恋却早已经是溢于言表了。我们在日常生活中总是强调对20世纪80年代的怀旧，其中非常重要的原因之一，恐怕就是对那个时代某种理想主义气质的向往与追求。

杜怡与夏小松之外，再一个被内心世界中的某种精神情结所牢牢控制的人物形象，就是第三部分"杭州的氧气"中那位身兼第一人称叙述者功能的"我"，也即章朗。如同杜怡一样，章朗也是一位手指的伤残者。他之所以会对杜怡"一见钟情"，根本原因其实在此。同样是伤残，章朗的情况却又与杜怡截然不同。具体来说，他的手指伤残与父母感情的断裂之间有着内在关联。早在章朗还只有八岁的时候，由于父母的情感破裂，妈妈离家出走，对此早有不祥预感的章朗在家里只听到了父亲一个人回家的脚步声，"这时。他妈的。一个意外发生了———阵风吹来，推动了木门。最多一秒钟，木门'啪'的一声关上，咬住了你的手指。""你的喉咙里发出了难听的惨叫。"设身处地地想一想，一根手指被木门硬生生地挤压成残，的确是非常痛苦的一件事情。然而，与肉体的伤残相比较，父母的情感破裂给章朗带来了一生都难以抚平的深度精神创伤："从根上说，我是个情感散漫的人，心里聚不起这个年龄应有的冲动。问题也许从儿童时代便开始了。八岁那年妈妈出走，离开了爸爸也离开了我，从此我眼中的女人就有些飘。我觉得女人的心思像雾中的花或水中的鱼，自己捉不住，也懒得去捉。"用杜怡的话来说，章朗所严重缺失的，其实是某种安全感："杜姐说，我明白了，原来你缺少安全感，母亲可以提供的安全感。我说，要说是什么感，有时候我更觉得是一种苍茫感。"事实上，认真地想一想，杜姐的安全感与章朗的苍茫感之间，是存在着某种内在通道的。因为母亲很早就离开了自己，长期感受不到母亲的温暖呵护，倍觉孤独寂寞的章朗才会从内心生出这种苍茫感来。否则，我们也就难以解释，半生平庸根本没有经历过什么人生风浪的章朗，竟然会好端端地就生出一种苍茫感来。某种程度上，章朗之所以会特别迷恋年长自己七岁的杜怡，一方面固然是因为饱经风霜的杜怡依然充满女性风韵，但在另一方面，恐怕也与章朗试图在杜怡身上寻找一种失落已久的母性情怀有关。与此同时，我们更须注意到，同样是一种深入骨髓的精神创伤，钟求是对于章朗的书写，很明显是要逊色于杜怡和夏小松他们两位的。导致此种状况生成的一个原因，当然是因为所谓的代沟，因为钟求是不是很熟悉章朗他们这一代人的生存与精神状况。但如果更进一步推论，问题恐怕也没有这么简单。依照我个人主观化倾向非常明显的理解，倘若充分顾及作家的深层创作动机，那么，书写章朗的那截残指以及他内心世界中的精神创伤，其实也可以看作作家的某种障眼法。无论如何，章朗的故事所最终指向的，仍然是很多年前的夏小松之死。不管怎么说，作家钟求是内心始终无法释怀的，仍然是1991年的夏小松之死，以及最终导致夏小松不治身亡的那颗罪恶的子弹，以及夏小松自己已然深度介入其中的那场意义格外深远的重大历史事件。很大程度上，我们不仅应该，而且也只能够在这样的一个意义层面上来理解或看待钟求是《等待呼吸》中对时代精神创伤记忆的真切书写。

那一段冲淡平和的烟火人生

——关于张忌长篇小说《南货店》

某种意义上，在《收获》杂志上持续性地发表文学作品，可以视为一位作家创作成熟的重要标志之一。出生于1979年，差一点就可以混入"80后"一代作家之中的张忌，迄今为止创作的三部长篇小说，除了最早的《公羊》发表于《江南》杂志之外，另外的《出家》和《南货店》全都发表于门槛极高的《收获》杂志。别的且不说，单是这一点，就已经充分说明张忌小说创作所达到的那种思想艺术成熟度。但颇为有趣的一点是，单就字面的意思来看，"出家"与"南货店"却又很是有些南辕北辙的意味。前者因其意欲置身于方外，存在一种远离尘嚣烟火的出世意味，是显而易见的事实；后者因其为供销社系统中最基层的一种商贸机构，自然会充溢喧嚣不已的尘世烟火气息。一个出世，一个入世；一个清净，一个喧嚣。二者之间，毫无疑问存在着明显的对照性差异。然而，只要是认真读过《出家》的朋友，其实就应该知道，其中的主人公，也即那位貌似出家的"假和尚"方泉，其内心深处一直都存在到底要不要真正出家的尖锐矛盾冲突。在一篇谈论分析《出家》的文章中，针对当下时代处于现代性强烈冲击之下的出家人的寺庙人生，笔者曾经写下过这样的一种看法："末法时代的一大根本特征，就是'邪师说法，如恒河沙'，加之末法众生善根浅、福报薄、业障重且退缘多。纵能修行，亦不易证果。不知道是佛法的确智慧高明，在好久好久之前就已经预见到了佛教在当下时代的如此一种世俗与衰微状况，抑或仅仅出于某种巧合，反正处于所谓现代性剧烈冲击之下的佛教确实形成了所谓'邪师说法，如恒河沙'的状况。以至，一时之间，真假和尚共存，职业与信仰混同，端的是让人感到莫衷一是，难以做出简单的是非臧否判断。"[1]"假和尚"方泉，借助于"假扮和尚"的方式获得维持生存所必需的经济收益，正是当下时代出家人寺庙人生的一种形象演绎。因此，虽为《出家》，但其中存在世俗烟火气息，却也是一种客观的文本事实。实际上，倘要论及《出家》和《南货店》之间的内在关联，其中非常重要的一脉，恐怕就是此种世俗烟火气息的潜在延续。更进一步说，前者虽然名为《出家》，却有世俗烟火气息的隐然存在；后者虽然名为《南货店》，但存在某种看穿人生真相后的虚无感却也无法被否认。也因此，世俗烟火与精神空无的彼此碰撞、冲突与缠绕，便可以看作张忌近期小说创作中某种贯穿始终的思想底色。

面对《南货店》，首先引起我们思考的，是两个方面的问题。其一，何为"南货店"。所谓"南货"，专指长江以南盛产的食品，泛指北方没有的那些南方果品。顾名思义，既然有南货，也就会有北货与之相对应。由此可见，以南货为主要经营对象的商铺，也就是所谓的"南货店"。说到南货店，有这么两点不容忽视。一个是，它的出现，与中国南方近现代以来日渐繁茂的工商业活动紧密相关。比如上海，南货店的最早出现，就是在晚清时期。其繁荣鼎盛阶段，当为清末以及民国年间。再一个是，虽然以南货的经营为主，但在实际的运营过程中，也往往会把北货纳入其中。因此，看似名为南货店，但实际上却是一种与普通民众的日常生计紧密相关的囊括了所谓"柴米油盐酱醋茶"的日用杂货店。当然，到了张忌小说所集中关注的20世纪70年代末期一直到90年代初期这样一个长达二十多年的历史时段。尽管说小说的叙事触角也偶尔会延伸到20世纪前半叶的民国年间，但严格说来，主体故事的开始时间，是"文革"已经结束的70年代末期："'文革'了，这派打倒那派，'文革'结束了，那一派又打倒这一派，你父亲夹在中间，就是块夹心饼干。"而秋林

---

[1] 王春林：《生存挣扎与精神困厄》，载《南方文坛》2018年第1期。

的命运，由于受到父亲坐牢一事的直接影响，也随之发生了重大的转折："父亲入监后不久，秋林高中毕业，面临分配。秋林那一班，几乎都是干部子弟，分配时，大多数人都去了工厂这样的好地方，唯独秋林，被发配到了乡下的南货店。"小说的主体故事，就是从秋林进入南货店工作开始的。到了小说结尾处，在秋林私下写给齐师傅的悼词中，则出现了这样的叙事话语："齐清风同志，于一九二三年九月十五日出生于本县，祖上皆在县城沥石街经营水产。""齐清风同志在人世度过的七十年，是不平凡的七十年，在经历了人生的艰辛与磨难、奋斗与成功等种种酸甜苦辣后，他为自己生命的光辉历程画上了一个圆满的句号。"首先请注意，这段叙事话语中，张忌多用了一个"于"字。"于一九二三年九月十五日出生于本县"，前一个"于"字，完全可以省略。其次，既然齐师傅出生于1923年，那他去世的具体时间，也肯定就是1993年。由于国家社会体制发生了变化，原本一直处于私营状态的南货店早已经通过公私合营的方式，被纳入了政府所主导的供销社系统之中。对此，叙述者曾经借秋林工作调动之机做出过相应的介绍："黄埔供销社属于区级供销社，供销社分四级，最顶上的是县供销社，下面是区，区下面是镇乡，再下面就是南亭南货店这样的合作商店。"这样的一段文字所勾起的，首先是笔者自己当年的一种乡村生活记忆。我们那个差不多拥有五千人口的村庄，只有一个如同秋林最初供职的南亭南货店这样的基层供销社，一村人的日常生活物品，全都依赖于这个看起来不怎么起眼的供销社。值得注意的一点是，对于这个供销社，我们平常并不叫供销社，而是径直地称呼为"合作社"。但到底为什么叫"合作社"，我却没有细思过相关的答案。这一次，只有在读到张忌的《南货店》中的这一段文字之后，我才恍然大悟，原来，我们那时候口口声声的所谓"合作社"，其实是"合作商店"的一种简称。至于"合作"二字，更是可以溯源到20世纪50年代中期的公私合营那里去。因为南亭南货店已经伴随着国家社会体制的改变而被纳入政府主导的供销社系统之中，所以才会有秋林高中毕业后被迫入职南亭南货店这样的事。

其二，则是语言层面上对南方方言的有效征用。或许与以北方方言为基础的普通话长期处于主流的地位有关，一部小说作品，只要突破常规，较为频繁地征用南方方言，就会成为同行注目的焦点。无论是同样发表在《收获》杂志的，那部后来获得了茅盾文学奖的作品《繁花》，抑或是张忌的这一部《南货店》，具体情形均是如此。更远一点，甚至可以追溯到韩邦庆当年那部纯粹征用沪语写成的《海上花列传》。区别在于，或许与普通话某种潜在的强力有关，金宇澄和张忌他们已经明显收敛了许多，只是在接受条件较宽的情况下，非常有限地征用南方方言，以此来对应他们意欲真切呈示的南方生活。即使如此，语言接受的问题依然严重困扰着这些作家，否则张忌也就无须在和弋舟对话时如此这般地专门谈及南方方言的征用问题："关于方言，诚如弋舟兄所言，写《南货店》的确是有意地在强化。其实《出家》便有这个念头，但当时做得不像《南货店》这么彻底。这个主要还是写作上的一个需要，就像你说的，这是一个写南方的小说，如果我还是用北方的语言写，小说的气质肯定是不一样的。另外，我觉得对于写作者而言，方言写作是特别有利于叙述的打开的。我以前写东西，总有一种感觉，碰到好多的话，你想到了，你却说不出来。现在尝试用方言写作时，就会贴切很多，自己写得也舒服。特别是写对话，经常会有很过瘾的感觉。这种感觉可能像会喝酒的人，喝到位了。对于读者能不能接受，我并不是特别担心，因为这个语言并不是完全地道的本地方言，我用得最多的还是方言的句式，一些书面上无法理解的语词被我拿掉了。这一点，金宇澄老师有个特别好的看法，用方言写作，这个方言肯定是要有所改良。作为一个作家，我肯定也希望有更多的人来读我的作品，但是话退回来讲，如果没有，又怎么样呢？我觉得对我来说，写作最大的功能还是让我自己感到愉悦，这一部分，在我写作的过程中，已经得到了，我不能奢望太多。"① 因为小说是语言的艺术，某种意义上，作家写小说，也就是在写语言。离开了语言，小说也将荡然无存。就此而言，张忌的体会非常到位，对于南方方言的有限征用，的确在很大程度上影响着作品的基本面貌与根本气质。比如，对于这部小说的故事情节发展发挥着关键作用的这样一句话："秋林记

---

① 张忌：《南货店》，中信出版集团2020年版，第473—474页。

牢父亲的一句话,父亲说,秋林,今朝起,侬就是一个大人了。"尽管肯定不是成长小说,但在《南货店》中,不仅潜隐着某种成长的艺术框架,而且这一艺术框架还具体地体现在秋林身上,这是显而易见的一种文本事实。从这个角度来看,促使青春年少的秋林迅速走向成熟的一个重要条件,就是他因为父亲坐了牢,客观上所形成的一种生活尤其是精神上的"失怙"状态。很大程度上,正是父亲的此种缺位,从根本上致使秋林迅速成长。父亲刻意强调的这句话,所强烈暗示的正是这种情况。既然作为生活与精神支柱的父亲已然缺位,那秋林也就只能迫不得已地迅速成长为"一个大人"了。从语言征用的角度来说,其中的"记牢""今朝"以及"侬",毫无疑问都属于南方方言的范畴。因为适度穿插了这样一些南方方言,整个句子的腔调和味道便都显得有些与众不同。倘若我们把这几个语词置换为普通话的相应语词,虽然也能够传达出同样的语义,但从一种语言美学的角度来看,整个句子某种特别的腔调和味道便会在一时间全部失却。说实在话,尽管张忌在和弋舟对话时曾经表达过会因此而丧失一部分读者的担忧,但身为北方读者的我,在阅读小说时却丝毫都没有感觉到方言方面接受的障碍。不仅没有阅读障碍,而且还会因为某种语言上的陌生化效应而获得特别的审美感受。由此可见,张忌担忧征用南方方言会影响阅读效果,其实根本就没有必要。

更进一步说,作为一部意欲表现中国南方城镇普通民众日常生活的长篇小说,张忌之所以要把一家南货店,以及以南货店为基础的供销社系统作为具体的聚焦对象,主要因为以售卖日杂用品为主要功能的南货店(扩而大之,也就是供销社),与普通民众充满烟火气的日常生活关系最为紧密。我们注意到,为了把普通民众日常生活的烟火气表现出来,张忌首先在各种器物以及售卖器物的方法(或曰生意经)的描写上下了足够大的功夫。比如,南货店中一段描写吴师傅包糖纸的精彩文字:"比如卖白砂糖,平日只包一层细纸,一层粗纸,现在会多包上一层粗纸。粗纸用多用少,不会上账,多包上一层,就多增了一份白砂糖的进项。这样做,一般都不会有人提出异议。有人提了,吴师傅也会跟对方解释,这次来的糖特别细。买糖要糖票,糖票珍贵,包得不仔细，漏了可惜。多包层纸，牢靠些。这样一讲，对方也就没多的闲话了。"再比如打酒："打酒人来了，吴师傅也有办法。打酒不论斤，论提。酒提形如打水桶，垂直有一长柄。平日里打酒，马师傅总叮嘱，酒提要轻轻落，轻轻提。现在，吴师傅当家，碰到内行的，依旧轻轻落，轻轻提，碰到不内行的，酒提伸进酒埕里，手上就会用些力道，加快起落速度。这样，酒埕里的酒就会起泡沫，趁着泡沫未散，迅速舀起来，倒进客户的酒瓶。泡沫掩在老酒上，酒就可以少些，减些斤两。"看似只是南货店日常工作状态的一种描写，但细细品来，却也格外意味深长。首先，这应该被看作一种器物美学的充分体现。关于器物美学，我曾经在一篇关于王安忆长篇小说《天香》的批评文章中有所论述："在《天香》中，器物描写与人物描写之间构成了一种平分秋色的对等关系。首先是对于器物世界一种兴致勃勃的谈论。'可是，阿潜忽然想到，纸与墨不也是由竹木而造？与弦管原是同根生，纸墨载字画，弦管则载清音；字画传文理，清音传天籁。再又想到丝线绫罗，可为衣被，衣被天下；亦可自为文华，华盖天下。都可谓之物用，而且一用生一用，近用生远用：近用于生计日常，远用于陶冶教化，至远则用于道。世上凡有一物降生，必有用心，人工造化，无一物是靡费。'虽然借助着小说人物阿潜的口吻，但这一段关于物性的深入思考，其专利权很显然应该归属于作家王安忆。从这样的一种谈论中，我们应该多少能够触摸到一些王安忆之所以要执着于器物描写的深层次缘由。如果说，其他的作家总是视物如无物一般无法认识到器物的存在价值，那么，到了王安忆这里，就有了一种对于器物本性的真切了悟。在王安忆看来，现实世界上存在的任何一件事物，都有其存在的道理，有其相应的物性，有其使用的价值。尤其值得注意的，是王安忆对于器物三层次价值的厘定和梳理：'近用于生计日常，远用于陶冶教化，至远则用于道。'所谓'生计日常'，乃是器物最低一个层次的价值，属于那种与日常生活息息相关的可以摸得着看得见的价值。接下来是'陶冶教化'，这一点的提出，很显然与中国传统文化的强大影响有关，到了这个层次，王安忆所强调的物用重心就由可见的物质层面上升到了精神建构的层面。最后，当王安忆一力强调器物可以'用于道'的时候，她事实上也就把对于物性的思考更进一步地提升到了哲学的层面。'道'在中国的传统哲学中,是一个至高无上的带有强烈'元'意味的哲学概念。这样,当王安忆把器物和'道'联系在一起的时候,实际上也就意味着作家对于器物的尊崇理解,已经达到了一个相当特别的精神高度。说实在话,甭说中国作家,即使包括那些外国作家在内,就我个人有限的视野所及,如同王安忆这般重视器物,并且对于器物的理解达到如此一种程度者,确实是独一无二,真正是堪称独步。我们都知道有所谓人道主义者的说法,我想,如果简单地套用一下,王安忆是不是应该被看作一个真诚的物道主义者呢?因为,一个无法被忽略的客观现象就是,并不只是这一部《天香》,联系作家其他的长篇小说,就不难发现,其实对于器物的重视和描写,可以说是王安忆一贯的创作特色之一。只有在认真地读过王安忆《天香》中这一段谈论器物性质的文字之后,我们才能够明白,实际上,这种物道主义,业已构成了王安忆一种特别重要的精神底色。沿着物道主义方向进入王安忆小说世界,将会使我们对于王安忆的小说创作产生一种新的理解与感悟。"①正如同王安忆在《天香》中不仅注重于器物的描写,而且也借助于器物的描写而写人一样,张忌在《南货店》中也借助于器物与售卖器物的描写(所谓"物理")巧妙地揭示人情。比如,吴师傅之所以要煞费苦心地在售卖器物时如此这般地斤斤计较,想方设法地"缺斤短两",与秋林参加工作一个月后店内盘存时意外出现了两百元的缺口紧密相关。因为必须很快地弥补亏空,所以,吴师傅他们才会想方设法地不惜违背职业道德,也要通过各种曲尽其微的售卖手段从事经营活动。但在借助于器物以及售卖器物的活动凸显日常生活烟火气的同时,通过这样一个细节,张忌却也在不经意之间巧妙地写出了"文革"结束初期中国社会一种普遍的物质匮乏与经济乏力的状态。正因为物质匮乏和经济乏力,所以吴师傅他们几个人才不得不为了弥补区区二百元的亏空而不惜费尽心机。

其次,小说中这两段关于包糖纸和打酒的精准细节描写,其实更是暗合于张忌《南货店》艺术控制力超强的创作特点。只要是有过写作经验的朋友就

---

① 王春林:《闺阁传奇,风情长卷》,载《文艺争鸣》2011年第12期。

都知道，能够把一部旨在描写呈示人间烟火气的长篇小说拿捏到如同包糖纸和打酒这样恰到好处与不动声色的程度，其实是一件非常不容易的事情。我们注意到，在与弋舟的对话过程中，张忌曾经明确表示过对作家汪曾祺以及《儒林外史》和《金瓶梅》的强烈兴趣："汪曾祺的确是我欣赏喜欢的一个作家，他的小说也不是异军突起的，而是和中国的古典小说有一个衣钵关系的。而我自己喜欢的东西正好就是这一路，就像我也喜欢《儒林外史》《金瓶梅》那样的小说，它们都是差不多面貌的。"①一方面，作家的此种"夫子自道"，的确给出了一种有效进入《南货店》的理想解读路径；但在另一方面，我个人认为，张忌的《南货店》其实更与同样出生于浙江的前辈作家周作人有着不容忽视的思想艺术渊源。我们都知道，浙派作家或者说文人，在狭义的中国现代文学史上曾经占有特别重要的地位，那一长串闪闪发光的名字，几乎已经占据了中国现代文学史的"半壁江山"。其中，最有代表性的作家之一，就是周作人。除了在散文创作和文学理论两方面的巨大成就之外，尤其不能忽视的，是他作为五四运动的思想先驱之一，在中国现代文学史和中国现代思想文化史上，都占有特别重要的位置。这一点，伴随着时间的推移，已经得到了相当充分的证实。这里，我们着重强调的，是周作人散文创作所具备的一种冲淡平和的思想艺术特质。关于周作人散文的冲淡平和，曾经有文学史著作做出过这样的精辟论述："他自己的散文，也有'浮躁凌厉'与'冲淡平和'两体。前者多收入《谈虎集》《谈龙集》中，思想意义与社会作用显然更加积极，常为论者所引述；但真正显示周作人创作个性，并成为他对现代文学艺术独特贡献，而且实际影响更大的，却是后者。周作人的散文多作闲谈体，所追求的是自然而隽永，是富有艺术意味的闲谈。周作人有名士派的风缘，有'叛徒'与'隐士'的二重性格。作为新文学运动的参与者，他关注现实，反抗黑暗，与思想革命取同一步调；但在人生观与艺术观方面，他又尽可能远离激进，保持平和。他更倾向于把文艺当作是'自己的园地'，是'言志'即抒我之情；他更乐于饮苦茶，读杂书，陶醉于'苦雨斋'阴郁如雨的古典的氛围，玄思，冥

---

① 张忌：《南货店》，中信出版集团2020年版，第465页。

想,'胡乱作文','在文学上寻求慰安'。他写于二十年代的《北京的茶食》《故乡的野菜》《苦雨》《喝茶》《乌篷船》等,都是现代散文的名篇,很能代表周作人'言志'小品的风格。周作人的选材极平凡琐碎,一经过他的笔墨点染,就透露出某种人生滋味,有特别的情趣。尽管那种情趣可能未免落寞、颓废,适合所谓'中年心态'。如《喝茶》所沉醉的是'于瓦屋纸窗下,清泉绿茶,用素雅的陶瓷茶具,同二、三人共饮,得半日之闲,可抵十年的尘梦'。《谈酒》中讲'酒的趣味,只是在饮的时候'。《济南道中》向往旅游的乐趣在'新式的整齐清洁之中,却仍能保持着旧日的长闲的风趣'。《北京的茶食》中写看夕阳、观秋河、赏花、听雨、闻香等等,认为这些无用的游戏享乐,也是生活的必须部分。凡是受过中国传统文化熏陶的读者,读了周作人此类描写,往往都会心领神会。周作人的小品常将口语、文言和欧化语杂糅调和,产生一种涩味与简单味,很耐人咀嚼。他的闲话体散文有点类似明人小品,又有外国随笔那种坦诚自然的笔调,有时还有日本俳句的笔墨情味,周作人显然都有所借鉴,又融入自己的性情加以创造,形成平和冲淡、舒徐自如的叙谈风格。如另一散文家所评说的:'他的作风,可用龙井茶来打比,看去全无颜色,喝到口里,一股清香,令人回味无穷'。人们也常用'闲适'来概括周作人的散文风格,其间蕴含着丰富的审美内容。一方面是淡而且深的寂寞之苦,另方面又别有一种淡淡的喜悦,可以说是'苦中作乐',忧患中的洒脱,也就是周作人所说的'凡人的悲哀'。"[①]请原谅我引用这么一大段文学史文字,不如此就无法说明周作人的散文所具备的究竟是怎样一种冲淡平和的思想艺术风格。"冲淡平和"四个字,看起来寻常,但要想解说清楚它到底是怎样的审美风格,其实又是非常不容易的一件事情。所以在这里,我也只能仿照那位散文家的方式来评价张忌的长篇小说《南货店》。那就是,张忌《南货店》的风格也如同浙江的名产龙井茶一样,尽管看上去毫无颜色,但细细品来,却的确称得上是清香扑鼻,令人回味无穷。越是咀嚼,越是能感到那种如同老僧

---

① 钱理群、温儒敏、吴福辉:《中国现代文学三十年》(修订本),北京大学出版社1998年版,第150—151页。

入定一般看破人生根本的深刻滋味。但其实，一直到这个时候，恐怕我也没有能够说明白冲淡平和到底是什么意思。这个时候，予我以深切启示的，是我的朋友李杜在新浪博客中关于周作人以及"冲淡平和"的一段文字。李杜说，自己曾经长期为搞不明白究竟何为"冲淡平和"而苦恼不已。忽一日，在《知堂回想录》的封面上，他不经意地读到了这样一段文字："我是一个庸人，就是极普通的中国人，并不是什么文人学士，只因偶然的关系，活得长了，见闻也就多了些，譬如一个旅人，走了许多路程，经历可以谈谈，有人说'讲你的故事罢'。也就讲些，也都是平凡的事情和道理。"李杜说，读了这样的一段文字后，他自己终于突然间醍醐灌顶，一下子弄明白了究竟何为"冲淡平和"。好了，关于"冲淡平和"，我也只能解说至此，如果你还是表示不懂，那我也就没有办法了。当然，在某种程度上，假如你把"冲淡平和"理解为"乐而不淫，哀而不伤"，恐怕也是很有一些道理的。

　　但不管怎么说，我在张忌的《南货店》里，所真切感受到的，就是周作人以及"冲淡平和"这四个字。一方面，我的确不知道张忌在自己的创作过程中是否想到过同为浙人的文学前辈周作人；但在另一方面，我却注意到了张忌对于"淡"以及小津和是枝裕和的由衷喜欢："对的，我喜欢淡一点的东西，我总觉得在小说里用力是特别让我心虚的。比如我喜欢日本的电影，从小津到是枝裕和，他们的电影总是能给人一种不能言说的东西。具体到小说上，也是如此。"①无论张忌自己是否认可，反正在我这里，更愿意把他所谓"淡的东西"理解为周作人的那种"冲淡平和"。与此同时，更令我欣喜不已的是，张忌竟然提到了小津与是枝裕和这两位世界级的日本导演的名字，因为我自己也是他们俩的铁粉。在我看来，虽然他们所从事的行当或写作的文体有所不同，但内在的精神与艺术气质的相同却是无可否认的一种客观事实。假如让周作人与小津或者是枝裕和改行写小说，他们写出的，一定是如同《南货店》这样的小说；假如让张忌与小津或者是枝裕和改行去写散文，肯定会极其类似于周作人；假如让周作人或张忌作为导演去拍电影，他们所拍出的电影，肯定难以脱

---

① 张忌：《南货店》，中信出版集团2020年版，第466—467页。

开如同小津或者是枝裕和那样的思想艺术风格。质言之，以上几位，虽然所具体从事的行当或写作的文体有所不同，但内在的精神与艺术气质却不管怎么说都是相同的。什么样的一种精神和艺术气质呢？一言以蔽之曰，就是"冲淡平和"这四个字。

故事时间前后长达二十多年的《南货店》，它的结构线索其实也比较简单，无非是具有视角性功能的小说人物秋林，从高中毕业后参加工作，成为南亭南货店店员，开始初涉人世，一直到他步入中年的一段人生时光。从成长的艺术框架来说，也就是从他"不识愁滋味"的少年懵懂，一直到他饱经沧桑后的"天凉好个秋"。大致说来，小说的上、中、下三部的区分，所依据的也是秋林在供销社系统里前后连续的三段工作经历。上部主要描写初生牛犊般的秋林在南亭南货店的工作经历。等到中部开始不久，一方面因为秋林自己的工作努力，另一方面也因为有父亲的老同事许运生的关照，他已经被提拔到黄埠供销社去当文书了。这样一来，中部所主要叙述的，也就自然是秋林在黄埠供销社工作时的所见所闻了。同样的道理，下部一开始，秋林就借助于好友知秋的帮助，结识了刚刚成为县供销社主任的鲍一鸣。由于鲍一鸣特别看重友情，秋林很快就被调到县城工作，先是担任县社秘书股的股长，后来又被任命为土特产公司的经理。很大程度上，正是依据秋林人生的这三段论，《南货店》才被划分为上、中、下三部。然而，尽管说秋林是文本中不可缺少的一位视角性人物，但他更多时候扮演的却是日常生活中旁观者的角色，他自己身上所发生的故事并不足以构成小说的主体故事。真正构成了主体故事的，反倒是围绕在他身边的那些普通民众的故事。大约也因此，张忌和作家弋舟的对话才会被命名为"在无差别的世相中体恤众生之千姿百态"，"众生"也才会被放到特别重要的核心位置。但在强调"众生"重要性的同时，我们也应该意识到时间作为一个潜在主人公在小说中特别重要的地位。虽然说几乎所有的小说都离不开时间这一重要元素，但相比较而言，这一因素在《南货店》中却有着非同寻常的意义和价值。我们都知道，唐代诗人崔护曾经有一首流播极广、脍炙人口的《题都城南庄》："去年今日此门中，人面桃花相映红。人面不知何处去，桃花依旧笑春风。"这首诗的引人注目，一般会被认为是写出了一种强烈的"物是人非"之感。这样的一种理解，当然不会错。但问题还在于，到底是什么样的一种东西才能够导致"物是人非"状况的必然生成。细细想来，其中最核心的一种因素，很显然就是时间。正因为在去年和今年之间整整地间隔了一年的时间，所以才会最终导致"人面不知何处去"这一状况的形成。到底是什么样的事情导致了这样一种结果，崔护并没有做具体的交代。因此，他才给读者留下了极大的想象空间。但无论如何，我们都必须意识到，其中最关键的一个因素，恐怕就是那终将主宰一切的时间。与崔护这首《题都城南庄》相类似，张忌《南货店》中，所有耐人咀嚼的人生况味的最终生成，毫无疑问也是时间因素作为潜在主人公充分发挥作用的结果。比如，那位曾经被我们认定为"伯乐"的许运生。许运生第一次登场，是到南亭南货店检查工作。那一次，若非秋林自觉打掩护，齐师傅在酒中掺水的行为就一定会败露。也就是在这一次，许同志和秋林做了一次交谈："吃好饭，许同志问秋林父亲情况。秋林说父亲关在余姚监狱，许同志问他有没有去看过，秋林低头不应。许同志便不再问，只说，你有事，可以到县供销社寻我，我叫许运生。秋林感激。许同志拍了拍他的肩膀，说，你爸爸不容易，是个老实人。"在那个"文革"余威犹存的时代，许同志能够不计父亲入监之嫌，关心秋林，其实是颇不容易的一件事情。尤其是到后来，许同志竟然把这种关心落实到了提拔秋林到黄埠供销社担任文书一职的地步，就更是说明他的公正善良与坦荡无私。这一方面，一个有代表性的细节就是，在许同志后来把秋林更进一步地提拔为黄埠供销社团委书记之后，秋林提了一篮橘子登门感谢，竟然还得到了许同志一袋糯米的回赠。许同志的此种行为做派，直令秋林感动不已："秋林听了，心里感动。他觉得自己运道好，竟能碰上许主任这样好的人。"但恐怕谁也很难料到，就是这同一位许运生许同志，到后来，竟然会发生那么大的精神蜕变。在许主任因得罪组织部副部长而被更换职务后，不忘旧情的秋林，专门去文化局探望。那一次，一肚子怨恨的许主任，对着秋林大发牢骚："心里最过不去的是童小军这只众生。我此时的遭遇，就是因为当时提拔了他。""但这个人没良心，上树拔梯。你不晓得，我调离供销社，我老婆小店想卖点糖给罐头厂他都不同意，这个活众生。"听到许主任的这一番牢骚后，"秋林觉得心里有点难过。他描述不出来这种感觉，在他心目中，许主任这个人，那样清廉，那样正直。当年只为对自己的爹有点好印象，就用力帮自己，从不索要什么，自己送去一袋橘子，他就还回来一袋糯米。可此时的这个许主任却变得有些不熟悉了"。请注意，或许是一时疏忽，此处的"一袋橘子"与此前的"一篮橘子"形成了些许差异。前边讲秋林给许主任送过一篮橘子，这里却变成了一袋橘子。尽管微不足道，但也需要特别指出来引以为戒。同样的一个人，虽然不至于判若两人，但前后两个阶段变化的存在，却也无可置疑。为什么会发生这样的变化？详加考察，这个阶段许主任的日常生活真正可谓波澜不兴，除了日常琐事，还是日常琐事。但就是在这看似寻常的生活过程中，由于时日的增长，许主任身上发生了让秋林都感到极不适应的一种变化。归根到底，也还是时间因素在发挥作用。能够在看似不经意之间不动声色地把许主任此种具有明显"温水煮青蛙"效应的人性倾斜与精神蜕变强有力地揭示出来，所说明的，正是作家张忌具备某种非同一般的艺术表现能力。

与许主任的人性倾斜和精神蜕变相比较，小说中更令人印象深刻，更让我们唏嘘不已的，却是齐师傅与齐海生他们父子俩的人生悲剧。需要强调的一点是，这样一个人生悲剧的最终酿成，很大程度上也是时间因素在作祟。首先，是齐师傅。齐师傅可以说出生于一个水产世家，他的祖上就在沥石街上做水产生意。遗憾的是，到了1949年之后，这样一种情形就难以为继了："到1950年，政府搞土改定成分。齐师傅有船有店铺，被定为商。1956年，公私合营，齐师傅脑子活络，看清形势，以一艘船两间店面入股，参加公私合营。到了20世纪60年代，他又参加了供销社。"既然身为时代政治的另类，那齐师傅在历次政治运动中也就肯定在劫难逃："供销社里批斗对象多在'地富反坏右'中找，虽然社里人多，但每次批斗，齐师傅总是第一人选。"因为齐师傅个子高，一弯腰就会酷似一只虾，所以就被称为名叫齐什么的虾米："就这样，那只虾就成了一块牌子，不管是供销社里搞运动，还是其他地方搞批斗会,都要点名要那只虾参加。一来二去,齐师傅竟成了供销社里最著名的'老运动员'。"面对着这一次又一次的批斗活动,齐师傅又该怎么办呢?好在他真的脑子活络,竟然以化妆的自我戏谑方式来加以应对。用他自己的话来说就是:"我台上表演,他们台下表演。各看各的,又有什么关系?"遗憾处在于,即使身为他的妻子,秀娟也不理解他的这番良苦用心:"秀娟摇头,怀疑齐师傅受批斗次数太多,脑子都不清爽了。"其实,齐师傅尽管不惜以戏谑的方式来求得一种自我解脱,但在其内心深处却一直都为此而痛苦不已。这方面一个不容忽视的细节就是:"有一次,齐海生出门去玩,正碰上齐师傅批斗回来。他靠在路口的电线杆下,正用衣袖抹眼泪。这是齐海生唯一一次见齐师傅哭,他不晓得他受了怎样的委屈,他从未看过如此疲惫孤独的齐师傅,那一刻,他就远远地站在那里,一动也不敢动,生怕打扰到他。"由此可见,尽管齐师傅在遭受批斗时总是摆出一副自我戏谑的乐呵样子,但其实他内心却潜藏着极大的精神痛苦。如此情形,正是他内敛性格的一种外在表现。然而,齐师傅无论如何都不可能想象到,有朝一日,自己的亲生儿子齐海生竟然会去告发自己。那一次,齐师傅因为齐海生热衷于赌博而对他有所指责,没想到,齐海生却因此认定齐师傅偏心眼。怀恨在心的齐海生,竟然暗中向革命小将举报了自己的父亲。革命小将便一窝蜂地前来抄家搜查。没抄出老山参,反倒抄出了一堆账单:"革命小将们看到账单,如获至宝。说齐师傅藏这些账单,是记着一笔变天账,日日幻想着哪天能推翻人民当家做主的大好局面,再去跟穷苦百姓算这笔老账。"既如此,一场批斗会的发生也就在所难免。在会上齐海生不仅公开跳出来控诉齐师傅的"虐待",而且还公然宣布要与齐清风脱离父子关系。齐师傅一生,曾经被批斗多次,但只有这一次的批斗令他终生难忘:"那一刻,齐师傅心里难过极了,他真不晓得自己上一世是作了什么孽,竟要在这一世受这样的苦难。""齐师傅一生受过各种批斗,都安然无事。唯独齐海生告发一次,吃尽苦头。"正因为着实伤透了心,所以,那一次,齐师傅也才痛下决心,彻底与齐海生断绝关系:"他告诉自己,这个叫齐海生的人,在他心里,已经死了。"

然而，齐师傅自己的个人遭际固然不幸，但更加令人痛心的，却是他和儿子齐海生之间那些剪不断理还乱的恩怨纠葛。齐海生是齐师傅的大儿子，与一般人相比较，他的来历很是带有一点传奇色彩。原来，因为婚后多年不育，他那贤惠的妻子秀娟，曾经煞费苦心地给他张罗了一桩神不知鬼不觉的典妻事情。借助于美姑的肚皮，生下了齐海生。但正所谓造化弄人，没承想，齐海生来到人世不久，秀娟自己就怀了孕。齐师傅，便又有了第二个儿子齐罗成。不知道是天性如此，抑或是暗中随了谁的性格的缘故，齐海生小小年纪就表现得很有主意。有一天，他忽然间发现了自己和弟弟之间的差别。齐罗成既像齐师傅，也像秀娟。而自己，却谁也不像："这是一桩奇怪事情，齐海生心里暗暗存下疑惑。"在四处探寻，甚至连专管户籍的派出所都去过，然而却探求无果的情况下，齐海生的心性一时大变："从派出所出来那一日起，齐海生便将齐师傅一家视作外人。特别是齐罗成，更成了眼中钉。"到后来，齐师傅尽管因为被齐海生告发一事而与他"绝交"，但他心里却始终都没有真正放下过齐海生："对这个大儿子，齐师傅一直觉得自己心底里有刻骨仇恨。他这样想了八年，但看了那封信，他突然明白了，自己根本没有恨过齐海生。八年，日本人也打败了。但他打不败自己，他只是装作恨了齐海生八年。当年在他肩上撒尿都觉得香喷喷的人，叫他怎么恨？"所以，他在暌违多年，不期然间收到齐海生的来信之后，方才下定决心，宁愿惹秀娟不高兴，也要坚持自己退职，让齐海生顶了自己南货店的班。尽管如此，齐海生却仍然不肯原谅齐师傅。实际上，这个时候的齐海生已经通过一个偶然的机会，不仅见到了自己的生母美姑，而且还了解到了自己的身世之谜。身世之谜的彻底揭开，对齐海生构成了巨大的精神打击："齐海生听了，真是觉得天崩地裂。他这时才终于明白自己真正身世。此刻，虽然他晓得了齐清风是他亲生父亲，反而更加恨之入骨。他恨齐清风，也恨秀娟，齐罗成，他恨他们全家。"从精神分析学的角度来看，尽管自己的身世之谜已经被揭开，但他不仅没有因此而释怀，反而对此更加耿耿于怀，在厌恶自己身世的同时，也更加仇恨把这些耻辱带给自己的生身父母，以及养母和胞弟（虽然说齐罗成与此事真正可谓了无干系）。他之所以巧使计谋，非得想方设法去顶齐师傅的班，就是为了和弟弟齐罗成争宠。

关键的问题是，尽管齐海生已经顶了齐师傅的班，成为南亭南货店的店员，但他并不怎么珍惜这个工作的机会，反过来还是以一种破罐子破摔的"逆反"心理来面对工作和生活。尤其是在接替秋林成为南货店的店长之后，他更是变本加厉地利用手中的权力作恶。具体来说，齐海生的恶行，主要体现在两个方面。其一，是利用店长的权力大行贪污之事。数额之大，竟然多达四千元。这个数额，放在20世纪80年代初期，不管怎么说都是一个不小的数目。其二，色胆包天的他，竟然趁同事毛毛父亲晚上不在家的时候，摸上门去和她发生关系。没想到，他们的事情正好被毛毛的未婚夫，那位县社的刘副股长给一下子撞破。先是齐师傅想方设法上上下下找关系摆平了毛毛一事，但等到齐海生贪污之事爆发后，那个毛毛却又重新跳出来，改口说齐海生强奸了她。要命处在于，齐海生以上两件事东窗事发的具体时间，恰好就在1983年。那一年，恰逢全国自上而下的"严打"运动："葛梅成摇了摇头，说，这个事恐怕不是判几年那么简单。你没有听到消息吗？最近好像风声很紧，听说上面下达了指标，每个单位都要抓一些人。供销社也分了指标。如果这事是真的，那这齐海生就难说了。"实际的情形是，齐海生这一次果然撞到了墙头上。正常情况下肯定罪不至死的他，两罪并罚的结果，竟然是吃了枪子儿。但需要注意的是，在齐海生东窗事发前，面对着苦口婆心规劝自己的父亲齐师傅，他竟然讲出了这样一番既"无情无义"又"自暴自弃"的话语："我求你了，莫要这样对我，你不是我的亲爹，你要好对齐罗成好去，他才是你骨血。"齐海生内心的积怨已深，由此即可见一斑。在百般努力全都无法奏效的情况下，面对如此一种阴差阳错的无奈人生，齐师傅不由得感慨万千："现在想来，要是早晓得秀娟能怀孕，又何必借肚呢，等两年不就好了？可天下的事情哪有道理可讲，一个人如果真想讲道理，那他不是呆了，就是疯了。"所谓人生没有道理可讲，也可以被理解为天不遂人愿的代名词。说到底，个人的意志根本就不可能主宰生活的方向。早知今日何必当初，假如时间可以倒流，齐师傅无论如何都不可能去借肚生子。但这又怎么可能呢？时间的巨大力量，在此再一次得到了强有力的印证。

但请注意,偏就是这位看起来凶神恶煞的齐海生,却特别喜欢各种小动物。即使是没有主人的野猫,他也会想方设法地百般呵护:"每次齐海生回到此地,野猫们便纷纷从墙头墙尾探出头来,眼睛蓝汪汪地望着他。海生自小喜欢动物,每次回来,都从街上买点小鱼小虾,炖一锅,掺着饭拌好,倒在一个个小盆里。野猫们看见,便人一般排队整齐地吃。"问题在于,尽管齐海生对野猫们已经如此呵护,但这些野猫却仍然坚持不肯和他太亲近,还总是要和他保持一定的距离:"每每这时,齐海生都会感到有些难过。它们似乎看透了人,人是最不可信的。"在这里,一个非常关键的原因是,有着非同寻常身世的齐海生,在野猫的身上竟然看到了自己的影子,产生了一种近乎本能的心理认同:"齐海生觉得自己跟这些野猫很像。他也不相信人,特别是女人。就像爱春,平时普通一个女人,就为了换房那一点小事,竟然能对陆秋林下狠手,多少可怕。还有那个生了他,又将他扔了的女人。还有秀娟,她怂恿齐清风跟别的女人生下自己,害自己在这世上让人看了十几年的笑话。"就这样,借助于这群野猫,张忌在尖锐揭示齐海生根本就不可能解脱的精神情结的同时,也写出了他某一方面难能可贵的爱心。二者的拼贴本身所凸显出的,就是齐海生人性构成的某种复杂性。

实际上,并不只是齐师傅与齐海生父子,《南货店》中陆续登场的芸芸众生,又有哪一位不是时间面前的失败者呢?!也正是在这个意义层面上,我们方才能够理解小说中这样一段极富意味的叙事话语:"秋林坐在昏黑的办公室里,看着窗外景物剪影一般,脑中想起许多人来,父亲,知秋,还有马师傅,齐师傅,吴师傅,豆腐老倌,长长一串名字,秋林突然明白一桩道理,人这一世,无非就是一个人一个人地认识,又一个人一个人地离开。做人真是空空一场,丝毫没有意思。想到这一层,一时之间,秋林心中孤独竟难以抑制。"一方面是以南货店为核心意象的烟火人生,另一方面却又是如同秋林这般的人生感慨,由此,我们便又一次面对了张忌近期小说创作中世俗烟火与精神空无的彼此碰撞、冲突与缠绕这样一个不管怎么说都绕不过去的话题。其实,对于自己小说中的这样一种精神底色,张忌也有着自觉的体认:"我可能是有点消极的,我觉得人就是来世上受苦的,有了这样一个前提,那在人世上遭受各种苦也就自然而然了,所以我并不会在小说里展示恐惧或者惊慌失措,最多可能还是有点逆来顺受的那种感觉。另外,我也觉得人是改变不了任何东西的,大到你眼前的世界,小到你的个人,什么都改变不了。人的一生就是齿轮跟齿轮的一种磨合的状态,你也说不清是你带动了别的齿轮,还是被别的齿轮带动。起初,棱角分明,转起来还有点劲,磨到最后,棱角慢慢没了,开始打滑了,人这一生也就结束了。"①不知道是不是因为他们都是地处南国的浙人的缘故,虽然中间也相隔了很多年,但张忌的这种世界观,却与周作人非常相似与接近。以至,假如把这段话挪移到周作人的名下,不少人也都会相信的。因为有着差不多相同的世界观,所以冲淡平和才成为他们共同的精神印记,才构成了他们共同的思想艺术风格。

依照张忌在与弋舟对话时的自我坦白,他曾经先后为《南货店》设计过三个不同的结尾方式。现在所采用的,是其中的第三个。这个结尾,具体落实到了齐师傅之死上。齐师傅临终前,专门向前来探望自己的土特产公司经理秋林提出了一个"平反昭雪"的请求:"他说自己六十年代初期便进了供销社,对供销社感情最深。但因为历史问题,在供销社里一直受批斗,一直抬不起头。以前不觉得,现在生了这恶病,最遗憾便是这事。昨天你来看他,说有什么困难让他来寻你。他就想,你是国家干部,是供销社里的大官,能不能就请你出面,帮他平反。"正所谓"心有千千结",原来,虽然这么多年早已过去,但曾经的历史问题却一直是齐师傅所难以释怀的一种精神情结。正因如此,他才会在弥留之际提出这一要求。怎奈秋林其实位卑权小,根本就不可能满足齐师傅的愿望。尽管如此,但他突然灵机一动,"干脆给齐师傅写封悼词"。然而,悼词写完后,秋林却陷入了一种强烈的自我怀疑状态:"自己写的就是齐师傅的一生吗?一个人的一生就是这样了吗?"待到和妻子杜英围绕真假问题发生了一番对话之后,回过头来再看那封悼词,"更加感觉怪异起

---

① 张忌:《南货店》,中信出版集团2020年版,第469页。

来,似乎越看越不像是写给齐师傅,而是虚构出来的某个张师傅赵师傅李师傅。秋林抬起头,只看着窗玻璃上照出的自己的面孔出神。其实何必又要分清是写给谁的呢。写给谁的,又有什么要紧?这天下的人活得各不相同,写在悼词上却又有多少区别呢?"从这个角度来说,秋林的这封悼词又可以被理解为是写给包括秋林自己在内的其他许多人的。或者,干脆也可以被看作秋林写给生活的一封悼词。从入监的父亲留给秋林的"秋林,今朝起,侬就是一个大人了"这句话起始,到秋林给齐师傅写悼词做结,某种意义上,张忌这部精心结撰的长篇小说《南货店》,也可以被看作作家写给烟火人生的一封形式特别的悼词。后来被秋林揉掉了的这封悼词的中心意思,或许也就是学者们评价《红楼梦》时所惯用的"色空"二字。

叙述方式设定与隐秘精神世界透视

——关于黑孩长篇小说《惠比寿花园广场》

  对于从未踏足过日本土地的我来说，面对黑孩的长篇小说《惠比寿花园广场》，首先关注的就是何为"惠比寿花园广场"，以及黑孩到底为什么要采取如此一种小说命名方式。因为黑孩的这一长篇小说涉及诸多真实人物与地名，所以，我就去查阅百度。由百度可知："惠比寿花园广场是集购物、餐饮、办公、住宿于一体的综合性设施，它的前身是札幌啤酒工厂。"更具体来说，"除了百货商店、葡萄酒店、西点屋等购物设施以外，还有电影院、美术馆、各种餐厅和咖啡馆等，可以尽情享受。惠比寿花园广场塔的38、39层是展望餐馆街，是东京都内著名的赏夜景处"。对于这一闻名遐迩的去处，黑孩在小说中借助于身兼第一人称叙述者功能的女主人公"我"也即黑孩自己（这位以第一人称的方式出现的叙述者"我"，到底可不可以被看作作家黑孩自己，其实也是饶有趣味的一个话题。一方面，从文本中所刻意营造出的若干带有明显纪实性特点的人物与细节，比如"我"与作家谢冰心、汪曾祺他们的交往历程，比如"我"曾经创作过一部名叫《父亲和他的情人》的短篇小说集，比如"我"很早就在与前夫离婚后移居日本等这样一些情节来判断，这个"我"当是黑孩自己无疑。但在另一方面，当我们从小说本质上乃是一种依凭于想象和虚构的叙事文体来加以考量，那么，这位深度介入故事之中的"我"，却又不管怎么说都不能被看作作家黑孩。也因此，一个合乎艺术逻辑的结论就是，这位身兼第一人称叙述者功能的"我",应该被理解为带有突出自传性意味的人物形象。然而,除了以上这一点之外,黑孩所设计采用的第一人称叙事方式,恐怕也还与一种小说文体现代性的悄然建构紧密相关。虽然或有不同的例外存在,但从总体上来说,第一人称"我"的登场亮相,一方面,突出地传达着现代人生存层面上精神的漂泊与孤独,另一方面,却也明显意味着强化后的个人主体拥有了单独与包括自然和社会在内的外部世界隐然对峙的悍然力量,一种现代性品质的具备,乃是无可置疑的客观事实)的眼睛做出了相应的描述:"某一个夏日,我曾经在惠比寿花园广场溜达过。广场上最高的大楼,仿佛是由一大片一大片蓝色的玻璃建成的。玻璃上映着好多移动着的人的影子,很容易令我错觉空气中有一股海洋的气息。大部分建筑物的屋顶、栏杆、窗框,街道的标示牌的基调,是金黄色的和墨绿色的。无所事事的我,带着空阔沉静的心情,觉得自己正走在欧洲的某一条街道上。"阅读这样的一段叙事话语,就不难发现,同样是那个惠比寿花园广场,与百度中没有丝毫温度可言的说明性文字相比较,小说中的文字很明显地打上了"我"的主体烙印。无论是从惠比寿花园广场的高楼玻璃联想到"一股海洋的气息",还是仿佛"正走在欧洲的某一条街道上"这一种错觉的生成,其中主体性烙印的存在都是显而易见的事实。

一方面,因为惠比寿花园广场乃是日本东京一个标志性的所在,另一方面,更主要的还是因为这一场所给"我"留下了深刻印象,所以,虽然只是第一次置身于惠比寿花园广场,但"我"却暗下决心:"什么时候有了钱,要做的第一件事,就是把家搬到惠比寿来。"关键的问题在于,这个时候"我"所具备的各方面条件,距能够居住在惠比寿这一地方却都还相当遥远。尽管自打离开中国移民日本生活的时间已经不算短(根据小说中透露的若干信息来推断,"我"离开中国准备前往日本的时间应该是1991年年末与第一任丈夫大宇离婚之后不久,正是在那个时候,"我"第二次见到了女作家冰心老人:"我告诉冰心,我刚刚离婚,有一所日本的大学欢迎我去留学,但是我还在犹豫。"也就在这个时候,"我"曾经有机会见到作家汪曾祺并求序。汪曾祺在序言中写道:"再过两三个月,黑孩就要到日本去,接触一下另一种文化,换一个生活环境,是有益的。黑孩,一路平安!"由此即不难断定,"我"离开中国前往日本,是在1992年的时候。但等到作品所主要讲述的故事发生的时候,时间却已经是接近二十年后的2010年前后了:"我跑到电视机前。电视里的播音员正在说沪昆铁路的名字。2010年5月22日下午16时42分,K859次旅客列车由上海出发开往桂林。次日凌晨2时10分,运行中的K859次旅客列车,在沪昆铁路江西省抚东市孝岗镇河坊村附近,撞上塌方土石发生脱轨事故。该事故造成乘客死亡十九人,伤十七人,其中重伤十一人。" K859次旅客列车脱轨事故发生的时候,"我"与韩子煊的故事已经差不多接近尾声了。由以上分析即可推断,故事发生的时候,"我"应该已经在日本生活了将近二十年的时间),但基本生存状态却仍然相当糟糕。不仅仍然是一个人在单打独斗,而且仅有的一个名叫维翔的情人,也还已经引起了他太太的强烈怀疑。那个被藏下专门领来找"我"看手相的李太太,正是"我"的情人维翔的妻子。幸亏被"我"及时警觉到,方才识破真相:"我十分警惕,知道两个女人找借口骗我来看手相,目的是为了审判我。"然而,"我"虽然因为自身的警觉躲过了一劫,但与维翔之间本就脆弱的情感联系却也更其脆弱了。萍水相逢的韩子煊,之所以能够很快地乘虚而入,应该与这种脆弱紧密相关:"维翔没到机场送我,我就觉得那个卖月饼的女人是占了我上风了。我心理上出了问题,好像一只受了伤的流浪猫,到处寻找安慰。"正因为"我"不仅情感上很受伤,而且也极度缺乏安全感,所以,那个在飞往北京的飞机上主动与"我"搭腔的"朝鲜族人"韩子煊方才有机会进入"我"的视野之中。在这个过程中,尤其不能忽视的一点是,韩子煊所亮出的居住地名正是"我"无比向往的惠比寿。当"我"询问韩子煊的居住地时,韩子煊给出的答案竟然是出乎预料的惠比寿:"韩子煊说了一个令我吃惊的地名。东京的人,都知道惠比寿是有钱人才能居住的地方。"事实上,也正是由此方才引出了"我"一番关于自己第一次造访惠比寿花园广场时的回忆。究其根本,正因为"我"一开始就对惠比寿产生了强烈的向往之情，所以，韩子煊那不无炫耀之意的自我表白，方才迅即引发了"我"自己一番"不怀好意"的联想："而这个叫韩子煊的男人，好像圣诞夜醒来后枕边的一个礼物。也许我可以给维翔打电话，装作漫不经心地说我会晚几天回东京，并且告诉他，我已经不需要他到机场来接我。"由此可见，在"我"与韩子煊之间绝对不能够以正常视之的一段畸形情感关系中，作为现代欲望象征的惠比寿花园广场，所实际承担的正是一种特别重要的媒介角色。如果没有惠比寿作为强劲原始推动力的存在，"我"与韩子煊肯定不会那么快就搅和到一起的。除此之外，我们也应该注意到，惠比寿花园广场在小说中也还一直是故事的主要发生地。大约正是由于以上两方面的原因充分发生作用的结果，黑孩才会极富艺术智慧地采用了这样一个看似比较特别的小说标题。

事实上，借助于"我"这样一位深度介入故事之中的第一人称叙述者的设定，作家黑孩的主旨乃是要在深度揭示其内在精神奥秘的基础上成功地刻画塑造出韩子煊这样一位格外具有人性深度的人物形象。正如同白先勇在一部专门讨论《红楼梦》的著作中所指出的那样，人物形象是小说创作中必不可少的一个重要元素："写小说，人物当然占最重要的部分，拿传统小说三国、水浒、西游、金瓶梅来说，这些小说都是大本大本的，很复杂。三国里面打来打去，这一仗那一仗的我们都搞混了，可是我们都记得曹操横槊赋诗的气派，都记得诸葛孔明羽扇纶巾的风度。故事不一定记得了，人物却鲜明地留在脑子里，那个小说就成功了，变成一种典型。曹操是一种典型，诸葛亮是一种典型，关云长是一种典型，所以小说的成败，要看你能不能塑造出让人家永远不会忘记的人物。外国小说如此，中国小说像三国、水浒更是如此。"①读完黑孩的这一部《惠比寿花园广场》，我们即可以断言说，这部作品思想艺术方面最突出的一个成就，就是对于韩子煊这一人物形象那种现代病态人格的深度揭示。具体来说，关于韩子煊其人的现代病态人格，恐怕有以下三方面的内容不容忽视。

① 白先勇：《白先勇细说红楼梦》上册，广西师范大学出版社2017年版，第192—193页。

其一，他长期以近乎"讹诈"的无赖方式居住在惠比寿花园广场。我们都知道，在"我"携同韩子煊一起入住惠比寿花园广场的时候，面对着每个月多达十九万八千元的高额房租，"我"曾经明确表达过退缩之意："我很为难，犹豫了片刻，坦白地说：'可是，按照这个房租来算的话，我至多只能出三分之一。'"尽管如此，韩子煊却仍然执意要把这个看起来颇有些昂贵的房子租下来。到最后，房子虽然租了下来，但有两个细节却引起了"我"的些许疑心。一个是当管理公寓房的老太太拿来契约书的时候，韩子煊曾经一度想要让"我"去签约："不知道为什么，韩子煊让我在契约书上签约，我摇头，表示我不能签约。韩子煊耸了耸肩，意思是他来签约。所以租房子的名义人是韩子煊。"另一个则是，面对着需要首付的八十万元，韩子煊拿给"我"一张八十万元的支票，强调说是从朋友那里借来的。虽然没有做出明确的表示，但他那躲躲闪闪的言辞后，很显然是不希望"我"真的将其兑换成现金。到后来，等到"韩子煊知道我提取了现金以后，看上去心情非常坏，他的脸泛黄，是那种疲倦后的菜色，整个人就像一块洗过后没有熨烫的衬衫，支不起架子来"。但需要注意的一点是，即使如此，稍后，韩子煊还是和"我"达成了这样一个明确的协议："说两个人同居后，房费由他来交，我负责衣食和煤气水电费。"面对韩子煊这个多少有点出乎意料的提议，"我"唯有不作一声，因为依照这个协议执行下来，"韩子煊的负担明显比我的负担大"。然而，只有等到"我"后来从房东太太吉田那里了解到事情的真相的时候，方才彻底明白韩子煊为什么要主动提出由他自己来承担看起来颇为高额的房费："吉田心平气和地告诉我，虽然半年已经过去了。除了最早支付的八十万，韩子煊再也没有付过一分钱的房钱。"紧接着，吉田继续发问道："韩子煊这个人，他到底是有钱还是没有钱呢？他看上去忙得不得了，三天两头去中国。每次我跟他提房费的事，他都说从中国回来就会有钱，还说有了钱就会付房费，结果呢，到现在为止，仍然是一次房费都没有付。"面对着如此一种意料之外的状况，"我"在倍感吃惊的同时，也向吉田提出了她在赶不走韩子煊的情况下，为什么不可以断然采取打官司的方式向他索要房费的疑问。对此，吉田给出的回答是："我赢了有什么用？只要韩子煊不说他不还钱，只要他有还钱的意思，只要他说他没有钱但是他愿意每月还一千元的话，法律拿他也是没有办法的。法律不在乎韩子煊还不还钱，能不能还上钱，法律只在乎韩子煊有没有还钱的意思。还有从上诉到裁判，你知道要花很多的时间、精力和钱，而我已经是个老人，我的身体是这个样子。"实际情形是，年已六十多岁的吉田老太太，有着长期关节疼痛的毛病。也因此，她才会三番五次地征用韩子煊来为她按摩，以求得病情的暂时缓解。其中，一种彼此交换意味的存在，是不容否定的客观事实。就这样，虽然需要为吉田老太太付出按摩的些微代价，但从总体上来说，韩子煊其实是巧妙地钻了法律的空子，以一种近乎"讹诈"的无赖方式居住在了惠比寿花园广场。一直到男女双方情感破裂之后，都丝毫未见他有主动搬出惠比寿花园广场的迹象。

其二，韩子煊长期扮演着一个四处招摇诈骗的国际掮客形象。应该说，作为韩子煊的同居女友，"我"对他最早的怀疑来自"亚洲文化交流中心"成立后一次失败的画展："虽然画一幅都没有卖掉，只是白白花掉了十几万画廊的租金，韩子煊看上去一点儿都不丧气。"当"我"情不自禁地追问他，画一幅都卖不出去，怎么样才能偿还来自朋友处的借款的时候，韩子煊给出的回答，竟然是等到下一次画展把画卖出去之后。因为下次画展还八字不见一撇，所以韩子煊的此种态度，才会让"我"顿然生疑。事实上，也正是在他们同居在惠比寿花园广场的过程中，"我"方才得以逐渐了解并认识到，韩子煊其实是一位不断游走在日本与中国之间依靠招摇撞骗为生的国际掮客："开始令我感到难以忍受的是，虽然韩子煊会告诉我他去中国的日子，却不告知我他回日本的日子。韩子煊去中国了，韩子煊回来了。这样持续了几次，我由不习惯到习惯下来，一个人的时候，晚上我就去惠比寿花园广场。""其实，原来我也以为韩子煊在中国和日本之间跑来跑去是做生意，但是，慢慢我知道他是在骗人。其实，他不过是认识了几个中国人，根据中国人的职业，他随便立出一个项目，然后用这个项目骗日本人投资。钱骗到手，他立刻就去中国住高级宾馆，请客吃饭，唱卡拉OK。钱花光了他就回来了。"也因此，虽然只是与韩子煊接触了不长时间，"我"妈妈就已经看穿了他这种不堪的老底："无论韩子煊手里进多少钱，他的处境都无法改变。"到后来，从与他没有血缘关系的女儿真实那里，"我"更进一步了解到，原来，韩子煊如此不堪的状况，其实早在他与"我"结识之前就已经开始了。当真实向"我"询问"我爸爸，他现在的工作安定吗"的时候，"我"的回答是"总是在中国和日本之间跑来跑去"。真实在强调韩子煊的此种境况"跟和妈妈离婚的时候一样"的同时，再度发问："爸爸他，借有好多债。你知道吗？"在听到"我"的回答是"知道，我经常接一些电话，要我帮你爸爸还钱"之后，真实不由得做出了这样的一种反应："原来爸爸没变，还是原来的样子。"大约也正因为如此，"我"才强烈地意识到，生活在自己身边的韩子煊，其实是一颗非常可怕的定时炸弹："有时候会害怕，觉得你爸爸像定时炸弹，会把他自己和我一起炸了。"

  更有甚者，即使已经到了如此一种不堪的地步，韩子煊不仅不知悔改，反而变本加厉地继续向深渊滑行。这一点，集中表现在他对"我"的贪婪索取上。其实，韩子煊对"我"的索取，在他试图推脱最早的八十万元房租的时候，就已经开始了。因为知道"我"身为一个作家有稿费收入，在一起同居后的韩子煊，更是把贪婪的目光牢牢地盯上了这一笔钱："好长时间以来，韩子煊一本正经跟我谈话的话，肯定就是投资的事。我拒绝给韩子煊投资，已经有过多少次了？不知道，可能是五次吧。"但韩子煊却根本不知道，他这种带有算计色彩的行为，早已在不经意间严重冒犯了"我"的尊严："写了这么多年的文章，小心翼翼绕开的就是稿费。我一直无法将写作看成兴趣。对于我来说，写作是我的生命，是我唯一的信仰。如果为了生活而不得不去赚钱的话，我愿意以打工来赚钱，而不是用文学来赚钱。"正因为写作在"我"心目中的地位如此神圣，所以，韩子煊那种算计稿费的行为方才令"我"感觉特别不舒服。关键问题在于，即使已经遭到了"我"的多次严词拒绝，但恬不知耻的韩子煊却仍然在不择手段地试图索取。这一方面他的一个极端行为，就是在

"我"毫不知情的情况下,私下扣押了"我"的护照与存折:"我今天整理资料,不小心在一个抽屉里,发现了你的护照和你的存折。""我是无意发现的,所以,我想这也许是一个机会,就把它们收起来了。换句话说,我把你的护照和存折管理起来了。"实际上,对于早已贪婪成性的韩子煊来说,所谓的"管理"不过是"投资"的另一种客气的表达方式而已。正因为如此,对韩子煊的行为动机早已洞若观火的"我"才会骤然出手,以维护自身的合法权益。当韩子煊貌似振振有词地对"我"大加指责:"你为什么不肯帮助我呢?难道你就眼看着我的人生滑下坡去,眼看着我的生活失去尊严和意义吗"的时候,"我"给出的是这样一种严厉的痛斥与回击:"尊严?你跟我谈你的脸?你擅自做出这种事,你缺乏常识。""你知道我跟你在一起感到最可怕的是什么吗?是你对我那点可怜的钱的期待。你不是想跟我在一起,你只是操心我的钱。"到最后,面对着已然接近于无赖的韩子煊,为了索回自己的护照与存折,"我"甚至不惜动用一把锋利的水果刀:"我握着水果刀走近韩子煊,把水果刀举在离他的脖子很近的地方,然后一个字一个字地说:'拜托你,请把我的护照和我的存折还给我。'"或者是韩子煊尚有一份天良残存,又或者是慑于水果刀的威力的缘故,在"我"的暴力面前,韩子煊终于乖乖就范,把护照和存折原封不动地物归原主。只有在真正的事过境迁之后,"我"方才不无真切地意识到,自己在充分认识到"韩子煊是一个自爆炸弹"之后的一时情急之下,或许真的会诉诸暴力:"我累了。虽然无法想象自己的人生会发生什么事,却从来没有想过自己想要杀人。这时候,我突然感到恐怖,也许是第一次,我想我真的会杀人。"

其三,总是惶惶若丧家之犬的韩子煊,竟然有着某种可谓是牢不可破的政治情结。事实上,早在与韩子煊结识不久,一直自诩为"朝鲜族人"的韩子煊,就曾经对"我"坦承过自己的来历:"韩子煊告诉我他出生在韩国,由于他父亲的原因,十六岁的时候,不得不离开韩国。一离开就是几十年。有生之年恐怕都不会再回韩国。"更进一步说,之所以会是如此,与他父亲当年的不幸遭际紧密相关:"韩子煊告诉我,他的父亲因为拥护朝鲜而被韩国政府逮捕,他妈妈受他父亲牵连遭拷问,他妈妈怕拷问会牵连到他身上,即使不受拷问牵连,相信他在韩国也不会有好的前途,于是设法让他来到了日本。"关键问题还在于,正如同大多数偷渡者一样,韩子煊其实有着一种堪称屈辱的偷渡体验:"少年韩子煊也是藏在黑暗的船舱里,从大海漂到了日本岛。"一位年仅十六岁的懵懂少年,"一脸黑油"地藏在船舱底偷渡出境。如此一种特别的人生经历,肯定会在韩子煊的内心深处刻下深深的烙印。也因此,虽然已经是饱经沧桑的中年人,但韩子煊却一直难以说清自己的家国归属:"如今长大成人了,不知道自己到底是哪个国家的人。但是,说自己是朝鲜族人,因为日本也有好多同类。"然而,或许也正因为是偷渡入境者,为了生存,聪明过人的韩子煊竟然自觉不自觉地形成了一套带有混世性质的生存哲学。其中,最引人注目的一点,恐怕就是在获得了多达一百位大学教授的支持后,得到了在日本"永住的在留资格":"他的名字叫韩子煊,一百名大学教授在他准备好的愿书上,为韩子煊这三个字签下了自己的名字。"用韩子煊自己不无炫耀色彩的话来说:"就是这样,我,虽然是偷渡来日本的,但是,因为我拥抱了一百名大学教授,所以拿到了永住的在留资格。"很大程度上,正是因为韩子煊有着如此一番非同寻常的人生经历,所以这位长期生活在日本的"朝鲜族人",内心里满是空荡荡的感受:"韩子煊说他的内心是空的,我能够理解。妈妈不是生活的全部意义,但是妈妈是生活的最高意义。这是我个人的信念。当韩子煊跟我这样说起他妈妈的时候,我就觉得,眼前这个受苦受难的男人,有资格令我为他痛哭流涕。"一方面的确是因为长期远离妈妈,另一方面,更主要的一点,恐怕还是因为妈妈所牵系着的,其实是连韩子煊自己也根本就理不清楚的家国归属问题。从这个角度来说,韩子煊毫无疑问应该被看作一位无根的漂泊者。

关键还在于,韩子煊并不仅仅是单一的存在,在这部《惠比寿花园广场》中,由韩子煊而牵扯出的是涉及一个庞大生存群体的"在日朝鲜人"的问题。对于所谓"在日朝鲜人",作家曾经借助于韩子煊之口,给出过相应的解释:"韩子煊解释说,加上'在日'两个字,意味着这些人是特别永住者。与一般的永住者不同,特别永住者享有好多特权。"他说,1945年日本战败,南朝鲜独立,台湾回归中国。"但是,一些前殖民地的土著还留在日本,这些人实际上成为'弃民'。怎么办呢?日本政府只好给前殖民地的土著颁发特别在留许可。"这样一来,因为世界地缘政治变化,自然也就形成了类似于"在日朝鲜人"这样一种事实上摇摆挣扎于两种不同文化之间的生存群体。借用"我"的理解,那就是,虽然战争已经结束了,"但是,这些前殖民地的人还留在日本,成了所谓背井离乡的难民。于是,日本政府也头痛,就给这些人颁发了特别永住许可。特别永住许可,并不是外国人居住日本的在留资格,而是指南北朝鲜和台湾的那些留在日本的前殖民地的人"。一方面,并不是土生土长的日本人,但在另一方面,这些永住在留者,却一直以类似于公民的身份生活在日本这样的异国他乡,只要我们设身处地地想一想,其中存在的某种尴尬与苦涩,就是一种无可置疑的客观事实。尽管黑孩在小说中并没有更进一步描摹展示这些"在日朝鲜人"的具体生存境况,但通过韩子煊这一人物形象,我们却也可以略微窥得一斑。当然,无论如何都不能忽视的一点是,一贯自诩为"朝鲜族人"的韩子煊,却坚决要与这些"在日朝鲜人"划清界限。对此,身为韩子煊同居女友的"我",倍觉困惑不解:"你为什么要把自己同朝鲜人对立呢?我觉得,你跟这些特别永住者是同族,却憎恨他们。你的所谓'朝鲜族人'的核心是什么呢?"对于女友的疑问,韩子煊尽管没有做出正面回应,但从他对待一家在日韩国报纸主编白慧教的态度上,我们却也差不多可以搞明白其中的原因所在。作为一位总是出现在节目中的"电视名人",白慧教的政治态度非常鲜明:"一贯都是批评朝鲜。"针对白慧教的此种政治姿态,韩子煊绝不认同。因此,他才会不管不顾地当面予以斥责:"我说他一点儿也不了解朝鲜,却在电视上胡说八道。我让他以后要住嘴。我骂他是日本的一条狗。"问题的关键显然在于,虽然韩子煊自己除了后来的短暂到访之外,并没有过在朝鲜的具体生活经历,但父亲当年那样一种亲朝鲜的政治立场,却深刻地影响到了他的现实政治选择。也因此,在"我"的理解中,韩子煊绝对属于那种思想跟不上时代演进步伐的落伍者，或者也可以被看作既往政治时代的一个活化石："你十六岁不得不偷渡到日本，你觉得是白慧教的责任吗？世界每天都在往前走，好多事情都变了，你纠结你的过去，你的过去跟人家有关系吗？"更进一步说："我觉得，虽然生活一如既往地向前走着，但韩子煊被什么拽住了大腿，向前走的时候要费很大的劲儿，所以，他不向前走了，只在原地踏步。我想，也许韩子煊累了。"

论述至此，一个需要我们加以思考的问题就是，韩子煊这种牢不可破的政治情结，与他那近乎无赖的四处招摇撞骗的渣男品性之间，是否存在着某种必然的内在联系呢？一方面，我们当然无法简单地断言二者之间毫无联系，因为在某种程度上说，韩子煊十六岁之后的所有人生，都与他的那次偷渡行为紧密相关；但在另一方面，说一位渣男必然会如同韩子煊这样具有一种奇特的偷渡经历，却更是天方夜谭。也因此，一种最具有合理性的结论就是，四处招摇撞骗的无赖渣男与难以彻底消解的政治情结，这二者叠加在一起，共同构成了韩子煊这一人物形象丰富复杂的人性。但关键的问题在于，韩子煊的渣男本性却并没有止步于以上数端，在同居过程中，"我"还进一步了解到其他一些问题的存在。首先，是韩子煊面对女性时色狼本性的大暴露。这一点，其实最早突出地表现在和"我"第一次约会的时候。那一次，韩子煊就主动提出要摸一摸"我"的屁股。当"我"询问他理由的时候，他做出的回应是："我只是想抚摸一下你的屁股，想知道你的屁股是凉的，还是热的。"在得到了"我"的允许后，"韩子煊的一只手刚好插进去。他的右手顺着我的腰际滑下去，滑到我的屁股"。但那个时候的"我"根本想不到，韩子煊抚摸女性屁股，竟然会如同家常便饭一般。比如，他和"我"的闺蜜美月，虽然只是初次见面，却也会趁机去摸她的屁股："美月告诉我，她去惠比寿我家的那一天，拍完为《每日新闻》准备的照片后，我外出去冲洗的那段时间里，韩子煊不仅用手摸了美月的屁股，还要求跟美月找时间单独约会。"其实也不仅仅是美月，韩子煊日常生活中女伴更换之频繁，我们可以从朴教授对"我"的谆谆告诫中得到某种强有力的证明："朴教授说：'不知道应不应该告诉你。上个星期，韩子煊刚刚来过我家。不过，跟带你来时一模一样，这一次，他也带来了一个女人，好像刚刚从俄罗斯来日本不久，还不会说日语。'朴教授停顿了一会儿，'其实，在你之前，韩子煊也曾经带了一个女人来，是蒙古出身的。'"所以，朴教授才会进一步告诫"我"说："他一贯如此，到处撒网抓鱼，到处钓鱼。他离开你，我反而高兴，知道你没有上钩，就是没有受到伤害。"以上种种，所充分证明的，正是韩子煊对于女性一种过于贪婪、轻薄的色狼状态。

其次，是韩子煊那样一种知错不改的拒绝悔改态度。事实上，尽管韩子煊一再辜负"我"对他的美好期望，一再地暴露出自己的丑恶面目，但"我"却并没有对他彻底绝望，尤其是在了解到按照日本的法律，一个人竟然可以"自我破产"的时候，"我"也曾经希望韩子煊能够通过这种"自我破产"的方式改头换面重新做人："我以为我可以把韩子煊当成不重要的存在，彻底忽视他。我现在却像鼓足了勇气，对韩子煊伸出了我的手，想要他抓住。"但"我"根本没有料想到，这个"自我破产"的建议，到头来却遭到了韩子煊的坚决拒绝："但是，自我破产就等于彻底失去了社会的信任，好多工作都没有资格做了。而且，官报一旦曝出实名实姓，那么，我连可以利用的机会都会失去，因为没有人再会信任我，没有人会再希望我帮他们找机会了。再说了，我可是一个朝鲜族人，一个在绝望中投奔到日本的朝鲜族人。"也因此，韩子煊才会咬牙切齿近乎丧心病狂地表示："去他妈的自我破产吧。"或许与"我"的作家身份有关，对于韩子煊如此一种带有明显"自暴自弃"意味的举动，"我"给出了具有一定深度的精神剖析："我差不多知道韩子煊的心理了。在韩子煊看来，他宣布自我破产可能会带来更加残酷的现实。尤其韩子煊认为自己是一个朝鲜族人，所以不能在日本自我破产。但是，我不太理解韩子煊的心理。说真的，韩子煊强盗似的到处骗人家的钱，事实上，他在人格方面早已经是破产的了。"实际上，也只有在劝说韩子煊"自我破产"无果的情况下，"我"才进一步认识到韩子煊的邪恶本性以及他彻底的不可救药："韩子煊和他身边的人，好像都被骗局和大笔的债拴着。骗局和大笔的债，像一根绳子拴在韩子煊和他身边的人的脖子上,正在慢慢地勒死他们,或者正在勒紧他们,而他们不惜一切地寻找着所有可以翻身的机会,一旦有了机会,便牢牢地抓住不肯松手。"很大程度上,也只有读到这段犀利剖析文字的时候,我们方才可以反过来理解在与"我"不到一年的交往同居过程中,韩子煊的所作所为。无论是他一再要求"我"投资,还是他对"我"护照和存折的扣押行为,恐怕也只有在这一点上才能够得到合理的解释。

从根本上说,正因为已经看清了国际渣男韩子煊的真面目,"我"才下定决心彻底诀别韩子煊:"对鱼的想象(主要是指自己无意间变成了为韩子煊所钓的"鱼")令我很难过。我决定搬家,还决定带走惠比寿。""一年里,这是我的第三次搬家。北京的时候,我亲自扔掉了我所有的东西。菊名的时候,我跟韩子煊两个人扔掉了我所有的东西。惠比寿这里,我搬走了,我知道韩子煊不可能住得长久,那么,我和韩子煊共同拥有过的东西,要韩子煊一个人来扔了。"然而,尽管"我"已经做了足够充分的精神与心理准备,但真正事到临头的时候,"我"的表现却依然还是比较失态:"穿过惠比寿花园广场的时候,热潮涌过我的全身,血液膨胀得要撑破我的肉体。我对妈妈发誓,说再也不到惠比寿花园广场来了。走进车站的时候,我目不斜视。第一次,我觉得我将一种称为憧憬的东西,连根拔起了。"很大程度上,也只有到这个时候,我们方才可以明确地意识到小说标题"惠比寿花园广场"强烈的象征意味。原来,惠比寿花园广场也可以被看作"我"某种根深蒂固的精神情结之所在。正如同叙述者"我"在叙述过程中所明确表示过的,即使当初"我"无意间巧遇的那个男人不是韩子煊,自己恐怕也会不由自主地追随他搬到惠比寿花园广场来居住:"当初,我说碰巧遇到了韩子煊,如果我遇到的是另外一个男人,结果会有什么区别吗?我想结果是相同的。"说实在话,真正惊到笔者的,正是"我"所给出的这一段话。对于"我"来说,惠比寿花园广场所象征的那样一种高品位的现代物质生活的重要性,要远远大于某一位具体男性的重要性。由此可见,在《惠比寿花园广场》这部长篇小说中,具有现代病态人格者并不仅仅只是渣男韩子煊一人。韩子煊之外,另一位现代病态人格的突出体现者,就是这位从小说一开始就已经深度介入故事之中的第一人称叙述者"我"。

小说中,叙述者"我"对自身病态人格问题的最早觉醒,是在"我"随同韩子煊一起来到朝鲜的时候。在朝鲜,因为对韩子煊心生不满,"我"于不经意间突然意识到,当年曾经置父亲于死地的忧郁症,其实也在自己身上有所遗传:"我总是觉得我身体里有另外的一个人,她与我的距离好像白天和黑夜的距离。而我知道,在这个地球上,白天和黑夜是同时存在的,打一个比喻,好像日本是白天的时候,美国却是黑夜。黑暗从我的感觉里退出之后,明快会覆盖我。这种反复好像会永远持续下去。"所谓的身体里有另外一个人,所寓指的,其实也就是"我"身上某种现代分裂人格的体现。很大程度上,"我"对韩子煊那种既有所厌恶却又有所依赖的矛盾姿态,正可以被看作这种现代分裂人格的突出体现:"韩子煊教会我厌恶,厌恶他,厌恶我自身。我跟韩子煊在一起,用他骗来的钱在朝鲜旅游。在韩子煊的灵魂里,我看到了属于我的那一部分。我想把属于我的那一部分从韩子煊那里切除掉。因为是这个原因,我正在用五官,用身体感受那种死了算了的难受。如果死是对生命的亵渎,我很愿意赎回我跟韩子煊的灵魂。"然而,还等不及"我"采取任何所谓"赎回我跟韩子煊的灵魂"的行动,"我"就很快从房东太太吉田那里了解到了韩子煊拒付房租的无赖行径,而且也更加清楚地看到了自己内心深处不可告人的阴暗面:"我说不出话来。我觉得时间静止并凝固了。""我费了半天力气,终于明白了什么才是令我痛苦的起因。我一向把盗窃看成所有罪恶的原型,认为盗窃偷走的,是公平的权利,所以也是令人无法原谅的。我做梦都没有想到,半年来,我跟韩子煊,竟然会白白地住在惠比寿的公寓。我认为,这跟抢房东太人的钱没什么区别。我跟韩子煊,跟所谓的强盗没有什么区别。"在意外地获悉韩子煊一直赖着房租不付的情况下,"我"一方面迅速地表示作为韩子煊的同居者,自己也有交房费的责任,但在另一方面,恐怕连她自己都会倍感失望的一点是,等到房东太太吉田表示,如同"我"这样一个女孩子,根本不可能付得起昂贵房费的时候,"我"却似乎一下子就心安理得了:"吉田说得这么具体,我也知道无奈和绝望是怎么回事儿了。我还搞不清我自己的立场,我在韩子煊这边,我也在吉田这边,我到底在哪边呢?对惠比寿花园广场的种种回忆冲击着我的脑海,里面翻腾着我最热切的向往。失意和失望,不可阻挡地涌到胸中,强烈地洗刷着我的心。"究其根本,"我"之所以会在韩子煊与房东太太吉田之间一时摇摆不定,还是自己内心某种潜在的贪欲作祟。很大程度上,正是因为这种潜在心理作祟,"我"才会近乎本能地站在本来毫无道理的韩子煊一边。

事实上,也只有借助于韩子煊这样一个镜像的存在,"我"方才更加清晰地看到了自身内在精神世界中的黑暗面。这一点,非常突出地表现在妈妈来到日本之后。原本,"身居惠比寿花园广场这个事实,好像麻醉剂,麻醉了我身体的某一根重要的神经"。妈妈来到日本后,不仅一眼看透了"我"糟糕的生存状况,而且还委婉地提醒"我"一定要早做决断,早一点离开韩子煊这样一个恶魔式的渣男。妈妈的及时提醒,催促"我"做出更加深入的自省:"一直以来我都是一个瞻前顾后、患得患失的人。与韩子煊的关系虽然已经裂纹丛生,尤其裂纹处生出很多的污浊,但是除了我们之间或许存在的那点儿恋情之外,搬家前,在菊名的那个缠绵而又激烈的夜晚,韩子煊已经浸透在我的骨、我的灵魂深处。我的情形是,虽然每天早上起床后都觉得问心有愧,但作为与韩子煊同居的女人,良心上所感受到的责任尚没有达到极限。尤其吉田这个老太太,在她对我暴露了她的孤独之后,我的忏悔的心境便得到了拯救。我不是一个完整的人,可以形容我人间失格。是的,就是人间失格,还要更甚!"就这样,借助于妈妈到来后的及时提醒,"我"再度陷入一种强烈的自我批判与忏悔的心境之中:"还有,坦白地说吧,好不容易住到憧憬的惠比寿,惯有的醉醺醺的快感缠绕着我,结果形成了所谓恶性循环的怪异的三角圈。"尤其是那次酩酊大醉后与韩子煊的无耻交合过程,更是让"我"看到了自己精神丑恶的另一面:"虽然是喝酒喝醉了,仍然可以证明那个时候的我,是下流猥琐的。"说透了,"我跟韩子煊,原来竟好像亲生的骨与肉。我与韩子煊是两个人格欠缺的人"。很大程度上,"我"与韩子煊,是互为镜像的两个人物形象。借助于彼此的镜像,映照出的正是他们俩各自的人格欠缺。从根本上说,也正是这样的一种互为镜像,促使"我"心生悲凉:"一想起那个失控的夜晚,我就会感到悲凉,悲凉无法制止,无边无际地蔓延滋长着,这是对我的惩罚。住到惠比寿之后,我的内心有点儿不像人样了,受惩罚,是早晚会发生的事。"也因此,在充分地意识到为了达到入住惠比寿花园广场的目标,自己竟然可以无所顾忌地选择追随任何一个男人的时候,"我"更是对严重人格欠缺的自己倍觉厌恶:"当我想象我牵着韩子煊的手,一起走在人生的那条看不见终点的小路时,我觉得很恐怖。因为我知道我无法提升韩子煊,因为我跟韩子煊是一路货色,都人格欠缺。韩子煊靠给楼上的老太太按摩住在惠比寿花园广场,而我靠韩子煊住在惠比寿花园广场,我没有比韩子煊好到哪里去,甚至比韩子煊还要坏。或许我应该替韩子煊跪在老太太的面前感谢老太太。我不过是一只寄生虫。"原本我们都只认为渣男韩子煊所具备的,是一种非常严重的现代病态人格,特别令人厌恶和反感。没想到,与韩子煊相比较,身兼叙述者功能的"我",竟然也好不到哪里去,竟然也同样是一位人格欠缺者。说实在话,在一部带有明显自传性特点的长篇小说中,作家黑孩能够以如此一种方式展开内在精神层面上的自我批判和自我反思,是非常不容易的一件事情,需要作家具备某种非同寻常的写作勇气。究其根本,能够把审视的矛头从他者转向自我,能够展开足够深入的自我批判与自我反思,对于《惠比寿花园广场》内在思想艺术品格的进一步提升,无疑有着特别重要的意义和价值。

  分析至此,一个无论如何都绕不过去的问题,自然也就浮出了水面。那就是,在这样一部以刻画塑造人物形象为主体的长篇小说中,作家为什么要不惜化费很大的笔墨去关注那只被"我"命名为"惠比寿"的流浪猫,要去书写表现"我"和妈妈与这只流浪猫之间由疏到近的情感关系呢?流浪猫惠比寿的登场,已经到了小说的后半部,是伴随着妈妈来到日本而出现的。这只猫的命名者,是"我":"我给这只猫起了个名字,叫惠比寿。因为它出生在惠比寿公园,又在惠比寿公园与妈妈相遇。"另外一个潜在的原因就是,在日本的七福神话中,惠比寿是所谓的"福神之首"。因为在妈妈的喂养过程中,与这只猫结下了深厚的感情,"我"曾经告诉妈妈,自己会在妈妈回国后,把惠比寿接到家里来养。没想到,到后来,就在"我"试图把惠比寿带回家里的路上,惠比寿受到意外惊吓,竟然一下子发飙,张嘴咬了"我"的手。咬了"我"倒也罢了,关键还在于,回到家里后,惠比寿竟然在慌乱之间掉进了墙壁和浴缸的夹缝里。这样一来,"我"也就不得不动用消防署的工作人员想办法把惠比寿寻找并拯救出来了。就在这个寻找拯救的过程中,韩子煊和"我"之间发生了一场饶有意味的对话。韩子煊问道:"多少钱你都肯花?几百万你也肯花吗?""我"的回答当然是"肯"。韩子煊紧接着追问:"那么,几千万的话,你也肯花吗?""我"的回答依然是"肯"。这场对话,一方面引发了妈妈的一种自谴,另一方面却也让韩子煊倍感失落。原来,在"我"的心目中,韩子煊竟然还没有一只流浪猫重要,而这到后来自然也就变成了他最终决定远离"我"的一个主要诱因。事实上,也正是在"我"对韩子煊感到彻底绝望的同时,在"我"这里感到无利可图的韩子煊,也在疏远着"我",独自离家好久后都不曾回家。韩子煊根本无法料想到,他如此一种做法竟然被"我"理解为"被遗弃":"自我暗示是一个很享受的过程,让我放松自己。至于韩子煊,我只剩下被他遗弃的想法了。到头来,人在绝望的时候,就会接受现实了。被遗弃是我决定离开韩子煊的最好的理由。一切如此简单。""我"一向是一位优柔寡断的人,很多时候的行动都需要有某种外力的推动。尽管对韩子煊早已心怀不满,却始终无法下定远离他的决心。从这个角度来说,"我"的"被遗弃",恰好构成了"我"下定决心彻底离开渣男韩子煊的根本动力。

然而,与成为"我"下决心远离渣男韩子煊的诱因相比较,流浪猫惠比寿的重要性,其实更体现在一种精神救赎功能的昭示上。不管怎么说,我们都应该注意到,就在妈妈因为惠比寿而自谴不已的时候,作家曾经写道:"我理解妈妈的心情。男人和空洞,都是事先想象不到的意外。归根到底,不好的不是妈妈,不是惠比寿,也不是我。"事实上,流浪猫惠比寿的设定,恐怕更多还是要起到一种对比映衬的艺术作用。如果说妈妈和"我"对一只萍水相逢的流浪猫所采取的都是一种悉心呵护的态度的话,那么,对于同样是萍水相逢的韩子煊,到最后之所以会表现得特别决绝,那就是因为他那人格严重欠缺的无赖卑贱品性实在令人无法容忍。但与此同时,我们更须注意到惠比寿这只流浪猫对一种精神救赎功能的昭示。一方面,妈妈以及"我"在妈妈的精神感召下,对惠比寿这只流浪猫的悉心呵护,所昭示出的固然是一种难能可贵的救赎情怀,然而,在另一方面,虽然从故事情节的演进层面上看,小说最后的结局是"我"最终远离了渣男韩子煊,但从内在的精神理路上来看,作家所最终出示的终极态度,却依然是一种带有强烈悲悯意味的精神救赎。说到底,在饱受韩子煊的伤害之后,仍然能够写出一部《惠比寿花园广场》来,作家的此种书写行为本身,即意味着宽恕之后的精神救赎。

事实上,也正是在此种情节设定层面上,黑孩的这部长篇小说能够让我们联想到鲁迅先生的名篇《孔乙己》。《孔乙己》所采用的,也是一种深度介入式的第一人称叙述方式。叙述者"我",乃是咸亨酒店一位卖酒的小伙计。一方面,身为叙述者的小伙计对孔乙己的态度有一种由起初的理解同情到后来的麻木冷酷的变化过程。"孔乙己是这样的使人快活,可是没有他,别人也便这么过。"这样一段冷冰冰的叙述话语,所透露出的其实正是小伙计"我"骨子里的某种麻木冷酷。但需要注意的是,在叙述者"我"也即这位后来越变越势利的小伙计之后,也还有隐含作者存在着。对此,曾有论者做出过深入的分析:"这样,他就可以以一个旁观者的身份,同时观察与描写孔乙己的可悲与可笑,看客的麻木与残酷,形成一个'被看/看'的模式,以展开知识者与群众的双重悲喜剧。而小伙计自己,随着小说的展开,也逐渐参与到故事中来,先是'附和着笑',后又冷酷地拒绝了孔乙己教自己识字的好意,从而构成了一个被看客同化的精神悲剧。他的背后正有隐含作者在'看',从而形成第三个层面上的'被看/看'的结构。而读者在阅读的开始是认同于叙述者的有距离的旁观态度的,但随着叙述的展开,就逐渐远离叙述者,而向隐含作者靠拢，从小说外在的喜剧性中看到了（体味到了）其内在的悲剧性。"①尽管并非完全相同，但黑孩关于小说叙述方式的艺术设定，却也有类似的艺术效果。一方面，我们固然在以类似于叙述者的眼光理解看待渣男韩子煊，但在另一方面，我们却也在以隐含作者的视角理解看待着叙述者"我"。更进一步说，我们在前面所具体提及的，那样一种与流浪猫惠比寿紧密相关的精神救赎情怀，也主要是通过潜在作者而充分凸显出来的。

---

① 钱理群、温儒敏、吴福辉：《中国现代文学三十年》（修订本），北京大学出版社1998年版，第45页。

生命存在的苦境与精神超越

——关于黑孩长篇小说《贝尔蒙特公园》

自打1992年去国并最终在日本定居，作家黑孩在这个邻邦已经生活了将近三十年时间。其间，在经历各种生存艰难的同时，也肯定会受到日本文学的深切浸染。而无论如何都不容忽视的一点，恐怕就是日本的"私小说"。根据我们的阅读体会，所谓"私小说"，大约分为广义和狭义两种。广义上，举凡运用第一人称叙述方式的小说都可以被看作"私小说"。但公众却更多是在狭义的层面上，把"私小说"理解为在脱离时代背景与社会生活的情况下，以单刀直入的方式孤立地描写表现个人的日常生活琐事与心理活动的一种小说作品。借用日本小说家久米正雄的说法，也就是一种作者把自己直截了当地暴露出来的小说。更进一步说，"私小说"一般会体现出以下三个方面的特点。首先，是视野的收缩性。因为"私小说"的故事背景一般都会局限于个人或者家庭，其主要内容也大都聚焦于个人情感世界，所以作品的视野往往会显得相对狭小，远离看起来更为阔大的社会与国家。其次，是描写内容的私密性。或许因为"私小说"与作家自我之间存在着紧密的内在关联，作品多带有突出的"自叙传"色彩，甚至往往会把作者内心世界中丑恶与绝望的一面，都无所顾忌地袒露在广大读者面前。也因之，具备一种自我忏悔色彩，也属题中应有之义。再次，是基调的感伤性。因为这些作品不仅集中关注人物的私人情感世界，而且更多会以柔弱的笔调聚焦于其中的不安与茫然，这样一来，自然也就会滋生出一种生命的感伤色彩。如果说日本的"私小说"更多意味着对人物主体内在精神世界的深入挖掘的话,那么中国所谓的"现实主义小说"就更明确地意味着对外部世界与现实社会的关切和表现。在一向强调文学的社会教化作用的中国,一部小说作品似乎只有在建立与社会和国家之间的密切关系之后,方才具有了重要的意义和价值。而这,很显然与日本"私小说"的状况形成了某种极端的对照。也因此,深受日本"私小说"传统滋养的黑孩的长篇小说,近期能够接二连三地登上如同《收获》这样的中国文学高地,其实是一件非常不容易的事情。但不管怎么说,因为黑孩近期的小说创作与日本"私小说"之间存在着绝对不容剥离的内在关联,所以我们只能从这个角度来切入对黑孩小说作品的理解与阐释。

尽管我们对于黑孩的日本经历一无所知,但在长篇小说《贝尔蒙特公园》中,暗合于日本"私小说"传统的一点,首先是那位深度介入故事之中,或者干脆可以被看作小说一号主人公的第一人称叙述者"我"的特别设定。按照文本的交代,"我"是一位已经在日本工作、生活多年的中国人。不仅和自己的日本丈夫黎本育有一子,而且在故事开始的时候,正供职于日本东京的一个役所:"日本的新年度不是九月,是四月。新生入学,新社会人就职报到,都在四月一日。从三月中旬开始,一大批人因为迁徙而不得不去役所办理搬迁手续。我工作的部署是区民部户籍科住民记录系,工作内容正与这些手续有关。"从艺术结构的角度来说,黑孩围绕身兼第一人称叙述者功能的"我",分别设定了三条不同却互有交叉的故事线索。第一条,是"我"在住民记录系颇有些"惊心动魄"的职场经历。质言之,在这一部分,作家所集中书写的,乃是"我"所经历的那些看似寻常实则"波澜壮阔"的职场暴力。或许与职场暴力乃是这部长篇小说意欲关注表现的核心事物之一有关,小说中曾经专门介绍过日本官方对职场暴力给出的定义:"所谓职场暴力,就是'利用自身在职务上以及人际关系上的有利性,对同事施加超过业务范围的精神性及肉体性的痛苦的行为'。"更加具体的内容是:"损害对方的人际关系及职场环境。无视对方,将其隔离,或是联合其他人将对方孤立等行为。不教给对方工作所需要的内容,将对方的席位隔离开等幼稚的行为也包含在内。要求过大:交给对方明显不可能完成的任务量,并且在对方没有完成的情况下大声呵斥或殴打对方。要求过小:只交给对方无关紧要的工作内容。等等。"具体来说,在"我"所供职的那个役所的住民记录系,以一种不动声色的方式,对初来乍到的"我"行使职场暴力的,主要是同为中国人的刘燕燕。更进一步说,也包括与刘燕燕俨然形成某种结盟态势的坂本。

其实,早在"我"亲身体验来自刘燕燕的职场暴力之前,她的同事山崎已经有过相当惨痛的前车之鉴。这个前车之鉴,具体体现为所谓的"山崎事件"。说来事情也比较简单,一次,山崎因为正在和刘燕燕说话,在有一个客人到窗口办事的时候,便下意识地要求坂本前去接待这个客人。没想到,仅仅是如此一桩微不足道的小事,竟然发酵出了对山崎来说相当严重的后果:"没过多久,山崎在工作的时候喜欢聊天,能力很差,经常出错给系长添麻烦等坏印象,便在很多人的意识里固定下来。"如果不是作为同期的"我"对山崎有着相对深入的了解,恐怕也会如其他很多人一样,道听途说或者以讹传讹地对山崎形成相当糟糕的印象。正因为"山崎事件"的发酵成型与性格特别惯于颐指气使的坂本紧密相关,所以,"我"才会对她们俩形成这样的一种理解与看法:"如果说坂本是群里的一只狼,那么山崎就是群里的一只羊。"也因此,虽然只是"跟坂本一起工作了半年而已,山崎就病了。她老是觉得心悸,严重的时候还会喘不上气"。虽然貌似连同生理上都有了反应,但她实际上所患的不过是一种心理疾病,用中文来表达,就叫作"恐慌障碍",或者"惊恐障碍",或者"恐慌发作"。到最后,自觉实在难以继续支撑的山崎,只好万般无奈地决定辞职。作为旁观者的"我",对山崎的如此一种人生选择,曾经一度大感困惑。一直到后来自己也感同身受地"落到跟山崎一样的处境才理解了她的选择是正确的"。正所谓冥冥之中自有定数,"我"到后来之所以会不幸地落到如同山崎一样的境地,乃因为自己竟然阴差阳错地成了山崎的继任者:"我那时根本没有想到,她所经历的一切,我在之后都要经历。正是因为她的辞职,我被阴差阳错地移动到记录系。"关键的问题是,虽然从表面上看,发生冲突的双方似乎是山崎和坂本，但幕后的真正推手，实际上却是刘燕燕。这一方面的一个突出标志就是，一贯强势的坂本，在刘燕燕面前竟然会表现得那样毕恭毕敬："我以为她基本是一个好人，争强好胜不过是她身上的一个毛病。后来让我感到费解和惊愕的是，在刘燕燕面前，她的这个毛病竟然消失了。"正所谓"强中自有强中手"，或者说"一物降一物"，一贯强势的坂本在刘燕燕面前服服帖帖所充分说明的，只能是刘燕燕更加强势。大约也正因为如此，在和"我"的一次交谈过程中，坂本才会不假思索地脱口而出："跟刘燕燕过不去的话，等于用鸡蛋撞石头，是找死。"那么，刘燕燕到底是怎么样的一个人？为什么和她过不去就等于是用鸡蛋碰石头？又或者，看起来"聪慧文静"的山崎，在记录系到底遭遇了什么，到最后竟至于在患心理病症后被迫辞职？所有的这一切疑问，都只有在"我"进入记录系之后的一系列遭遇中才能够找到确切的答案。

但就在"我"即将正式进入记录系，和刘燕燕成为同事之前，却不仅与刘燕燕有过一次不期而遇的会面，而且还初次亲身领教了刘燕燕的两面三刀手段。那一次，在和刘燕燕偶遇的时候，"我"竟然鬼使神差地谈起了"山崎事件"："我鼓足勇气说出了我的看法。坂本的确聪明并且优秀，在集团里有很强的存在感。但山崎属内向性格，尤其跟坂本的关系较为险恶，工作的时候难免有压力。"尤其不容忽视的一点是，"我"在谈话时居然为山崎打抱不平："问题被发现后，只山崎一人受'谴责'，我觉得不公平。"没想到的是，事后不久，刘燕燕就把这次对话的内容分别"出卖"给了山崎和坂本。虽然"我"不太喜欢刘燕燕这种背后传话的行径，却也不得不面对这种背后"翻闲话"行为所导致的严重后果，尤其是来自坂本的敌视反应。此后不久，在一次中午吃饭的时候，坂本和其他几个人有说有笑，唯独对"我"既不正眼相看，也拒绝说话："我察觉到，刘燕燕把我跟她之间的对话也传给了坂本，心里觉得很别扭。"尽管说"我"在背后谈论山崎与坂本的确是一种无可否认的客观事实，但刘燕燕却也不应该出于一种挑拨离间的心理，把这些既告诉山崎，也告诉坂本。因为这样一来，"我"最起码在坂本面前已经很难做人了。也因此，如果说"山崎事件"可以被看作"我"一种镜像式的前史，那么，"我"这次对刘燕燕两面三刀手段的亲身领教，就毫无疑问有着格外明显的下马威意味。问题在于，虽然说"我"已经有了充分的心理准备，已经明确意识到，"从那天开始，为了我自己好，我决定跟刘燕燕，跟坂本，跟山崎，都保持同样的距离"，但等"我"真正入职记录系之后，却还是无可避免地遭遇到了尤其是来自刘燕燕那一系列简直就是不动声色的职场暴力。

"我"第一天到记录系上班，就因为不小心打错一个字而遭到了刘燕燕的无端指责与非难。先是刘燕燕气势汹汹地指责"我"打错了一个字，但就在"我"觉得很抱歉，正准备说"对不起"的时候，刘燕燕却去窗口接待一个突然出现的客人。这样一来，"我"就失去了道歉的机会。原本只是无意间的一次失误，但刘燕燕却如此小题大做，她的这种行为使我感到很难过："从原则上说，明明是我打错了一个字，校对的职员应该对我本人说，而不是通过刘燕燕传达给我。"没想到的是，刘燕燕竟然会不依不饶地继续抓住这件事大做文章。面对着她那咄咄逼人的气势，"我"一时气急："我觉得血液往脑门上冲，那口气终于憋不住了。我不记得是怎样站起来的，也不记得是怎样摘下眼镜。我把眼镜摔到了写字台上。这一瞬发生得迅速而且自然。事情发生后，我有点儿昏头昏脑的，神智不是很清楚。"但正所谓"道高一尺，魔高一丈"，"我"的激烈反应所引发的，肯定是刘燕燕更加激烈的反应："刘燕燕优雅地站在我眼前，轻声地对我说：'黎本，有话说话，摔东西不好，显得你没有教养。有没有教养，能看出一个人的水准。比如你刚才打错了一个字，有教养的话就会道一声歉。你连道歉都不会。'"就这样，虽然只是不经意间打错了一个字，但刘燕燕却硬是借此而使"我"在记录系的名声大大受损："我想起之前听到过的关于刘燕燕的一些传言。她真的很厉害，只花费最小的力气便让我失去了理性和思考的能力。没有动用一根手指，就制造了她优我劣的局面。"究其根本，同样身为中国人的刘燕燕，之所以会对"我"采取如此一种不友好的方式，恐怕还是因为"我"此前在她指责山崎时曾经本能地替山崎有所辩护。

然而，正如"我"所强烈预感到的，在记录系第一天的遭遇，仅仅只是自己职场暴力的一个开端。此后等待着"我"的，竟然是一次又一次的类似遭遇。尽管说冲突发生后的第二天，"我"和刘燕燕就在系长的主持下以互致歉意的方式，貌似原谅了对方，但实际上，冲突双方的表现都是在演戏，因为根本的矛盾并没有得到解决。"有一句话叫覆水难收。我跟刘燕燕一整天都没有说话。"紧接着，一场无声的对抗或者说悲剧也就发生了："噩梦开始以他人看不见的方式降临了。以后的几天，刘燕燕以我是新人为借口，每天都安排我做同一样工作，就是往电脑里输入申告书。客人来的时候，她打发坂本去窗口，而自己寸步不离地坐在我的身边。这一招真可怕，我彻底失去了能够自由喘息的空间，情绪也很混乱。"事实上，寸步不离地坐在"我"身边的刘燕燕，客观起到的既是一种监督的作用，更是一种干扰的作用。面对如此一种监督加干扰，原本心境就非常糟糕的"我"，心境只能更加糟糕。这样一来，出错的几率也就大大增加。而刘燕燕，则正好借此机会不断地告诉其他在场职员，让"大家觉得我是一个不断出错的人"。与此同时，心机很深的刘燕燕，还会不时地向"我"发出询问："我不说话，她就进一步地问我：'你没有什么要问的地方吗？你什么都懂吗？'"刘燕燕如此一种行为，所直接导致的后果就是，在其他人眼里，"我"只能"是一个不懂又不虚心请教的人"。更进一步说，刘燕燕双管齐下行为的严重后果，就是"我"在职场的被疏远与被孤立："本来只是我跟她单枪匹马地斗，但一个星期后，我觉得有点儿不对劲儿。我说不清哪里不对劲儿，反正是职场的气氛渐渐地变了。我常常觉得是一群人的目光和神情使我难受。"除了身为始作俑者的刘燕燕之外，"我"在职场虽然感觉到周围充满了敌意，但细细地打量一番，却又找不到一个具体的敌人或对手。事实上，也正是如此一种情形，才使"我"生出这样一种感觉："但在我的感觉里，记录系简直是她的帝国。她被赋予了某一种力量，一种任意支使周围的力量。而这力量又好像一盏灯照着周围的那群人。灯照亮哪里，那群人就看哪里。"之所以会形成此种情形，一方面固然与刘燕燕"像一颗钉子似的钉在户籍住民课的记录系"长达十几年之久有关，另一方面更与刘燕燕那样一种长袖善舞的性格特征紧密相关。不管怎么说，这种状况将会对"我"的精神世界产生致命的负面影响，乃是无可置疑的一种客观事实。

说到刘燕燕对"我"所实施的那种看似不动声色实则犀利无比的职场暴力，一个典型的案例，就是所谓"笔头事件"。那是在坂本要求"我"先学习画地籍图的时候："坂本给了我两支专用笔，说这种笔很贵，使用的时候一定要小心一点儿。"但就在"我"画图的过程中，因午饭时间已到，刘燕燕便指使"我"先去吃午饭。没想到，等到"我"吃完午饭在十二点准时回到记录系的时候，刘燕燕却指责"我"不小心把笔头给弄断了。再度面对刘燕燕的盛气凌人，"我"又一次陷入到了简直就是百口莫辩的状态之中："我觉得更加难过了，不仅没有办法说明不是自己搞断了笔头，反而被坂本提示的一个事实（坂本说，今天上午只有'我'一个人使用过图笔）搞得更加被动。这样的事情简直就是灾难。我又觉得浑身凉飕飕的了。说真的，我感到刘燕燕非常恐怖，在她异想天开的行为里，有一种原封不动的非常坚固的东西。"具体来说，刘燕燕的恐怖就在于不露痕迹地"杀人"于无形之中："比如笔头这件事吧，她把每一步都安排好了，既抓不到凶手，也没有物证。一切都是真的，一切又都不是真的。只有舆论如铁证，铁证如山。"尽管小说中并没有做出明确的交代，但在我个人的阅读感觉中，却总觉得所谓的"笔头事件"其实就是刘燕燕专门设的一个陷害"我"的恶局。依照文本的一些蛛丝马迹来推断，笔头的破坏者极有可能就是刘燕燕本人。一方面利用午饭之机故意搞断了笔头，另一方面却又以贼喊捉贼的方式嫁祸于原本无辜的"我"，刘燕燕用心之险恶，于此即可见一斑。也正因此，置身于刘燕燕已然一手遮天的记录系中，"我"的心境才会越来越灰暗："有一阵我什么都干不下去，感觉自己身处的地方跟牢房差不多。""太阳开始西逝，我的心情越来越灰暗，甚至可以说越来越黑暗了，已经看不见心的轮廓了。"尽管坂本后来也曾经安慰说第一次画地籍图，出错是难免的，但我还是"觉得时间似乎停止了运转。我的脑子里是一大片的空白"。

正如你已经预料到的，如此一种不断承受职场暴力的结果，就是"我"

如同山崎一样最终濒临崩溃："我去了医院，因为我说心忒忒得厉害，医生为我安排了心电图测量，但是从图上没有看出物理性的病变。"但尽管如此，刘燕燕所施加于"我"的职场暴力却依然没有停止。没多久，就又发生了一场莫须有的资料丢失事件。因为役所明确规定，如果有相关资料丢失，一直到找到为止，所有职员都不能回家，所以大家对"我"怨声载道，也就自在情理之中。就这样，一直等到课长认定资料的丢失不是人为的，大家方才得以按时下班。事情虽然没有酿成什么严重的后果，但"我"内心的疑惑却无论如何都难以消除："我老是会把今天的事跟笔头联系起来。两件事发生的时间真是挨得太近了。我模模糊糊地觉得刘燕燕是凶手。她演得干净利落。但这样想的时候，我又觉得自己的心地不干净，像一个小人。"尤其是，到后来，"我忽然意识到，虽然所有人找得翻天覆地，但刘燕燕从头到尾没说一句话"。把刘燕燕如此一种表现与资料丢失事件联系在一起，"我"上述推断合理性的存在，就是显而易见的一种事实。也因此，尽管从表面上看起来，刘燕燕的所作所为都很难找到可挑剔之处，但细细想来，只有她，恐怕才是"我"所遭逢的一切职场暴力的幕后推手，或者说始作俑者。刘燕燕的手段如此"高明"，甚至连同"我"这样的受害者，也会生出"佩服不已"的感觉："有时候，我会忘记了自己身受折磨，觉得刘燕燕非常伟大。一个中国出生的女人，可以控制日本区役所里的一个系，并且没有人会追究这是因为什么。这么想的时候，我又差一点儿要赞美刘燕燕了。"设身处地地想一想，身为受害者的"我"，无论如何都不可能去赞美刘燕燕这样一位"恶魔"式的存在。倘若一定要说是"赞美"，那这"赞美"也肯定带有强烈的反讽意味。但如果我们从第一人称叙述者"我"的角度跳脱而出，单单从小说艺术的角度来切入理解，那么，这位看上去"十恶不赦"，甚至能够在很大程度上让我们联想到王熙凤的刘燕燕，其实正是黑孩这部长篇小说中刻画塑造最为成功的最具有人性深度的人物形象之一。

第二条，是"我"在家庭内部遭遇了一位很是有一点奇葩色彩的"谎言"丈夫。尽管小说开始的时候，"我"已经是一位日本公民，但由于血统、民族的缘故,"我"和丈夫黎本之间的婚姻,却仍然会给人一种跨国婚姻的突出感觉。尽管我们之间的婚姻已经持续了十年多的时间,但"我"最早意识到丈夫撒谎,却是因为接到了丈夫妹妹一个出人意料的电话。那一次,在电话里,妹妹突然问了"我"两个问题:"哥哥的出版社有没有好转?还有,哥哥借的一百万什么时候能够还给我?"面对着毫无回应的"我",妹妹进一步说:"哥哥说等银行的贷款到手,出版社就会归还给他。过了这么久,我想银行的贷款应该到手了,出版社也应该归还给他了。"正是这个不期而至的电话,揭开了丈夫黎本一贯撒谎的本来面目。一方面,"我"打小就讨厌跟人家借钱,另一方面,"我"更无法接受丈夫的撒谎欺骗行为。两方面结合在一起,更令"我"气不打一处来。既如此,"我"便对丈夫大声斥责:"你是在逃避吗?因为你跟我撒了谎,因为你背着我跟你妹妹借了钱,因为出版社出现了问题。"尽管丈夫一方面向"我"道歉,说不应该隐瞒这些事实,另一方面也强调自己的隐瞒行为不过是为了避免增加一个因了解真相而不安的人,但"我"却仍然无法接受他的撒谎欺骗行为:"从另一种意义上来说,被蒙在鼓里面的感觉,跟受到欺骗的感觉是相同的。我们结婚已经有十年多了,一直像两条平行线,从来没有碰撞过。说白了,就是从来都没有吵过架。究其原因,也许是我们之间的关系过于客气了。但今天,我有一种奇怪的感觉,仿佛两条平行线突然间纠缠到一起了。我说的是纠缠,不是交结。所以我觉得很烦。"从公共道德的层面上说,一个人原本就不应该撒谎欺骗,更何况,丈夫黎本撒谎欺骗的对象,竟然是和自己朝夕共处的妻子。他的这种行为,对"我"自然造成了不小的伤害:"自发现丈夫撒谎骗我,我开始意识到他身上潜在的危险性。怎么说呢?他明明知道自己说的是谎话,却当真的说给我听。我很受伤。"事实上,也正是因为发现了丈夫的撒谎行为,所以,"我"连同儿子雄大一起,才会以一种轻蔑的口气把丈夫(爸爸)干脆称之为"那个人"。事实上,也只有到这个时候,"我"才不仅意识到丈夫以前其实已有类似的行为存在,而且还回忆起了当年决定与丈夫结婚时朋友的"话里有话"。前者的具体情况是,早在两年前,丈夫去大阪出差,本来住在妈妈家,结果却在电话里谎称自己住在旅馆里。因为"我"和丈夫不仅是面对面坐了六年的出版社同事，而且我们俩还有一个共同的朋友，名叫小原，所以，后者的具体情况就是："我决定跟丈夫结婚的时候，跟小原汇报。小原不说祝福的话，反而问我：'为什么呢？为什么你会选择黎本这个人呢？'""我意识到她的话里有话，她不解释，我也没好意思追问。但这句话给我留下了深刻的印象。小原跟丈夫做过十几年的同事，应该很了解他。"按照小说中的描述，"我"和小原是非常要好的朋友，生活中一旦遇到什么重大的事情，"我"都会在第一时间打电话给小原。甚至，当"我"产生自杀轻生的念头的时候，第一时间想到的儿子雄大的托付对象，竟然也是小原。既然如此，她们俩之间就应该"知无不言言无不尽"。尤其是在"我"决定和丈夫黎本结婚的时候，依照常理，既然小原对黎本有看法，就应该坚决反对并设法阻止。也因此，尽管黑孩也已试图用所谓的"话里有话""没好意思追问"给予一定程度的解释，但在"我"的理解中，小原的暧昧态度与她们俩之间友情的不相称，却是无法否认的一种客观事实。而这，或许可以被看作黑孩小说一个小小的叙事破绽。

但不管怎么说，"我"和丈夫黎本的婚姻已经是一种既成事实。在这种情况下，丈夫黎本的撒谎欺骗行为，就不仅仅事关道德精神，而且更是直接关系到了一家的生计。当"我"进一步追问丈夫黎本到底把从妹妹那里借来的钱花到什么地方的时候，黎本给出的回答，竟然是"钱全部在你手里"。原来，从妹妹那里借来的钱，全都被黎本用来弥补工资被减少后留下的空档了。面对如此一种意料之外的状况："我呆住了。这一刻，除了恐惧我什么都看不到了。他的工资是生活的基础和保障，工资出问题的话，我们的生活就有了一个很大的漏洞，恐惧盘踞在漏洞里。"尽管说丈夫黎本曾经信誓旦旦地强调不仅出版社已经拿回来了，而且工资也不会有问题，但等到"我"去查证的时候，结果却非常糟糕："但结果很糟糕。发工资的日子去银行，证明了我的担心是对的。丈夫的工资只有二十五万。事实比什么都能说明问题。从银行出来后，我的心一直忐忑，几乎没有间歇。晚上他有意回来得比较晚，等他的时间里我倍感焦虑。恐惧挥之不去，仿佛现在的生活随时都会崩溃。"由以上情况判断，丈夫黎本毫无疑问已经是一位撒谎成性的人。问题在于，黎本到底为什么一定要撒谎呢？对此，作家借助于雄大在网上找到的一篇文章给出了相应的解释："他说看了网上的这篇文章，也许就不会生'那个人'的气了。文章讲述的是一种叫'谎言癖'的病。症状是说谎成瘾，即使在不需要说谎的时候也会说谎，是怪癖型人格障碍中的一种特定类型。专家分析出七大动机。"具体到黎本这里，依照雄大的分析，"那个人的动机就是为了逃避某种责任，保护自己免受痛苦，属于自卫行为"。进一步说，丈夫黎本到底为什么要企图逃避某种责任，他的如此一种逃避行为，是否与他成长过程中所遭受的精神伤害有关，所有这一切，由于与作品题旨关系不大，黑孩并没有做更深入的探究，但如果详加推断，相关结论的得出，恐怕也是必然的。

事实上，丈夫黎本撒谎成性，既对我们的家庭生活，更对"我"自己的精神世界造成了极大的困扰："但丈夫出事以后，这些美好的日常被打破了。除了家长会，我几乎不参加其他的活动。观摩教学、运动会、文化节，因为成了情绪上的负担，我全部逃避了。所谓黑暗的日子，我想把它定义为精神和物质同处于贫瘠的一种状态。归根结底，我失去了安全感。我老是做着相同的梦，总是房子马上就倾倒了，或者雨水顺着墙壁的裂纹已经渗透到家里。"问题是，虽然"我"的精神境况已经如此糟糕，但丈夫黎本撒谎的行为，却依然在变本加厉地延续着："最近我发现，他每次说谎都说得有鼻子有眼，跟真格儿似的。他的样子看起来很真诚。"尤其令人不可思议的一点是，在"我"感到实在无法在刘燕燕所统治的记录系继续工作下去，滋生出一种辞职心理的时候，曾经一再从丈夫黎本那里追问确证自己是否可以辞职。"我"问他："再确认一次，我真的可以去出版社工作吗？那份契约书是真的吗？"黎本的回答是"真的"。"我"再次追问．"我真的可以辞去现在的工作吗？"黎本的回答是"可以"。如此一再反复之后，"我"说："如果我现在就去找课长说辞职的事呢？"黎本的回答，依然是一种貌似成竹在胸的"那也没有关系。你就去吧"。结果没想到，在"我"已经明确向课长提出辞职的请求之后，事实却又一次充分证明，丈夫黎本此前信誓旦旦所承诺的一切，都属子虚乌有。

但请注意，就在"我"因黎本的撒谎成性而彻底失望的同时，却也对自己的精神世界进行了一番不失严苛的自我批判和审视。一方面，虽然"我"在当年曾经公开表示自己之所以会选择与丈夫黎本结婚，乃主要因为觉得他"忠厚和老实"，但实际的情况却是："那时候我独身一人在日本，经常生病，身心都十分十分脆弱。我愿意如他所希望的，把自己像一只宠物似的交给他。"但另一方面，也正是在丈夫黎本的撒谎欺骗行为中，"我"才进一步洞察到了自身某种心理痼疾的存在："好久之后我才意识到，我之所以这样被他骗了又骗，相当大程度是我自愿的。对于我来说，他的谎言一直随带着副产品。他的谎言似未来的憧憬，总是给我希望，让我觉得可以逃离眼前的苦海。"正所谓"打的愿打，挨的愿挨"，丈夫黎本之所以能够一次又一次行骗成功，乃是因为有"我"一次又一次的相信。倘若缺少了"我"的"积极配合"，那黎本的撒谎成性，就不可能拥有成功表演的舞台。也因此，如果说丈夫黎本的撒谎成性是一种难以根治的精神病症的话，"我"的"受虐成性"，也应该被看作某种精神病症。由此，作家黑孩自然也就触及了所谓自我批判和审视的命题。而自我批判和审视，实际上也是这部《贝尔蒙特公园》的潜隐主题之一。其实，早在小说开始不久，一种自我批判与审视的意味就已经非常明显了。我们注意到，在谈到儿子雄大性格特点的时候，作家写道："我一向感情用事。丈夫目光短浅，看待事物缺乏宏观上把握。而他小小的年纪却非常理性，比如他考虑事情的时候先从后果着想，从后果一步步往前推，下象棋似的。他会瞻前顾后。"看似在表扬儿子，其实有十足的自我批判的味道。毫无疑问，如果不是"我"习惯于感情用事，就不仅不会有百孔千疮的婚姻，而且也不会有对丈夫黎本撒谎成性行为的一再忍让。到后来，在与大出比较的过程中，"我"对自己进一步有所反省："我觉得很佩服她。因为她拿得起放得下。而我过于感情用事。就因为这个原因，我的生活总是乱糟糟的。已经活了几十年了，看到许多人无忧无虑地活着，而自己连所谓的稳定期都没有尝试过。"事实上，也正如"我"所明确意识到的，自己的工作与生活状况之所以总是乱糟糟的，一方面固然是因为不幸遭遇了刘燕燕和丈夫黎本这样一些人物，但在另一方面，却也与"我"个人诸如过于感情用事这样一些性格缺陷有着不容忽视的内在关联。

就这样,一方面是记录系里来自"恶魔"式人物刘燕燕的职场暴力,另一方面又是家里一位撒谎成性的不靠谱丈夫,再加上自己过于感情用事,"我"的日常生活境况的确称得上是一团糟,是一败涂地。对于这样一种其实既与时代无关,也与社会无关的个人生存境况,我们在某种程度上只能借用所谓"五蕴皆苦"的说法来形容。既然除了儿子雄大之外,其他的一切似乎都充满了难耐的苦涩意味,那也只能被称作"五蕴皆苦"了。关键的问题是,面对着如此一种生命存在的苦境,看似早已束手无策的"我",到底该怎么办?小说中的第三条故事结构线索就有了其英雄用武之处。具体来说,所谓的第三条结构线索,就是指发生在贝尔蒙特公园里的"我"和斑嘴鸭之间的故事。所谓"贝尔蒙特公园",是位于东京足里区一个城市公园的名称:"东京的足里区跟澳大利亚的贝尔蒙特市是姐妹都市。作为友好的象征,贝尔蒙特市跟足里区共同建造了贝尔蒙特公园。"小说的标题之所以要取名于此,正因为文本中的这一部分内容,既暗合于当下时代所普遍流行的生态文学主题,更昭示了一种自我精神救赎与超越的希望。这一点,在小说的叙事话语中已经有明确的揭示。按照文本的交代,或许与某种神秘的生理遗传有关,"我"早在十九岁的时候就患了忧郁症,总是想死。这么多年来,之所以还苟活于人世间,其实与贝尔蒙特公园紧密相关:"因为去贝尔蒙特公园走走的时候,会看到蓝的天、白的云、绿色的树叶、池塘里的金鱼和灿烂的阳光。我自己也说不明白,这时的我为什么会化茧为蝶,一下子飞出内里的那片黑暗。我总觉得我身体里有另外的一个人,她与我的距离好像白天与黑夜的距离。"

具而言之,在小说中,"我"与贝尔蒙特公园的紧密关联,乃集中体现在一群颇受市民喜爱的斑嘴鸭身上。更进一步说,真正与"我"的内在精神世界产生了共振的,又是其中的小不点儿和贝尔它们母子俩。由于"我"的心总是要忒忒,却又查不出什么物理性的病变来,所以医生便建议"我"一定要多去公园里走走。"跟医生的建议有关,跟小不点儿正在孵蛋有关,我在公园待的时间明显多了起来，心思也慢慢地转移到小不点儿身上。"具体来说，小不点儿乃是去年贝尔蒙特公园里出生的一只斑嘴鸭。去年的5月16日晚上，鸭妈妈一共孵出了十只模样可爱的鸭宝宝。小不点儿是其中成长最慢，也是最后才离开了贝尔蒙特公园的一只鸭宝宝："鸭妈妈最早带走了两只宝宝，第二次带走了四只宝宝。小不点儿途中受了伤，成长比其他的宝宝慢。其他的宝宝都飞走了，小不点儿才开始练习飞。"这之后，为了帮助小不点儿早日成长为一只成年斑嘴鸭，它的两个兄弟曾经数次跑回公园来带着它学习长途飞翔的本领。过了不久，三只斑嘴鸭终于同时飞离水面，一溜烟地消逝在遥远的天空里："就这样，小不点儿也离开贝尔蒙特公园了。那个瞬间，我的心里充满了安笃和谢意。小不点儿终于跟家族在一起了。"没想到的是，到了故事发生的今年，一直为"我"所牵挂不已的小不点儿竟然自己也成了妈妈，在比去年的时间提前了两个星期的情况下，竟然一下子就孵出了十三只斑嘴鸭，比去年还多了三只。如此一种情形，自然会令那些特别喜欢斑嘴鸭的市民们欣喜若狂："三个人（指'我'、大出以及大岛）一同惊喜起来。我说小不点儿这么小，想不到会生这么多的鸭宝宝。"这么多鸭宝宝的出生，一下子就使得公园里热闹了起来。在众多市民的围观下，小不点儿带着十三只鸭宝宝在水里游来游去："十二只鸭宝宝作秀似的，毛茸茸地排成'一'字，剩下的一只孤单单地趴在'一'字的外边，看上去像一个句号。阳光灿烂，池水亮晶晶的，鸭宝宝萌得让人受不了。我感到心在融化。啊，这个瞬间，如果能持续一辈子就好了。"关键的问题是，"我"的这种良好愿望在残酷的现实世界中根本就不可能实现。对此，作家曾经借叙述者"我"之口吻而有所谈论和暗示："大出说斑嘴鸭出生后的生存率相当小，只有百分之二十。所以我觉得，是人对生命的敬畏和爱，维系并发展了斑嘴鸭一家的生命。所谓对生命的敬畏，乃是一个过于庞大的主题，涉及生命观以及生命伦理，我根本说不明白。不说也罢。"事实上，正如你已经预料到的那样，很快，各种各样的灾难就降临到了这群刚刚出生不久的鸭宝宝们身上。没过多久，十三只鸭宝宝里竟然只剩下了贝尔这一只。贝尔，是一个名叫惠子的女性给这只硕果仅存的鸭宝宝起的名字："问她为什么起了个'贝尔'的名字,她解释说,这里是贝尔蒙特公园,取公园名字的前两个字。还有,英语'贝尔'的读音是熊,希望鸭宝宝能够长得跟熊那么大。想到熊是庞然大物,我为惠子的愿望所感动,内心涌过一种冲动,有点儿迷迷糊糊的了。"在小说中,无意间真正对"我"的精神世界产生了根本影响的,正是这只被寄予了巨大希望的贝尔。具体来说,那是在一个暴风雨肆虐的夜晚。就在我们为贝尔担心不已的时候,贝尔却在不经意间表现出了特别的智慧:"风雨从西南方向吹来,而贝尔蹲在东北方向的石墩上。风雨被木墩阻拦,贝尔既吹不着风,也淋不着雨。大岛望着我,笑嘻嘻地说:'这只鸭宝宝不愧是十三分之一。因为它有这样的智慧,所以才能够活下来。'"贝尔的此种智慧之举,一下子便击中了"我"的内心世界:"泪水涌上了我的眼眶。只有我知道自己为什么如此感动。我觉得贝尔比我伟大很多。大岛跟我说了一句话,但淹没在风雨声里。我让他再说一次,他大声地说:'不知道为什么,看见鸭宝宝这个样子,觉得自己其实挺幸福的。忽然想加油,想好好地活下去。'"大岛根本不知道,他这个时候道出的,也正是"我"的心声。毫无疑问,"我"也正是在这个时候从贝尔这里获取了人生的重要启示:"好几次,我的心里闪过亮晶晶的线,像闪电,像裂口,像万家灯火的一个窗口。"事实上,也正是在目睹了贝尔的这种智慧举动后的某一个瞬间,"我"做出了人生的一个重大决定:"说真的,就在这个瞬间,我突然决定辞职了。是决定,不是打算。"自此之后,虽然贝尔也并非一帆风顺,但它在暴风雨中的生存智慧对"我"所形成的决定性影响却再也没有被真正撼动过:"说真的,最近的我,无论家里还是家外,可以说是一败涂地。贝尔是我唯一的精神支柱。在我觉得逐渐失去很多东西的时候,唯一没有被摧毁的是生存下去的欲望。台风那天贝尔躲在木墩下面的情景一直印在我的脑子里,就像发动机给我输送着源源不断的动力。如果说我的人生是一个混合着污秽的故事,而贝尔便是故事中唯一的景色,就像脚下明媚的草地。"很大程度上,正是贝尔的存在,促使一贯感情用事的"我"开始以勇敢的态度面对包括职场与家庭里的那些风风雨雨了。

既然小说被命名为《贝尔蒙特公园》，那不仅从贝尔蒙特公园始，而且从贝尔蒙特公园终，也就自是题中应有之义。到了小说的结尾处，作家写道："贝尔蒙特公园是一个神奇的地方。从春天到夏天我一直在追逐贝尔。追逐贝尔，本来是我忘却现实和摆脱恐惧的一种手段，但贝尔为我展示的，却是一场又一场的试炼。一只小小的斑嘴鸭，活下去的意志和力量，远远地超出了我的想象，令我在危机中感受到一种永恒的存在之力。"在这里，作家所特别强调的，依然是斑嘴鸭贝尔给予"我"的那种积极面对生活苦难的生存启示。这一方面，一个值得注意的细节就是，在辞职之后重新面对役所的时候，"我"的心再也不会忐忑个不停："我说的是真的。我真的觉得无所谓了。下一次我走进役所大楼的时候，是一个克服了心忐忑的普通的客人。"不仅如此，"我"也还有了一个新的生活目标：那就是，等到"哪一天我回家的时候，或者雄大回家的时候，或者在家的时候，能够听见雄大自自然然地叫我一声'妈妈'"。一部深受日本"私小说"传统影响的旨在真切描摹个体生存苦境的现代长篇小说，能够在结尾处以这样一种方式实现自我精神的救赎和超越，无论如何都应该得到我们的充分肯定与高度评价。

"文青"书写与工业时代的那些残酷与暴虐

——关于路内长篇小说《雾行者》

2014年,在一篇关于"70后"作家弋舟的批评文字中,我曾经多少带有一点戏谑意味地写道:"若真的袭用金庸笔下的人物,会把谈论的范围局限在'70后'小说家之中,而且更进一步地局限在'70后'男性小说家。从这个角度切入,我认为有六位思想艺术水准难分轩轾的小说家:'东邪'李浩,'西毒'弋舟,'南帝'路内或田耳,'北丐'张楚,'中神通'徐则臣。这里的纠结处在于,路内和田耳到底谁应该是'南帝'。如果路内是'南帝',那么另一位田耳,自然也就是'老顽童'了。反之亦然。在金庸的笔下,以上六位的武功难分上下。事实上,正是因为有了这样一批足称优秀的小说家做支撑,才有了'70后'一代小说家在中国文坛的异军崛起。"[①] 时至今日,在五六年的时光过去之后,最起码从代际的意义上说,以上六位"70后"作家,以他们丰富的小说创作实践,证明我当年的判断不虚。这方面,一个无可否认的客观事实就是,除了本文即将主要讨论的路内之外,其他五位作家或前或后都已经加冕了鲁迅文学奖的中篇或短篇小说奖项。虽然说,鲁迅文学奖的获得,也并非衡量评价文学成就高低的唯一标准,但在中国当代文学的语境之内,最起码也可以成为一种重要的参照系。具体到路内,尽管由于他的主要精力并未投放在中短篇小说领域,迄今仍然与鲁迅文学奖无缘,但从其长篇小说

---

① 王春林:《弋舟:时代精神内核的勘探者》,载《北京日报》2014年9月25日。

的创作实绩来说，他却无论如何都是能够与他们五位比肩的。到了这个时候，鲁迅文学奖的获得与否其实已经不重要了，因为我们主要是从与奖项相比较更为本质的文学标准上做出这种判断的。如果说路内此前的小说创作已经足可以支撑上述判断的话，那么，这一次，有了《雾行者》这部长篇小说的加盟，就使得我们的上述判断更加理直气壮了。

拿到《雾行者》，首先映入眼帘的，就是腰封上"路内超越所有期待全新长篇，一部'不可能'的小说"这句特别醒目的推荐话语。一方面，我清楚地知道，在当下这样一个特别注重于"抢眼球"的市场经济时代，书籍腰封上那些夸大其词的推荐语，在很多时候都是不作数的；但在另一方面，由于我深知路内在长篇小说方面有着非同寻常的写作实力，由于内心的确对路内充满了期待，所以，便在极短的时间内先后两次认真阅读了这部篇幅将近五十万字的长篇小说。先后两次认真阅读的结果，充分印证了腰封上相关推荐话语的确所言不虚。参照笔者多年来追踪中国当代长篇小说的阅读经验，一个可信度极高的判断就是，无论从思想的纵深度，还是从艺术形式的探索性上来说，这部《雾行者》都不仅可以看作路内迄今为止成就最高的长篇小说，而且也完全可以被看作进入新世纪以来中国最重要的长篇小说之一。

但在充分肯定路内《雾行者》思想艺术成绩的同时，首先需要我们认真思考的一个问题却是，出版社在腰封上的推荐话语中，为什么要特别强调"不可能"三个字呢？一方面，我固然明白，"不可能"这三个字肯定来源于腰封上书评人梁文道的那段推荐语："如何描述工业中国那如雾一般的质地，那一大片城镇，那一大群甚至不留名字的人？在这样的时空，文学还有意思吗？对谁有意思？在一部小说里同时面对这两个问题，几乎是不可能的任务。然而，路内做到了，这是他写作生涯的里程碑。"但与此同时，在我个人的理解中，这"不可能"三个字的内涵，恐怕更体现在另外的两个方面。其一，就是在形式层面上小说创作与社会现实生活在《雾行者》中的彼此缠绕。我们都知道，从文体属性的角度来说，包括长篇小说在内的小说这一现代文体，特别强调艺术想象虚构的重要。但如此一种看似天马行空般的想象虚构，实际上却并非毫无羁绊,它与作家所置身于其中的社会现实生活,与作家个人的生存经验之间,存在着千丝万缕的内在关联。对此,特里·伊格尔顿曾经有过相应的探讨:"因此,'事实'与'虚构'的区分对于我们似乎并无多少帮助,而这绝不仅仅是因为这一区分本身经常是值得怀疑的。例如,有人已经论证,我们把'历史'真实与'艺术'真实对立起来的做法就根本不适用于早期冰岛传说。在16世纪末与17世纪初的英国文学中,'小说'一词似乎被同时用于指称真实的和虚构的事件,而且甚至新闻报道也很少被认为是事实性的。小说和新闻报道既非全然事实,也非全然虚构:我们对这些范畴的明确区分在此根本就不适用。吉本无疑会认为他所写的是历史真相,《创世纪》的作者对他的作品可能也会这样认为;但是现在它们被一些人读作'事实',而被另一些人读作'虚构';纽曼肯定认为他的神学沉思是真实的,但是现在对于很多读者来说,它们却是'文学'。而且,如果'文学'包括很多'事实性'作品的话,它也排斥了相当一批虚构作品。"[①]尽管特里·伊格尔顿最终也并没有给出一种结论性的意见,但他的罗列本身却已经从一个侧面证明,"事实"与"虚构"的并存与缠绕,乃是我们理解小说这一文学文体的形式特征的核心问题之一。关键在于,通常我们只会在一些文学理论著作中看到相关问题的探讨,基本上不可能在一部长篇小说中遭遇这一问题。路内《雾行者》的一个引人注目处,就在于他很巧妙地把"事实"与"虚构"的并存与缠绕,也即一位作家如何把自己的生存经验转化为小说作品的这一问题,饶有趣味地整合到了故事情节的演进过程之中,并使之成为小说文本的一个有机组成部分。

之所以会是如此,关键在于《雾行者》中的若干主要人物都有"文学青年"的社会身份。端木云、周劭、辛未来、单小川、沉铃、玄雨、姚隽、木马、if(王静)等,都可以被纳入这一群体之中。这其中,除了玄雨后来一度从事过远离现实的末世玄幻小说的写作之外,其他人的小说创作,虽然未必都奉行现实主义的创作原则,但其创作实践却都与社会现实生活,与自我生存经

[①] 特里·伊格尔顿:《二十世纪西方文学理论》,伍晓明译,北京大学出版社2007年版,第1—2页。

验存在着紧密的内在关联。因为小说里的很多人物都在以文学青年的身份从事着小说创作，所以也就出现了一种非常有趣的现象，那就是，路内在长篇小说《雾行者》中写到了一群文学青年，这些文学青年在日常工作之余，不仅热衷于小说创作，而且还热衷于关于小说创作的各种探讨。如果用一种带有一点绕口令色彩的话来表达，那就是，路内在小说中写了一群写小说的文学青年，这些文学青年在小说中从他们的生存经验出发，也写着各种不同的小说。其中尤为重要处或在于，这些作为人生打拼者的文学青年的小说创作，很大程度上可以被看作他们各种不同现实人生的真切写照，这样也才最终成为一扇观察了解小说中"事实"与"虚构"并存与缠绕状况的绝佳窗口。

比如，if（王静）的那部篇幅大约三五万字的小说《巨猿》。"《巨猿》是一本灾异之书。一个叫兰娅的女孩回忆她的青少年时期，以及经历过的灾难事件，有一些是个人的，有一些是群体的。在这本书的短序里，作家用一种疑惑的语气问道：众所周知，小说中的议论是轻佻的，那么，那些声称书写命运的作家是否更为轻佻，尤其当它被判断为庄严和伟大时，是否暴露了他们在文学上的无能。"兰娅是一位生活在山区农村的女孩，由于父母均在深圳做小生意，她只能和智障姐姐一起，随同祖父母一起生活在生存条件贫瘠的老家。姐姐并非先天智障，小时候一直好好的，后来就像灾变一样，"既没生病也没摔跤忽然就傻了"。一贯很厉害的祖母告诉兰娅，在将来，照顾智障姐姐，乃是她不可推卸的一个家庭责任。小说中一个不容忽视的重要事件是："某天中午，她（智障姐姐）独自出去，傍晚时浑身血污回到家门口，祖父吓到晕厥过去，家里那个意志坚韧的祖母为姐姐洗净了身体，问她发生了什么，没有得到任何答案。"几年后，当兰娅追问父亲，智障姐姐是否遭遇强暴的时候，父亲坚决否认，说"她只是从山上跌落下去而已"。但到后来，还没等到兰娅长大后履行照顾智障姐姐的责任，就在县城里一座大桥坍塌的同时，姐姐毫无征兆地死了。小说之所以被命名为"巨猿"，乃因为其中穿插了非洲刚果丛林中神秘巨猿的故事。有一天，兰娅在一份无聊的文摘小报上无意间看到了巨猿的故事。这种相貌丑陋却具有神力的巨猿，智慧而温和。就在兰娅获知姐姐死讯的时候,巨猿不期然地出现在了她的梦里。面对凝视着自己的巨猿,"女孩对巨猿说,忘记这些吧,走吧。她又说:你是最强壮的,无畏的,温和的"。或许正是受到梦中巨猿影响的缘故,小说对智障姐姐的死,也没有花费更多笔墨:"女孩只是问自己:命运解锁了吗?"很多年后,兰娅回家乡给祖父奔丧。到这个时候,叙述人和人物的视角忽然合并,"她讲到了祖母的过去,讲到祖母在战争和土改年代的际遇,还有她本人对平静生活的恐怖感,那不是幻觉,而是现实,是命运构造的缺陷在静力中走向下一次坍塌的过程"。

根据小说中披露的一些情况,《巨猿》这篇根植于作者生存经验的小说中带有虚构色彩的大约有以下几点。其一,非洲神秘巨猿的故事,带有明显的拼贴性质。其二,现实生活中的大桥垮塌事件,发生在1999年,而不是小说中智障姐姐死去的1997年。其三,虽然从艺术构思合理性的角度来说,应该设定为给祖母奔丧,但因为考虑到"祖母仍然在世",不想制造"不祥的谶语"的缘故,最终设定为给祖父奔丧。"事实"就这样因为投鼠忌器而影响到了艺术的想象虚构。但相比较而言,还是第四点更重要。这就是,到后来,在讨论《巨猿》的过程中,单小川告诉端木云,他认识该小说的作者if。if的真名叫王静,是北京一家建筑事务所的设计师,《巨猿》是她唯一的小说作品。令人感到震惊的一点是,此时的王静正在努力收回自己的这本书。"小川沉默了片刻,说:这是一件令她崩溃的事,智障姐姐确有其人,并且正如小说中所猜测的那样,确实遭到了强暴,并且怀孕、堕胎。然而她的家族把此事压了下来,当时并没有报案,对外声称智障姐姐是掉到了山崖下了。"何以如此?原来,嫌犯乃是本家一个堂哥。现实生活中,两家人谈判达成的协议是,男方赔钱后把嫌犯本人送到外地,再也不能回村。尽管"在王静看来这是一种象征性的惩罚",但真实的情况是,智障姐姐因肺炎去世后,这个本家堂哥不仅回到了家乡,而且还找王静借过钱。依照单小川的说法,现实生活与小说文本之间的如此一种错位,顿时使王静的小说处于崩盘的状态。但对这一点,端木云的理解与判断却有所不同:"我说,让我想一想。然后说:文本上而言,这部小说仍然是成立的。"对此,单小川给出的回应是:"小川说:本应是安魂之作,却变成了诅咒,难道不是吗,在文本上站得住脚那又有什么用,作者的自我崩溃了。"毫无疑问,王静之所以要千方百计地收回这本书,根本原因其实正在于作者自我的崩溃。当现实生活的存在,彻底验证了作者的艺术虚构的时候,王静的精神世界也就再也无法保持足够的镇静了。也因此,路内才会借单小川之口,做出如此一种带有结论性的评价:"小川叹息说:实际上王静早就猜到了,猜中了,就在小说中父亲否认姐姐遭到过强暴这一段上,但这也许是一种不幸的天赋,她并不能猜出犯案的是一个本家堂哥,一个她认识的人,一个找她借钱的人——抽象或是虚构的命运,就这么具体地浮出了海面,所有的隐喻都灰飞烟灭了。"这里涉及的,事实上也就是小说的叙事伦理或者说道德感的问题。大约正因为如此,同为文学青年的端木云才会有这样的一种感慨生成:"小说中有一段我印象深刻,女孩问自己,命运解锁了吗,现在看来,像谶语,命运并未解锁。"很多时候,所谓小说的书写之难,也正突出地体现在这一点上。

再比如,姚隽那个并未被端木云透露标题的短篇小说。就读于中国现当代文学专业的姚隽,其小说创作动机的萌生,很显然与她所亲身经历的唐姓女友的不幸被杀有关。对女友的不幸被杀,姚隽一直耿耿于怀,不断深入思考:"用哲学的话说,随机杀人,绑架撕票,都呈现了主体对客体的绝对控制力,还有贩卖人口;这种控制力的强度超越了法律审判(甚至超过了酷刑逼供),法律的庄严在它们面前也会被抵消一部分吧。"原来,姚隽的耿耿于怀,与她内心深处的某个心结紧密相关。事发那天,姚隽曾经主动请缨,要求与唐姓女友结伴而行,结果遭到婉拒。只有在了解到此种内情后,端木云方才恍然大悟姚隽为什么一定要坚持去看摇滚乐:"我猛然明白过来,姚隽去看摇滚乐,实在是想找凶手,而不是寻找素材。她真的认为凶手还会回到作案的地方,凶手还会再回来看演出。"但到了若干年之后,姚隽终究还是按捺不住,以笔名的方式发表了一个短篇小说:"写的是两个姑娘一同去听摇滚乐的事情,一个喜欢,一个反感,但也不是特别排斥,只是为了让前者高兴就陪着去了。小说就在很不协调的励志女歌手的洋相中结束了,写得克制,没有杀人案,没有牵涉到唐姓女大学生,但也可以说全部都在其中了。小说末尾有一句比较惊人的话,其中一个姑娘向虚空表白道:我和她之间有着近乎爱情的友谊。可是她随即又说:友谊也只是一句箴言咒语,在走向学校的夜路上我们谈论着友谊,像是可以喝退一切鬼。"与我们前面已经讨论过的那个带有明显复制现实特色的《巨猿》相比较,姚隽这个短篇小说所显示出的,更多是一种想象虚构的本质。如果不是端木云这样的了解内情者,一般读者很难把这个貌似表现同性情谊的短篇小说,与当年的凶杀案联系在一起。但究其根本,姚隽之所以一定要写这么一个短篇小说,正与她当年耿耿于怀的心结紧密相关。同样不容忽视的是小说发表后,姚隽和端木云他们两人的网上交流:"后来,在电脑上,她说后悔写了这句关于友谊的话,歇斯底里。我感觉没那么严重,毕竟人物是对着虚空在说话。姚隽又说:抓住凶手了。我问:你是不是感觉释然了?她说丝毫没有。又说,她还是要继续搞文学批评,小说不能再写了。"由以上的交流可见,一方面,如同姚隽这样的小说写作行为绝对可以从弗洛伊德精神分析的角度得到有效解释,但在另一方面,对于如同姚隽这样根深蒂固的精神心结来说,仅只是小说创作一途也并不能彻底解决问题。在这个意义层面上说,姚隽的没有释然,与王静《巨猿》结尾处的关于解锁与否的提问,可以说有异曲同工之妙。

但说到《雾行者》中的小说创作,无论如何都不容忽视的一位文学青年,却是那位很大程度上可以被视为主人公之一的端木云。更进一步说,正是端木云和周劭他们两位,可以被看作《雾行者》中最重要的人物形象。得出如此一种结论的关键原因在于,整部《雾行者》共由五章组成,端木云和周劭他们在其中真正可谓平分秋色。具体来说,第 章《暴雪》与第四章《变容》的主人公是周劭,第二章《逆戟鲸》与第五章《人山人海》的主人公是端木云。与此同时,也正是他们两位,共同构成了第三章《迦楼罗》中的双重主人公。不能不特别指出的一点是,作为大学同学,同样身为文学青年的他们两位,在路内的笔下却被做了不同的处理。在写到周劭的时候,路内只是强调他因为对文学的热爱才得以先后结识了端木云和辛未来他们两位，并没有涉及具体的创作行为和创作内容。与周劭的情形形成鲜明对照的是，面对着端木云，在描写他仓管员人生的同时，路内也把很多笔墨都花费在了关于他小说创作的描写上。也因此，周劭我们暂且按下不表，且先来看端木云在小说中的小说创作。具体来说，关于文学青年端木云的小说创作，路内在《雾行者》中先后提及了短篇小说集《逆戟鲸那时还年轻》与长篇小说《人山人海》这两种。小说中最早提到端木云的小说创作，是在第一章《暴雪》中。来自台湾的督导陆静瑜，被周育平带到H市一家颇有些品味的书吧，然后，她发现了端木云的小说："她又从架子上抽出一本中文书，书名叫《逆戟鲸那时还年轻》，作者是端木云。她翻了翻，发现是本短篇小说集，纸张与排版很一般，收录了九部短篇，一共77页，捏在手上薄得像个信封，没有出版年份和标价。"紧接着，到了第二章《逆戟鲸》中，路内干脆开宗明义就在介绍端木云的这部短篇小说集了："《逆戟鲸那时还年轻》收录了九个短篇，格式像塞林格的《九故事》，题材却并不整齐，是文学小青年的习作集。时隔多年，端木云拿到这本书，想起很多人，这一切都已经过去。写小说的年代，真是不知道说什么好，像舌尖舔到铁锈，奇异的味道。那些写小说的年轻人舌尖上都留有铁的味道。"为什么要将第二章命名为"逆戟鲸"？为什么在这一章的开头处就要介绍端木云的短篇小说集《逆戟鲸那时还年轻》？按照我个人的一种理解，很大程度上，第二章《逆戟鲸》与端木云的短篇小说集《逆戟鲸那时还年轻》之间，就是一种互文互现的关系，《逆戟鲸》这一部分的内容，其实也完全可以被看作《逆戟鲸那时还年轻》中的内容。关于长篇小说《人山人海》的话题，最早出现在第四章《变容》中。这一章，大学时的恋人周劭和辛未来，在C市意外重逢。正是在他们俩的交谈过程中，辛未来第一次提及了端木云的长篇小说《人山人海》："他说那不是小说，因为写的是他自己，但也不是自传，因为有别人的故事。故事看上去断断续续，节枝并生，人物称谓也不统一，一会儿直接引语一会儿间接引语，其中一个叫周的我可以肯定是你，另一个叫未来的姑娘肯定是我（尽管似乎没有登场）；我读到你们在小镇上遇到了一个和未来长相近似的女孩（我现在怀疑那个姑娘会不会是蒯凤玉）。后来，他合上了电脑。我问他何时能写完，他又开始说鬼话，写作的进度取决于时间的快慢，有些年份，实在过得太快。我又问他，小说叫什么名字。他说，《人山人海》。我说，像电影名字。"紧接着，到了第五章，不仅这一章的名字干脆就被命名为"人山人海"，而且叙述视角也发生了明显的变化。前面四章，路内所采用的全都是第三人称的全知视角，只有第五章，变成了第一人称的叙事视角。这位以第一人称现身的充分介入故事的叙述者，不是别人，正是文学青年端木云。如果联系第四章中端木云和辛未来之间的对话，我们就完全可以确认，第五章《人山人海》正是端木云创作的一部长篇小说。这样一来，一个非常有趣的现象也就形成了。那就是，路内在长篇小说《雾行者》中写到的文学青年端木云，创作了一部名为《人山人海》的长篇小说，而在《人山人海》中，诸如if、姚隽等人也在创作着他们各自不同的小说作品。整体观之，多多少少带有一点"俄罗斯套娃"的意味。

  无论如何，我们都应该注意到，即使是到了端木云这里，他的小说创作也仍然和自己的生存经验紧密缠绕在一起。这一方面，以姐姐和水库为原型的小说创作，可以说都是很好的例证。大学毕业后的一次返乡之旅中，端木云和为了资助弟弟上大学而被迫嫁到傻子镇（李河镇）的姐姐见了面："这天晚上，他带有炫耀性质地拿出了文学刊物，上面有他发表的小说，写到了姐姐。小说不长，他姐姐抽着烟，仔细地读着，甚至注意到了责任编辑的名字叫沉铃。最后，她沉默地合上了杂志，又抽了一口烟，对他说，你写到的我好奇怪，我是这样的吗？端木云心慌起来，忙说，这是文学处理，不代表这个人物就是你。姐姐说，你给我看的意思，难道不就是告诉我，这是我吗？端木云无法回答，他说也许是我没写好吧，你不要生气。"这里，最起码有两个方面的问题值得思考。其一，小说既然已经得到了沉铃的认可，并且发表在文学刊物上，就说明作品在美学或艺术的层面上不存在什么问题。从这个角度来说，端木云所谓"也许是我没写好吧"的说法，就是无法成立的。其二，在小说创作的过程中，在注意到"事实"还原的同时，端木云肯定也有一定的想象虚构。

唯其因为小说中那个掺杂有想象虚构成分在内的姐姐形象，与姐姐的自我认知发生了明显的差异，也才会生成姐姐的强烈不满。但不管怎么说，姐姐也毕竟还是那个具有自我牺牲精神的姐姐："姐姐点了根烟，久久看着他，翻开杂志再次阅读，最后说，不要紧，你就这样写下去吧，我相信你。"这里所涉及的，恐怕也还是叙事伦理的问题。另一篇小说，是关于水库的。水库之所以会进入端木云的视野之中，主要因为这座水库与祖父之死有关。据说，端木云的祖父就是在修建水库时因反抗而被击毙的。而这位击毙祖父者，竟然极有可能是端木云姐夫强子的爸爸。后来，端木云曾经和玄雨专门讨论过这篇小说："在这篇小说里，他写到了大量的风景，从丘陵到河道，并延伸到江边的渡口，情节模糊，从一些人的嘴里讲出来，随即被白描式的文字覆盖。玄雨看了之后说，写得冷静，但节奏不好，过于单一。端木云说，事实上我只想写一种死亡，被命运压制，透过三十年后的风景呈现，像一张明信片，正面是照片，背面是一些模糊的文字。玄雨认为，那些作家们解释说小说主要应该展现命运，可是，大师们都不会仅仅讨论命运，那至少是怯懦的，未战先败，命运既无逻辑也无人性。端木云说，请举个例子。玄雨说，不胜枚举，哈姆雷特和李尔王，变形记和等待戈多，都不仅仅是命运，炫耀命运的都是一些当代的畅销书作家，或者说，越是展现命运的人越是对命运理解有限。"这里，端木云所思考的，已经不再是"事实"与"虚构"的缠绕问题，而是文学作品中命运感的传达问题。阅读这一段文字，我有一种醍醐灌顶豁然开朗之感。原因在于，在很长的一段时间内，我个人也把命运感的表达与否，看作衡量一部文学作品尤其是长篇小说的重要标准。但现在看起来，这种认识最起码存在着明显的偏颇。正如同端木云和玄雨他们在讨论时指出过的，那些真正优秀的大师级作家，其实并没有仅仅停止在命运感的捕捉与表达上。很多时候，在表达命运感的前提下，进一步反抗命运，恐怕才是一种更重要的衡量标准。这一方面，除了端木云他们已经提及的几位之外，鲁迅可以说是一个非常典型的示范性存在。毋庸讳言，能够在强有力地揭示绝望的同时，进一步反抗绝望，就意味着大师对命运的一种超越性表达。

从根本上说，正因为有一批文学青年成为路内在《雾行者》中的集中关注对象，所以也才会有作家若干富有启示性的文学思考的生成。比如，关于长篇小说这一文体某种特质的思考："我说这很正常，卢卡奇在《小说理论》中谈到，短篇小说更讲究主体对客体的控制力，而长篇不是这样。小说写得越长，主体的裂缝产生，有一些直接崩溃了，有一些则像危楼。这时，客体想要占据优势，客体申冤，客体死而复生。短篇小说中不会出现的鬼打墙、鬼压床现象，在长篇里都会冒出头来。实际上，很多事物，例如爱情和生命，时间越久，越会趋于主体失控的局面。小川说，你的说法我理解，但是和爱情、生命这些东西不一样，长篇的主体失控是美妙的，恰恰是智勇者在一开始就等待出现的局面。我说，被你这么一说，写作的虚无感倒是淡化了不少。"我们都知道，路内本人是一个非常优秀的长篇小说作家。也因此，与其说这里表达的是端木云他们的思考，反倒不如说是路内自己多年写作经验的一种形象化表达。所谓主体控制力的失控，充分说明的其实是长篇小说自身生命力在创作过程中的逐渐生成与发展。某种意义上，越是失控的，越可能是优秀的长篇小说文本。事实上，也正是在拥有了足称丰富的创作经验之后，路内才会在《雾行者》中以夫子自道的方式，特别强调自己心目中的长篇小说理想："这样一条公路，历史并不长久，它仍然是被塑造的产物，由多条公路拼接连贯而成，并赋予其固定的编号：318。它的空间存在就像时间的拼接术、人生的拼接术，最初，它像是一种天真的修辞手法，为什么是这样而不是那样，为什么是这里而不是那里，久而久之，它会用其独有的声调告诉你：这是我。我想象有这么一种长篇小说，经历不同的风土，紧贴着某一纬度，不绝如缕、义无反顾地向前，由西向东沉入海洋，由东向西穿越国境。我指的不是公路小说，更不是那种字面意义上的伟大文学，事实上，一级公路的宽度仅是双向四车道，与山脉河川不可同日而语。对某些人来说，这一诉说着'我'的象征之物意味着可能去往极远之处，获得一种并不算太廉价的解脱，但也仅仅是意味而已。"这一段将318国道与长篇小说理想并置谈论的文字，出现在第五章《人山人海》中。这个时候的端木云，已经在仓管员的生活告一段落后，连同已经变身为纪录片导演的单小川一起,踏上了前往珠峰大本营的路途。318国道,也叫沪聂线,以上海市人民广场为零公里处,一路向西,最终抵达西藏日喀则市聂拉木县的中尼友谊桥,全长五千四百七十六公里,几乎与北纬三十度线平齐。即使没有机会亲自涉足,只是想象一下,我们也都可以知道这条公路的磅礴与壮观。从修辞的方式来说,想象一部如同318国道一样的长篇小说,当然是在表达一位写作者的长篇小说理想。事实上,这个时候的端木云,也已经把一位"理想者"的人生和一部理想的长篇小说并置谈论了。在暗示《雾行者》正是一部如同318国道一样磅礴壮观的长篇小说的同时,路内也在以"反抗绝望"的方式为灰暗、绝望的工业时代中国社会图景涂染上一抹希望的亮色。在这个意义上,我们必须注意到小说第四章与第五章结尾处的异曲同工。第四章的结尾处,置身于困境中的周劭和自己的女友辛未来,谈论着父亲的临终遗言。父亲的遗言里,意外地提到了一个叫"麦哲伦"的地方。所谓"麦哲伦",一个指位于南美洲的一个海峡,再一个则指外银河系的星系,有大、小麦哲伦两个。当辛未来询问周劭辞职后的去向时,"周劭说:我刚想到,我要去南半球看麦哲伦星云,浪漫得像傻逼一样,你去吗?""辛未来说:当然奉陪。"两个志同道合的恋人,相约一同去看麦哲伦星云,当然是一种希望的亮色。第五章的结尾处,则是:"我们歪歪扭扭地下车,一群人站在道路边,很快,被眼前的景色所震惊。空气寒冷,雪还没有落下。小司说,从左往右数过去,依次是马卡鲁峰、洛子峰、珠穆朗玛峰、卓奥友峰。海燕说,此时此地,湿婆神、青色美丽的女神、圣母、大尊师,正同时站在我们眼前哪。"正所谓,虽不能至,心向往之。尽管我们无法感同身受,但仅凭想象,也完全能够想象得到,当喜马拉雅山系位于中国境内的四座八千米以上的山峰,一下子出现在面前的时候,那样一种无法形容的强烈震撼。不管怎么说,当路内执意用这样一种方式为《雾行者》作结的时候,他那种不妥协的反抗不幸命运的意志,还是在艺术上得到了淋漓尽致的表现。

然而,要想表现反抗不幸命运的不妥协的意志,首先必须有对不幸命运的充分呈现。而这,实际上也就涉及腰封上所谓"不可能"的另外一个层面,也即路内对中国工业时代残酷与暴虐图景的描绘与表现。事实上，整部《雾行者》的内容共由两大块组成。一部分是文学青年以小说创作为核心的日常生活状态的呈示，另一部分，则是即将进入我们分析视野的关于中国工业时代那些残酷与暴虐图景的书写。这里，一个不容忽视的现象是，端木云和周劢这两位核心人物，既是刚刚从大学走出不久的文学青年，也是中国工业时代血汗工厂的员工。路内在《雾行者》中对中国工业时代的深度透视与表现，正是通过这两个核心人物形象而切入的。那么，究竟何为中国的工业时代呢？在我的理解中，尽管中国的工业不但最早从19世纪末就已经开始出现，而且在二十世纪的五六十年代以及稍后的改革开放时期也都有所发展，但严格说来，大规模工业时代的到来，恐怕还是要从邓小平南方谈话后兴起的市场经济算起。之所以要这么说，一是因为工业在整个国民经济体系中所占比例的大小，二是因为从更为复杂的文化心理的角度来说，也只有到这个时候，中国方才真正地开始摆脱传统农业文化心理的羁绊，向现代的工业文明转型发展了。这一方面，路内《雾行者》中的那个位于长三角地区的铁井镇，就可以说是一个很好的例证。铁井镇原本只是一个以卤猪蹄闻名于周边的江南小镇。1993年，第一家大浴场出现在镇上。到1995年，由于整个东部城市都加速开发，铁井镇也开始引进外资，打造现代工业。先是获准成立开发区，此后资本进入，多是来自中国港台或日本、韩国的劳动密集型企业。"小镇的一万多居民，过惯了安逸舒适的生活，并不愿意去流水线做工，即使愿意，人数也远远不够。一九九六年，开发区聚集了数万名外地打工仔，大多来自江苏、安徽、湖南、江西、四川，都是年轻人，具体数字不明，男女比例不明。人们习惯于把他们称之为流动人口，似乎他们来了又很快会离开，像某种大批迁徙的食草动物。"就这样，到了1997年的时候，由于外来人口的大幅度聚集，铁井镇的人口在不知不觉间已经增加了五倍。一个新兴工业小镇的初具规模，前后加起来，也不过只有短短的数年时间。如果铁井镇的确可以在某种意义上被看作中国的缩影的话，那么，一个无可置疑的结论就是，中国工业时代的真正到来，也正是在邓小平南方谈话，也即市场经济起步的时候。

也正是在这个意义层面上，路内对《雾行者》故事时间的设定就可以说是特别耐人寻味的。虽然路内并没有按照时间的序列来展开故事，但由于每一章都明确地表明了故事的发生时间，所以，我们便不难断定，整个故事的发生时间，是在1998年到2008年前后的十年时间。这个时间段的设立，一方面固然正好对应于中国的工业时代，另一方面，也只有这样，恐怕才能更精准地切合核心人物端木云与周劭他们的人生轨迹。端木云、周劭，当然也包括辛未来，他们都是无锡一所不知名大学的学生："周劭的初恋女友叫辛未来，是大学同学，两人在无锡念书时，辛未来是学校文学社的副社长，爱写诗。那时候，还是一九九七年，周劭修企业管理，辛未来修财会。教育改革之后，两人确定都不可能分到什么企事业单位了，必须去人才市场找工作。"是的，敏感的读者应该已经意识到1997年这个时间节点的重要性。1997年，是中国高等教育体制改革非常关键的一个年头。正是从这一年开始，高等学校彻底取消了传统计划经济的毕业分配制度，所有的毕业生都被推向了市场，只能自谋职业。但实际的情况是，对于如同端木云、周劭他们这样普通高校的毕业生来说，自谋职业其实是非常困难的一件事情。对此，路内在《雾行者》中借助周劭和辛未来这样的个案做出过相当真切的描写："两人外语全都挂科，必须在次年补考才能拿到学位证书，找工作相当艰苦。当时外资企业并不很多，职位有限，人山人海的应聘者，像他们这样从外地大学过来的应届生没有什么优势。辛未来胡乱找了一份上门推销的工作，跟着几个来路不明的外地人做了几天，公司被查抄。周劭曾在郊县一家私营化工厂当工人，没过一个星期也干不下去了。很快，钱不够用了，周劭没有家底，辛未来更穷，她是福建农村出来的，有一个姐姐和两个妹妹。两人把身上的钱凑在一起，确定了吃饭、抽烟、买避孕套、市内交通这四项开支，后来仍然不够，打电话给同学，只有端木云寄了两百元给他们，是他的稿费。两人回到屋子里继续做爱，闲着没事，辛未来写诗。周劭独自坐在床上，不知道她写些什么，他背靠墙壁抽烟，心里想，我们像两只掉进猪笼草里的昆虫，夏天时如果还没找到工作（他知道南方黄梅天的滋味），这间屋子有可能会将他们埋葬。"请原谅我在这里要摘引这一段文字，因为不如此就无法凸显周劭、辛未来以及端木云这些大学毕业生在毕业当初那种万般无奈的生存状况。如果不是如此这般走投无路,端木云与周劭肯定不会沦落到去美仙瓷砖公司做四处流浪、漂泊无定的仓管员。虽然并不是说所有的大学毕业生最终都会沦落到此种地步,毕竟也还有如同辛未来这样成为广州某大报社会新闻部记者的个例存在。但就总体而论,如同端木云和周劭这样的情况,恐怕相对而言有着更广泛的代表性。由于端木云和周劭他们毕业于1998年,教育体制的改革恰好赶上了一个风起云涌的工业时代的到来,这样一来,端木云和周劭他们的人生轨迹,也就与中国的工业时代不期然地呈现为一种叠合的状态。在这个前提下,路内对端木云和周劭这些大学毕业的文学青年社会人生的谛视与表现,恰好也就是对中国工业时代那些残酷状况的一种书写。这样一来,路内《雾行者》中对中国工业时代残酷图景的描绘与表现,自然也就进入了我们的分析视野。

或许与路内本人真切的生存经验有关,我们注意到,在《雾行者》中,对工业领域的关注,始终占据着某种不可动摇的核心位置。其中,甚至包括工业时代到来之前的"前工业"时代。比如,关于西南地区的"老三线"工厂,就不止一次地出现在作家的笔端。一次,是出现在端木云以第一人称创作完成的长篇小说《人山人海》(《雾行者》的第五章)中。端木云在重庆做仓管员的时候,曾经因为销售的问题,去过一个"老三线"的钢厂:"他说老三线已经不行了,又解释道,很多厂关了,老工人无处可去,年轻人无事可做。我问,钢铁厂呢?他说,等到钢铁厂也不行的时候,大概就是世界末日了,天塌了。"与此形成鲜明对照的,是"老三线"工厂曾经的辉煌:"在过去几十年里,工厂什么都有,自属的小学、中学,电影院和商业街,医院和长途客运系统。总结他的话,是一个比小镇更完整的社会结构。"然而,等到端木云七年之后再次来到钢厂的时候,情况却已经变得非常糟糕了:"那时候钢厂已经停产了,具体原因不明,总不外乎是亏损,国际市场价格下跌,国内产能过剩等等原因。"映入端木云眼帘的,除了街上那些留守的老人和儿童,还有游泳池里一条死去的大狗。类似的情形,也还出现在if的灾异小说《巨猿》中。饶有趣味的一点是，这个旨在书写偏远山区人们不幸命运的小说中，作者却把很多篇幅用来描绘前面曾经提到过的那个钢厂的衰落情形。这个很明显属于上一个时代的"老三线"工厂，正处于艰难的转制过程中："作者所写的那个年代，工人失业，年轻人纷纷出走，附近小镇上暴力事件不断。""钢厂的衰落在小说里被一再提到。钢厂是一个象征物，由于某种意志力（来自战争，来自过去时代的政策）它出现在这里，圈养起了数万人口，在偏僻小镇边上硬生生地建造出了一座带有工业田园气息的小型城市，人们似乎可以永久地生存在这里，不受干扰，永久性地使用这里的泳池、邮局、医院和影剧场。然而一切都中止了，衰落这个词并不恰当，是中止了，停摆了。"在我的理解中，if在《巨猿》中对已经处于急剧衰落过程中的钢厂的描写，所折射出的其实是作家路内内心深处对当年曾经兴盛一时的"老三线"工厂的关切之情。

然而，与"前工业"时代相比较，路内更为关注的，毕竟还是20世纪末21世纪初的中国工业时代。但在具体展开对路内作品的分析之前，我们首先需要对中国工业时代的性质有所理解与认识。之所以会是如此，关键在于，与市场经济同步的中国工业时代，与西方发达国家已然步入成熟阶段的工业体系有所不同，它有着某种不容忽视的黑暗特质。路内虽然有一种可谓牢不可破的工业情结，但出于一位作家的写作良知，他在《雾行者》中还是真实地再现了工业时代的一些黑暗图景。比如，辛未来不惜冒死卧底做深入调查的那一家欢乐食品公司，是一家以次充好、专门加工过期或者变质肉类的食品公司。辛未来之所以要来卧底调查，关键在于："这家公司的甲方客户中，有几个是响当当的品牌，一旦见报，影响很大。公司关门大吉，或者用公关费摆平。别误会，公关费不是给我，如果那样我他妈就得去坐牢。总之，要想办法把它曝光出来。"关于这家公司以及那些打工者，拥有真切体会的辛未来对周劭做出过这样的一种描述："我住在工厂宿舍里，没什么业余生活，经常加班，和一群打工者同进同出。血汗工厂都这样，用保安看管工人，每一个岗位都有主管盯着，就算在私密的地方，某个工友也会出卖你。对，我忘了，你就是血汗工厂出来的，这种生活你比我更有体会。我也写过血汗工厂的报道，没什么影响力。说实话到处都是这种工厂,刚踏进去时还觉得挺新鲜,那些工人的状态,主管和保安的状态,感觉就像马克思所说的随时会诞生革命,可是用不了三天你就会明白,这是常态。"一方面,是血汗工厂的无耻与冷酷,追求最大利润的黑食品公司,竟然把自己经营成了带有明显"囚禁"色彩的工厂监狱;另一方面,是那些工人内心的冷漠与灵魂的麻木,他们日日处于如此一种非人的"囚禁"状态,却偏偏一点都不自知。这样的工人,很容易就可以让我们联想到鲁迅《药》里面茶馆里的庸众。尤其需要注意的是,如同欢乐食品公司这样的血汗工厂,不是单一的个案。即如端木云与周劭他们俩供职的美仙瓷砖公司,情况也同样糟糕。美仙瓷砖公司是铁井镇开发区最大的一家台资企业,主营瓷砖和人造大理石。"常规情况下约有一千二百名蓝领工人,一百名白领职员,十到十五位台湾籍督导。四十多名保安,以及数量难以统计的外地分销处销售员。"既然是血汗工厂,工人做工与生存条件之严酷也就可想而知。"穿灰色制服的工人从长龙式厂房的东边进入,除了午饭,其余任何时候你都休想见到他们。这些人是操作工,当周劭问他们在做什么时,童飞的回答是:他们在发疯似的干活。"关键的问题是,如此高强度的工作,即使是在酷热的夏日,这些蓝领工人都无法喝上洁净的饮用水。还有那些可怜的棒棒。棒棒,是四川话里挑夫的意思。"棒棒们按装卸吨位计算工钱,由工头负责发放工钱,他们没有工号,没有宿舍,大部分是文盲,相当木讷,保安都懒得打他们。"如此这般辛辛苦苦一个月,一个棒棒的收入不过才五六百元。工作条件与工资收入都这么差,这些血汗工厂到头来也只能靠野蛮的保安来维持基本秩序了。这样一来,自然也就有了如同杨雄这般暴虐无比的保安人员的用武之地。毫无疑问,也正是立足于如此一种残酷的现实,端木云才会把包括台企美仙瓷砖公司在内的铁井镇称为监狱:"端木云对小镇的评价是:这是 个更大的监狱,但这里的人们不像刑徒,而是一支凝固的亡军。"与这些棒棒或者流水线作业的工人相比较,端木云和周劭这样外放的仓管员,其生存条件已经算是比较优越的了。当周育平询问仓管员收入情况的时候,周劭告诉他,月薪加出差补贴,在2004年的时候,约莫三千元。而这,恐怕也正是端木云和周劭这样一些失业的大学生，在万般无奈的情况下，被迫勉强从事仓管员工作以维持生计的一方面原因。

身为美仙瓷砖公司的仓管员，端木云和周劭在长达十年之久的日常工作中，肯定要接触一批工作在该公司的蓝领工人、白领职员以及保安人员，这样一来，通过这两个核心人物形象，包括林杰、杨雄、梅贞、鲁晓麦、郑伟、俞凡、周育平等人在内的一众在底层打拼的年轻人，也即小说中所谓的"江湖儿女"，自然也就进入了路内的关注视野。尽管作家并未给出"江湖儿女"的具体解释，但由于置身于汉语语境中，我们很容易就可以由此而联想到古代那部专门书写江湖世界的长篇小说《水浒传》。对于《水浒传》所集中书写的那个宋江起义，人们总是习惯于从所谓"官逼民反"的角度来加以理解。这一解释，或许从历史的角度尚可解得通，但如果仅仅着眼于《水浒传》的文本，就未必能解得通。细细想来，大约只有林冲的遭遇，谈得上是被"逼上梁山"，其他更多好汉在梁山聚义，其实更多是主动选择的结果。这一方面，最典型的莫过于最终奠定了梁山事业基础的"智取生辰纲"。虽然晁盖一众兄弟最终被迫上山，乃是因为他们智取了生辰纲，但"智取生辰纲"这一事件本身的内驱力，却是晁盖、吴用与刘唐他们发一笔意外之财的强烈欲望。也因此，与其说是"官逼民反"，莫如说是这些原本四处漂泊的梁山好汉也即王学泰所谓的游民自我欲望发生强烈作用的结果。不知道路内的初衷如何，但在我的理解中，他之所以要提出"江湖儿女"这种说法，其实也与工业时代青壮年人口流动性的加强紧密相关。工业时代的这些打工者，工作不稳定，总是在全国范围内不断游荡，所以，也可被看作工业时代的游民阶层。某种程度上，即使是如同端木云和周劭这样不断被调换工作岗位的仓管员，也都可以被归入这一新出现的游民阶层之中。如果说路内关于"江湖儿女"的说法，的确与《水浒传》存在着可比拟之处，那么《雾行者》中那些总是与打工者们联系在一起的罪案，也就可以与梁山好汉们的杀人越货行径相提并论了。是的，不是其他，正是一桩又一桩不断发生的罪案，成为《雾行者》中不容忽视的重要情节。唯其如此，《雾行者》方才在某种意义上甚至可以干脆被看作一部罪案小说。其实，当代小说的读者，早就应该敏感地注意到，最近一段时间以来，已经有很多作家不约而同地把自己的关注目光，投射向了罪案。包括吕新一篇带有突出先锋意味的短篇小说《幕落时有狗叫，野草成倒伏状》，也都是围绕一个乡村年迈者杀人的罪案展开叙述的。如果说所有的罪案都是暴力而残酷的，那么，把这些罪案看作一种充满各种戾气的时代之精神表征，我们也大致可以认为路内所关注着的这个工业时代乃是残酷而暴力的。

说到《雾行者》中与"江湖儿女"紧密相关的罪案，就不能忽略铁井镇提起来就会令人色变的所谓"十兄弟"。小说中最早提及"十兄弟"，是在第一章《暴雪》中："你们总部有人反映，说林杰是十兄弟。周劭也给自己点了根烟，回忆了很久，说：也许吧，上个世纪末时，他妈的，身边很多年轻人都自称是十兄弟。十兄弟就像是个玩笑，人们恐惧的根本不是黑帮。李警官问，恐惧什么。周劭说，恐惧那种只有成为黑帮才能获得一点刺激的乏味生活。"周劭所谓"只有成为黑帮才能获得一点刺激的乏味生活"的这种说法，更多是一种美学意义上的谈论，是在以一种智慧的方式表达着对工业时代工人们日复一日庸常生活状态的厌憎与否定。事实上，从"十兄弟"形成的初衷来看，更多反映出的恐怕是相关当事人面对残酷的工业时代以互助的方式自保的一种心理诉求。具体来说，"十兄弟"的十位成员分别是俞凡、杨雄、林杰、鲁晓麦、张泽华、傅民生、俞恒、徐丽萍、周伟彬以及汪忠铭。除个别人外，其中大多数都跟美仙瓷砖公司发生过程度不同的关联。关于"十兄弟"形成过程的具体描写，出现在第五章《人山人海》里。在"十兄弟"早已死的死、伤的伤，事实上早已不复存在之后，作为当事人之一的鲁晓麦，以回忆的方式给端木云讲述了"十兄弟"的形成过程："那么十兄弟这个名头是谁想出来的？当然是傅民生。第十个人叫张泽华，是徐州人，俞凡的朋友。""当时还没有大规模扫黑，帮派听起来很威风，然而也很幼稚。当张泽华提出他们应该给团伙取个名字的时候，众人嗤之以鼻。只有傅民生附议：就叫十兄弟吧。数了一下，连女的在内共九人，凑上不在场的汪忠铭是十个。俞凡把汪忠铭的名字摘了，可是十兄弟这个名头，终究显得可笑，像一群没出路的小崽子。傅民生说：当年我爸爸和叶嘉龙他们就是十兄弟打天下，铁井镇无人不知，我们拉虎皮、竖大旗。"由鲁晓麦的追述可知，工业时代的带有明显江湖性质的"十兄弟"，不管怎么说都无法与《水浒传》里那些杀人越货、打家劫舍的梁山好汉们相提并论。与其说他们是要闯荡江湖，莫如说是试图在残酷的工业时代求得一份安全感而已。事实上，置身于这个残酷的工业时代，即使是"十兄弟"，要想自保也不可能。这一方面，俞凡、傅民生、杨雄、林杰他们几位那虽然带有几分快意恩仇意味但最终却难免的悲剧性结局，就是无法被否认的明证。这里需要稍加展开一说的，就是那位看似凶悍无比但最终却死于非命的公司保安杨雄。这位残酷殴打员工无数的保安，之所以会表现得那么有恃无恐，从根本上说，其实还是他背后的那家台企高层一味纵容的结果。很大程度上，这家血汗工厂正是要借助于天生就有某种暴力倾向的杨雄，来达到维持公司运行秩序的目的。就此而言，杨雄最后被杀，其实有着明显不过的替罪羊性质。

事实上，就路内在《雾行者》中的相关描写来看，人性中的残酷与暴虐，很多时候都是被工业时代整体上的那种残酷与暴虐催生而出的。这一方面，最典型不过的一个例证，就是"假人"林杰人生最后阶段的疯狂报复。所谓"假人"，专指一种虽然人是真的，但这个人或者持有假身份证，或者持有假毕业证书的瞒天过海情况。如果说残酷暴力的工业时代也带有一定的蒙面性质的话，那么，像林杰这样的"假人"，就可以被看作蒙面时代的蒙面人。按照小说的叙述，仓管员林杰是在1999年一桩发生在H市的价值二十万元的大理石失窃案发生后失踪的："除了林杰本人之外，案件没有什么疑点，警察并没能抓到他。事实上就连他的姓名、籍贯、年龄，大家都不能确定。只说这小子身高一米七五，帅气，好相处，爱喝酒，可能是贵州人，可能是四川人。"但事实上，日常生活中的林杰，却是一位很有异性缘也很有一些魅力的年轻男性。这一点，我们从美仙瓷砖公司储运部的梅贞以及妓女丽莎她们两位对他的深情眷恋上，即不难感知一二。根据鲁晓麦后来的分析，林杰曾经一度成为储运部的明星员工。如果不是他不幸栽在H市，他极有可能会很快成为童德胜的副手。但事实上，发生在H市的那桩大理石失窃案的作案者，不仅不是林杰，而且连同林杰在内，也都是被邓文迪、王宏卫以及张范生他们几位联手陷害的。也因此，此后长达五年之久的失踪，其实是林杰刻意蛰伏图谋报复的五年。对这个过程，路内曾经借周劭之口，给出了简洁而精辟的分析："周劭说，具体的事情不知道，只能讲个大概的推测：从前有一个仓管员，被那几个人给坑了一把，消失了五年，现在又回来了；看这样子，他杀了邓文迪，可能干掉了张范生，现在又杀了王宏卫，该杀的人都杀了，而且抢了钱，谁知道他为什么选择这个时候回来干这一票呢。"但林杰自己，到最后也为此而付出了在火车站被警察击毙的惨重代价。一个原本并没有残酷与暴虐天性的时代青年，到最后竟然会变为一位不惜连杀数人的报复者，林杰的这种变化过程，从根本上说，其实是拜这个残酷的工业时代所赐。路内《雾行者》的一个难能可贵之处，就是强有力地揭示出了这一点。

但在结束我们的全部论述之前，无论如何都不能不提到的一点，就是《雾行者》中象征手法的自觉运用。比如，那一列开进隧道后便不复出来的火车："周劭带着胡小宁离开售票厅时一直在想，这一幕好像发生过，对的，凌明心。但凌明心像是一个不曾存在过的人。又想，在凌明心的身上，某一瞬间我像是感觉到了辛未来。辛未来简直像是一座灰飞烟灭的城市，一列开进隧道却再也没有出来的火车。""后来，周劭对胡小宁说：很多人，就像火车开进隧道，但并没有出来，你去隧道里追问，发现那里空空荡荡，火车曾经冒着烟，发出巨响，像是在漫长的时间中疾驰了很久，它不可能消失，但确确实实，它竟然消失了。"我们注意到，或许与周劭身为火车司机的儿子有关，这样的一个火车意象，在《雾行者》中曾经出现过很多次。在我看来，这样的一个重要意象，连同"雾行者"这样一个标题，其象征的寓意很显然就是说，一个工业化的时代，像端木云、周劭以及辛未来这些文学青年，包括林杰、杨雄、鲁晓麦等"江湖儿女"在内，所有的一切可能都处于在一片大雾之中摸索前行的状态，迷茫而无助，伤感而凄凉。好在也还有如同逆戟鲸这样的意象存在，这一点，集中体现在第三章端木云和房东女儿顾青桐的对话过程中。"有一天房东的女儿说，逆戟鲸是一种悲伤的动物，逆戟鲸就是虎鲸，就是杀人鲸。那语气天真。""逆戟鲸是最迅猛而聪明的海洋动物,它们甚至杀死海豚和海豹,但对落水的人类啊,或者是站在海边的人类啊,并不施以攻击。别以为所有的齿鲸都这样,伪虎鲸就会杀人。"很显然,正因为逆戟鲸从来不杀人不伤人,对人类特别友好,端木云才会把自己的短篇小说集命名为《逆戟鲸那时还年轻》。与此同时,我们却更需注意到路内在小说正文前面所特别给出的那句内容为"摩诃迦卢尼迦耶"的题记。所谓"摩诃迦卢尼迦耶",就是大悲者的意思。把这一题记连同那个逆戟鲸放在一起,路内意欲抚慰工业时代人性的残酷和暴虐的那种悲天悯人的人道主义情怀,自然也就溢于言表了。

先锋实验、社会批判与精神勘探

——关于黄孝阳长篇小说《人间值得》

在中国文坛，一旦提及"先锋作家"，大家马上就会联想到包括马原、余华、格非、苏童、孙甘露、吕新等一些作家在内的，联袂出现于20世纪80年代中后期的一个作家群体。此种状况，给人形成的感觉似乎就是，类似于"先锋"这样的称号已经成为这些作家的专利。但其实，自打西方现代主义文学在"文革"后大规模进入中国之后，以现代主义为强力支撑的先锋作家，就一直不乏其人，绝不仅仅局限于前面所提及的那个其实构成了一种文学现象的"先锋作家"群体。其中，无论如何都不容忽略的一个作家，就是我们这里要具体讨论的黄孝阳。然而，同样是坚持现代主义文学立场的先锋作家，黄孝阳却与包括马原他们在内的作家有很大的不同。具体来说，这种不同主要表现在黄孝阳所持有的文学观上。必须承认，不仅所有的作家或隐或显地都有自己的文学观，而且也有不少同时拥有理论能力的作家，会把自己的文学观以理论的文字形态表达出来。黄孝阳的特别之处在于，他的文学观明显迥异于国内的其他作家。说实在话，虽然和黄孝阳认识有年，但除了他公开发表的那些文字，或者会议上的有些发言之外，对于他个人的身世，尤其是他的学历与知识构成情况，我又的确一无所知。也因此，我关于黄孝阳所有的理解和判断，全部都来自对他文字的阅读，以及有机会聆听他极少的一些会议发言。这是首先要说明的一点。在这里，我虽然无法一一尽述黄孝阳文学观的基本内容，但一个强烈的印象是,他不仅对于当今世界最前沿的那些人文科学的知识了如指掌,而且更对那些同样处于最前沿状态(由于我个人对自然科学一无所知,这种判断的得出,也只是出于某种朦胧模糊的自我感觉)的自然科学有着透彻的理解与把握。这一点,即使是在这部我们即将讨论的长篇小说《人间值得》中,也同样有非常突出的表现。

比如这样一个信手拈来的段落:"刘启明这个人是有才华的,不仅是写诗的才华,吮痈舐痔也是需要才华的。我很好奇他灵魂的结构,有一种极其复杂的精致性和广袤性,如果把他的基因片段比喻成碳原子,我能清楚看见他体内截然不同的数种排列方式。我对他的羞辱,也许能为我打开一个流淌着炽热岩浆的深渊奇境,这令人激动。"虽然只是关于人物刘启明一段字数不多的介绍性文字,却出现了不少某种意义上说很可能是独属于黄孝阳式的话语。诸如"灵魂的结构""精致性和广袤性""基因片段""碳原子""数种排列方式""炽热岩浆"以及"深渊奇境",所有这些,因为我们在其他作家的小说文本中基本上很难遇到,所以便可以说是非黄孝阳所不能有。但与这一段落相比较,小说中也还存在着另外一些更为黄孝阳式的叙事段落。比如:"历史是一种实然,不是必然;是诸多可能性中被践行的那种。""更极端点说,历史是一个混沌现象。这不是说'历史是一个任人打扮的小姑娘',而是指从唯物史观、文明史观、社会史观、革命史观等维度之外,借助于混沌理论等当代学科知识体系,重新建构起一个新的历史观,一个如何面对历史、接近历史、阐释历史的新范式。真实的历史无法百分之百还原。这是常识。但用一种什么样的工具去理解它,这中间还是有较大差异的。肉眼、普通光学显微镜,与能看见原子的扫描隧道电子显微镜,所发现的完全是三个世界。""真实的历史仿佛上帝的面庞,我们对它的阐释始终在一个罗生门的语境里。我们谈论的,拥有的,一直以来,就是一个观念的历史。这就离不开虚构和想象。这句话,我愿意反复重复。有太多的,乃至于决定着人类历史进程的事件不再为后人所知。就像网上那个著名的段子《如果当初丘处机没有路过牛家村会怎样》所揭示的,人类史大致是遵循混沌原理的两个基本概念与三个原则,它与未来一样,都无法得到真正确认,只能靠一些相似的型,或者说'一些自我相似的秩序'来辨认。""这种阐释中'始终存在着某个通常不可见的根本结构,这个结构决定阻力最小的途径'。比如这些年的民国热。而混沌的第三个原则就是说这个结构,不仅可以被发现,还可以被改变。千里之堤,毁于蚁穴。一旦能找到这个深藏于堤坝的蚁穴,就可以在某种程度上书写历史。这点太重要了。因为众生如蚁,你我概莫能外。""相对论消除了关于绝对空间和时间的幻想,量子力学则消除了关于可控测量过程的牛顿式的梦,而混沌则消除了拉普拉斯关于决定论式可预测的幻想。""历史更可能是那只'薛定谔的猫',是一个量子态叠加,遵循测不准原理,并由概率起支配作用,即所谓概率宇宙。这种观想能在实然和应然间架起桥梁,解决必然性下的很多自相矛盾处。"请读者一定原谅我在这里竟然一下子就摘引了《人间值得》中这么多的文字。因为倘若不如此,我们恐怕就无法相对深入地了解黄孝阳的文学观,当然,同时也包括他的历史观与人生观。而这一切,都不仅从根本上决定着他个人的小说写作面貌,同时也决定着我们到底应该怎样去理解阐释他包括这部《人间值得》在内的小说创作。第一,诸如"实然""必然""混沌理论""新范式""原子""相似的型""一些自我相似的秩序""相对论""量子力学""可控测量过程""拉普拉斯""决定论式""薛定谔的猫""量子态叠加""测不准原理""概率""概率宇宙"等,均属于典型的黄孝阳式话语。第二,在一部体量相对庞大的长篇小说文本中,是否允许议论性段落或话语的适度穿插,在我们这个时代应该是一个已经得到解决的创作论命题。从这一点来说,黄孝阳把这样一些包含很多现代自然科学理念在内的议论性话语穿插到《人间值得》之中,当然也就无可非议。更进一步说,在我的理解中,能够把这样一些既包含现代人文科学也包含现代自然科学理念的,突出体现着作家个人的文学观、历史观以及人生观的议论性文字,相对恰如其分地穿插到一部关注表现当下中国社会生活的长篇小说中,正好可以被看作黄孝阳小说创作先锋性的一个明显特征。很大程度上,这也正是身为先锋作家的黄孝阳区别于其他诸多先锋作家的一个根本特征所在。第三,正如同《人间值得》中的第一人称叙述者所特别强调的那样，一种能够明显区别于此前普遍流行过的诸如"唯物史观""文明史观""社会史观"以及"革命史观"，建立在带有一定先进性色彩的现代自然科学理念基础之上的全新历史观，对于我们理解既往历史与现实世界，均有着不容忽视的重要意义和价值。同样的道理，当作家企图以这样的一种历史观来架构一部长篇小说的时候，这部长篇小说具备思想艺术面貌异质性，也就是顺理成章的一种结果。具体到《人间值得》，虽然肯定也还存在着这样或那样的思想艺术瑕疵，但与同时代很多同质化色彩其实非常严重的长篇小说相比较，其独异性特点无论如何都不容否定。比如："人都有他的历史，也应该是一个量子态叠加，同时受混沌三原则支配。对于小羽来说，如果她不遇见我，可能她还活在这个世界上，嫁了人，生了娃，周末的时候，一家三口到动物园看猴子，坐过山车。""我是罪人。""这些年，我总是在做一个假设"，"如果小羽没有在那个黄昏死去，我还会是我吗？"如同我们所列举出的这个例证一样，把作家自己所一贯津津乐道的"量子态叠加"以及"混沌三原则"，与小说中相关一些人物命运走向的描写水乳交融地联系为一个艺术整体，正是黄孝阳《人间值得》非常值得肯定的一个地方。

但是，也还有第四，一方面，如果说黄孝阳总是可以把看似先进的历史观有机结合到小说创作过程中，在另一些时候，二者之间却也明显存在着相互脱节的情况。到这个时候，你就可以发现，那个作为黄孝阳化身的第一人称叙述者滔滔不绝地滑行在相关理论话语的频道上，小说中的人物和故事却"自作主张"地运行在另外一个艺术维度上。但在另一方面，更为严重的问题，恐怕在于那些足以彰显作家黄孝阳高超思想能力的理论话语，与第一人称叙述者"我"人生轨迹某种程度上的脱节。应该注意到，黄孝阳为《人间值得》设定的是一种带有明显限制性的第一人称叙述方式。以第一人称出现的叙述者"我"，名叫张三（请注意，黄孝阳关于主人公张三的命名，恐怕也是饶有深意的。日常生活中，在谈到芸芸众生的时候，我们总是会说"张三""李四"或者"王麻子"什么的口头禅。从这样一个角度来说，作家之所以要把主人公命名为张三，毫无疑问意在强调这一人物形象的普遍性，强调他乃中国社会芸芸众生中的一位），也即后来发迹后的三哥，同时也是小说中占有核心地位的主人公。这位有县委书记的父亲做后台的张三，从小就表现出了桀骜不驯的突出个性，到处惹是生非。虽然总是调皮捣蛋，但张三的智商却出奇地高。这一方面，一个极有说服力的细节就是"我"上小学时理想学习成绩的取得："龙生龙，凤生凤，老鼠的儿子生来会打洞。我爸了不起，我当然了不起。全班人都得坐教室考试，我溜出去抓知了照样得九十分——不过，我确实也能考上九十分。我就不明白这么简单的试卷，为什么还有那么多的同学考不及格。只能说人与人的差异性，比人与单细胞生物的差异性还大吧。"到了高二的那一年，尽管这个时候已经恢复了高考制度，但张三这个混世魔王，却还是强制性地要挟自己的父亲帮他隐瞒年龄进入部队，参军当了兵。两年之后，张三从部队复员回到县里，仍然是依托已经退居二线的父亲的荫庇，方才进入县办公室，成了一名普通的机关科员。从此之后，一直到他因为县三干会时的那一场恶作剧而被迫离开县城，除了与几位女性之间发生过情感的纠葛之外，他基本上是整日价吊儿郎当无所事事。被迫离开县城后，外出打拼的他，由于鹿野的帮助而结识了她的表姐吴情，利用吴情的人脉和商业基础，最终成了拥有巨额财产的三哥。关于他这一段也称得上是跌宕起伏的人生经历，张三自己在时过境迁后曾经做出过带有一定戏谑色彩的自我介绍："自我介绍一下。我叫张三，不少人叫我老大，少数人叫我三哥。这是现在。在李芳的屁股堪比唐僧肉的80年代初，我只是一个满脑子荷尔蒙的退伍兵，小瘪三，阴沟里的泥鳅，连地痞流氓都没资格。"通过以上的描述，我们即不难确定，除了所谓的天资聪颖、智商奇高之外，这个高二就已经辍学的张三，其实根本谈不上有什么思想文化修养。关键的问题还在于，除了整日价打打斗斗或者与女性发生情感纠葛之外，我们也看不到张三如何求知若渴，怎样坚持 种真正可谓是百科全书式的阅读活动。也因此，那些不断地穿插于故事情节演进过程中的具有前沿性质的各种理论话语究竟从何而来，也就变成了无源之水或者无本之木。这样一来，如果说张三的确可以被看作一个彻头彻尾的流氓的话，那么，这个流氓的大脑中简直具备百科全书式的各种思想，也就因为必要说服力的失去而变得特别可疑。一方面，诚如黄孝阳自己在后记中所言："如果说自由是人类生来就有的权利，是至善；恶即由此孕育而生。一旦消灭了恶，自由就必无容身之所。又或者说，如果我们追求自由，我们就必须承认：恶是不可避免，并且是必需的。恶是打破笼子的必要手段，有时，甚至是唯一的手段。我想写一个'作恶，并且有能力对恶进行思辨'的人。写一本关于自由与恶之辩证关系的书，纯粹就是生命力的咆哮。写得确实很嗨。"①无论如何，我们都应该承认，假若说黄孝阳的创作动机就是要写一个"作恶，并且有能力对恶进行思辨"的人，那么，他的艺术意图很显然已经实现了。但在另一方面，我们必须质询作家本人的一个问题就是，这个成天到晚只知道作恶的人，他那样一种超乎于一般人之上的"对恶进行思辨"的能力究竟是从何而来的。从文本的现实来判断，这种超乎寻常的思辨能力，与其说是属于主人公张三的，莫如干脆说就是属于作家黄孝阳的。实际的情况是，在中国文坛，除了黄孝阳之外，其他作家也很少能具备这样一种超乎寻常的思辨能力，很少能拥有一种广博如百科全书式的知识结构。也因此，从某种程度上说，黄孝阳关于第一人称叙述者的设定，事实上难称成功。因为主人公张三不可能拥有那么丰富深广的现代人文与自然科学理念，所以作家黄孝阳在很多时候才不得不僭越叙述界限，以越俎代庖的方式传达自己试图企及的思想艺术意图。就此而言，《人间值得》的第一人称叙述者，其实是人物张三和作家黄孝阳叠加在一起组构而成的一个混合体。

除了以上所分析的人物张三与作家黄孝阳合二为一的叙述特点之外，《人间值得》在叙述方面还有这样两点应该引起我们的高度关注。其一，这个名叫张三的主人公，在打拼人生事业的同时，已然成为一名成功人士的他，正在写作一部回顾自己人生往事的回忆录。具体来说，这就是文本中那些以楷体字专门标示出的部分。小说中，除了一部分分行排列的诗歌之外，其他的楷体字部分，均属于张三正在撰写过程中的回忆录的断篇残章。比如这部回忆录的开头部分："我叫张三。把这个陈述句在键盘上敲出来，像和尚敲木

---

① 黄孝阳：《人间值得》，北京十月文艺出版社2019年版，第572页。

鱼。""'张三'这个人就与我有了距离。我自他的体内挣脱出来,干干净净,一坨。我打量他,反复审视他,就好像他干过的事都与我无关。这很有趣,古怪,也有点儿伤感——我不知道我与他为什么会这样。我们之间的姿势一会儿是蚕缠式,一会儿是鸳鸯合,一会儿是海鸥翔,一会儿是老猿抱树……可我是个男人,他也是,我们都是直男,在任何情况下任何环境里,哪怕是面对外星人的严刑拷打,也不可能让这个'直'字有丝毫弯曲。"如此一种可以在某种意义上被称为"自我分身"的艺术效果,说起来的确是非常奇妙的某种心理体验。明明是一个人,我就是张三,张三就是我,一旦进入到回忆录书写的场域中,一旦写下"我叫张三"这四个字,我就似乎变成了一个"非我",变成了一个他者。"我知道,我太了解他了,我是他最亲密的人,也是他最痛恨的敌人,不止在一个深夜,他咆哮着,想把我从他的体内揪出,撕成两半,剁成块,撒上芥末,再拌上老干妈辣椒酱吃了。如果不是我跑得快,他还真能逮住机会。"这段叙事话语中,黄孝阳所形象写出的,其实是一个现代人的内心世界里因自我矛盾冲突而导致的某种严重撕裂状态。很大程度上,黄孝阳正是借助于这样的一种自我撕裂状态,为小说文本奠定了某种自我反思的叙述基调。

其二,我们发现,到了小说的第四十九和第五十章,叙述人称莫名其妙地悄然转换为第三人称,"我"似乎不知不觉地变成了"他"。其中,第四十九章一个不容忽视的重要情节就是,棋篓子竟然因为他爸看似玩笑的一句话而精神失常:"后来县里的书记,就他爸,来人武部视察工作,听着这个口令,拍了拍棋篓子肩膀开了句玩笑,说:'你这是要让大家向右派分子看齐吗?'"正所谓言者无意,闻者有心,由于事发时恰好处于反右派运动期间,他爸的这一句玩笑话便导致了非常严重的后果:"棋篓子顿时双股战栗,等到醒过神来,他爸已经走了,追上前要解释,被他爸一瞪眼,讪讪后退。又不死心,后来又专门跑来县里找他爸要说清楚,结果越描越黑,神经就开始不太正常了。"在了解到父亲当年的这些恶行之后:"惫懒的年轻人想明白了什么,他的腿在哆嗦。那时的他,还不知他爸做过的恶,即将由他来承受,一撇一捺都少不了。"正所谓"父债子偿",依照中国传统的伦理规范,他爸当年的这些恶最终还是落到了他身上。第五十章的一个核心内容,是从根本上揭穿他的身世之谜。哭哭闹闹地与父亲争斗了这么多年,到头来才发现,自己和父亲之间竟然没有一点血缘关系。与前面他爸当年的恶行相比较,这一发现才真正称得上是石破天惊。面对这一出人意料的身世之谜,他顿然意识到,从此之后,自己竟然没有什么理由去恨那个总是病卧在竹藤椅上的老头子了。最早敏感到叙述人称转换并明确提出疑问的,是那位心机颇深的朱璇:"为什么要用第三人称写这段事呢?这是你的亲身经历,为什么不老老实实,一笔一画,平铺直叙。这样,或许会更具有感染人的力量。解构,颠覆,或者纯粹是享受作为旁观者的恶趣味?又或者说,是故意通过对时间和空间的打碎,制造阅读障碍,以便让读者停留盘桓?"尽管说朱璇的疑问在小说中并没有得到相应的回答,但如果从精神分析学的角度来考量,张三之所以要把第一人称转换为第三人称,恐怕主要还是出于无意识中的一种本能畏罪心理。

需要特别注意的一点是,虽然说黄孝阳的这部《人间值得》是一部成色十足的现代主义作品,但它与很多只知道一味地炫技,面对复杂的中国社会现实持躲闪姿态的先锋派小说的不同之处,就是与矛盾重重堪称复杂的中国社会现实的一种短兵相接,或者干脆说就是所谓的"正面强攻"。与那些闪烁其词式的先锋派小说相比较,如同黄孝阳《人间值得》这样一种深度介入中国社会现实的批判性姿态,无论如何都是难以想象的。一提及文学深度介入社会现实的批判性,我们马上就会联想到一个耳熟能详的文学术语,那就是批判现实主义。此种联想带给我们的感觉就是,文学的批判性,似乎天然地就跟现实主义的创作方式联系在一起。但其实,这是一种明显不过的错觉。之所以要这么说,主要因为在对黄孝阳《人间值得》先后两次的认真阅读过程中,我个人真切地体会到,通过现代主义或者说先锋派的一种写作方式,作家们也一样可以实现深度批判社会现实的思想艺术意图。由此而进一步联想开去,实际上也并不只是黄孝阳的这部《人间值得》,只要将我们的视野扩大至20世纪以来西方的整个现代主义文学,即不难发现,这些文学作品不仅与社会现实之间存在着紧密的内在关联，而且也有着不容忽视的批判性。也因此，倘若说批判现实主义已经是一种广有影响的说法，那么，同样也可以成立的说法，就应该是批判现代主义。所谓"批判现代主义"，即以一种现代主义的或者说先锋派的艺术方式来积极有效地实现一种深度介入批判社会现实的思想意图。如果批判现代主义的说法的确可以成立的话，那么，黄孝阳的《人间值得》就应该被看作这一方面的一部代表性作品。

说到《人间值得》对社会现实的批判，首先要提到的就是"我"的战友余招福的人生悲剧。关于余招福，叙述者"我"曾经在小说临近结尾处写下过这样的一段话："这是余招福小时候对我嚷过的一句话，那时的他是多么意气风发啊。把书包不断抛往空中，脚下是带着风声的；那个曾几何时，敢与我单挑，被我一遍遍摔倒在地，摔成狗吃屎，摔成吃屎狗，还能爬起来的余招福；还有在部队时的余招福，说这辈子一定要去趟巴黎，去拱廊街的余招福。他说'一定'的时候，咬牙切齿，还朝着逶迤山脉咆哮，双拳捶打胸脯，当人猿泰山，发誓一定得嫖一个法国妓女的余招福……他们都到哪儿去了？"任是谁恐怕都难以想象得到，就是这样一位曾经意气风发的少年，等到他在部队当了两年兵复员回到县城后，遭遇到的竟然是如此不堪的命运。先是因为没有任何后台，退伍后的余招福只能服从安排，进入县印刷厂去当工人糊纸盒。被迫去糊纸盒后，余招福没几年就和一位同厂女工结婚成家，而且很快就有了孩子。关键在于，即使是受到极大的委屈去糊纸盒，余招福的安稳生活也没有能够长期延续下去。等到那个既喜欢嫖妓更喜欢赌博的娃娃脸厂长上台之后，没用多长时间，就因为输掉了二十多万元公款而致使印刷厂倒闭："娃娃脸厂长死了。挥挥手，没带走一片云彩。工人倒大霉，全体失业。"工厂倒闭后，曾经当过几年兵的余招福，迫于生计，也算心眼活泛，一方面向亲戚朋友借了点，另一方面又在银行贷了点，买了一辆崭新的客运中巴，还有一条专门跑邻县的线路，一时间摇身一变，成了运输专业户。但是，余招福根本就不可能料想到，仅仅过了不到两个月，自己的客运就出事了："两个月时间不到，交通局有人来了，说这条线路欠了七八万的规费，得补齐才能上路运营。"余招福一时如同五雷轰顶，百般要求能不能先交一部分，但遭到了工作人员的严词拒绝，而且连同这辆全新的客运中巴也都被扣押了。然而，更加出乎余招福意料的是，等到他凑齐钱前去领车的时候，更糟糕的事情却发生了："半个月后，等到余招福哭爹喊娘把钱凑齐去领车时，余招福发现自己的中巴车换了模样。前头凹进两大块，水箱漏水，油箱漏油……这些是小事，最糟糕的是客车的发动机不见了。"客运中巴明明只是被扣押，半个月时间怎么就会变成这么一副模样呢？这种状况，余招福不管怎么说都无法接受。在经过了几个回合的交涉，一直到找到交通局的局长都最终无果的情况下，万般无奈的余招福只好诉诸公堂。到后来，余招福还是打赢了官司，只不过，等到他拿到判决书的时候，不仅已经是一年之后，而且这期间，他的老婆也已经跟人跑了。在准备购买一个新的发动机赔付给余招福的同时，交通局还要依照法律程序提起抗诉："说余招福天天去交通局，严重干扰了正常办公，得追究其刑事责任。"这样一种境况，自然是余招福所无法接受的，最后，"余招福把判决书揉成一团扔进了垃圾堆。买了桶汽油，跑到仍停在交通局大院里自己那辆已经报废，像一堆狗屎的中巴车上，在嘴里叼上一根烟，用打火机点燃"。一个只知道一味地老实做事的公民，就这样死去。依照我的理解，余招福的死是向这个不尽合理的社会现实发出的一种抗议。

　　余招福之外，我们在前面已经提及过的那位棋篓子，也毫无疑问是一个被侮辱与被损害者。棋篓子，原本是一位中学教师，在一个县城里，也勉强算得上是一名知识分子了。身为知识分子的棋篓子，虽然棋艺高超，但为人却特别单纯善良，特别呆。他人生最大的不幸，就是在年过四十之后，竟然还从深山里"娶来一个又年轻又漂亮的妻子"。正所谓："匹夫无罪，怀璧其罪。"当然，正如你已经预料到的，这个棋篓子的人生悲剧，同样和"我"那身为一县之主的父亲紧密相关："一个风和日丽的下午，我爸在东门桥裁缝铺子里看到了他妻子，那个颇有几分姿色的荆钗布裙，怦然心动，派出秃头吴充当王婆，把这个本是风流性子的妇人，当餐前甜点给吃了。"关键的问题是，没有吃了几次，我爸就腻味了这道甜点。本来想着让秃头吴去画个句号，没想到，秃头吴却不小心把自己给画进去了。到最后，竟然弄得这个妇人想要嫁他。或者是秃头吴暗中说了一些什么，也或者干脆就是这妇人的一厢情愿，一来二去的，她竟然如同潘金莲似的对棋篓子动了杀心。没想到棋篓子的命还真大，就在他端碗准备喝那碗已经被下了农药的稀饭时，却有人专门赶来下棋。这一下不要紧，这位赶来下棋的人，竟然边下棋边把这碗稀饭抢着倒进了肚里。这样一来，一场命案的最终酿成，也就无法避免了。关键的问题是，明明已经知道了事情的原委，内心太过于善良的棋篓子却还是要以德报怨，要想方设法保住妻子的命："呆，还善良，是真善良，真他妈善良。他妻子想杀他，他还四处奔走，想救妻子一命。跑到被害人家里说是误杀，他妻子本来是想杀他的，愿意赔偿。倾家荡产求人家写下一份谅解书。"结果，努力了半天也无济于事，妇人还是被枪毙了。就这样："棋篓子家破人亡不提，还家徒四壁。脑子里的某根神经也就断了。终于疯了。"怎么个疯法呢？"不是武疯子，不打人。满嘴污言秽语，如鬼魂悄无声息地出没，傻笑，动辄下跪，跪天跪地跪菩萨也跪路人。"当然了，正如前面已经分析过的，关于知识分子棋篓子的精神失常，也还有另一种被"我"父亲一句玩笑话彻底吓傻的说法。那就是，棋篓子在整队时本来只是合乎训练要求地喊了一声"向右看——齐！"的操练口令，没想到，却被偶然听到这一口令的我爸也即"他爸"听到后，开了个玩笑。就是这个看似无意的玩笑，最终迫使无处解释的棋篓子精神失常。事实上，无论是以上哪一个版本，从根本上致使知识分子棋篓子最终精神失常的始作俑者，都是以"我"父亲张负重为标志性符号的某种力量。然而，黄孝阳的深刻处还在于，他并没有把棋篓子仅仅处理为一位受害者。在书写强调他受害者身份的同时，作家也写到了他侮辱伤害别人的另一面。那就是，一个偶然的机会，"我"竟然发现了棋篓子人性不堪一面的存在。"这个疯老头儿居然在猥亵一个幼女。居然懂得用几颗花花绿绿的糖果来做诱惑。"如此一种意外的发现，顿时让"我"火冒三丈："不知道我从哪里来的怒火。可能是发现这个我认定是被侮辱、被损害的人，也有这种肮脏黑暗。人心里真的有一只恶魔。不仅他有，我也有。我打累了。这个疯老头儿的骨头还真是硬，始终一声不吭，像一条皮毛褪去的癞皮老狗,眼泪汪汪地看着我,神情是那样委屈不解。"事实上,也正是在发现了饱经伤害的棋篓子,既然也有如此不堪一面的存在,方才使"我"不由得大发感慨:"我是个坏人。我知道,我不惮于有人以最坏的恶意来揣测我,也不怕有人比我更坏。""可为什么那些好人,那些本该是好人的人,会干下比我这种坏人更坏的龌龊事?"实际上,在很多时候,坦诚的坏人比不那么坦诚的所谓"好人"还要更令人尊敬一些。更进一步说,能够坦承其坏的人,往往比那些对自己的坏遮遮掩掩的人,拥有更大的人格魅力。与此同时,我们也应该认识到,正是通过对棋篓子猥亵幼女这深刻有力的一笔,黄孝阳相当深入地揭示出了这一看似单纯善良的知识分子人性构成的复杂性。

事实上,说到《人间值得》对社会现实的尖锐犀利批判,无论如何都绕不过去的一个人物形象,应该就是"我"的父亲张负重。尽管说在小说文本的大部分篇幅中,这个曾经作恶多端的前县委书记,已经是一位总是瘫坐在竹藤椅上的看上去奄奄一息的老头子,但实际上,在他生龙活虎的时候,很多恶行都与他紧密相关。具体来说,由张负重所代表的政治的邪恶,最早进入"我"的视野中,是女校长在拥有权力的我爸面前的卑躬屈膝:"我爸来学校视察那次,我躲在校长办公室壁橱里,看我爸捏女校长的奶。女校长直挺挺地在我爸面前站着。我爸左手捏着下巴,右手单手脱掉她的外套,不慌不乱。那模样简直酷呆了。女校长胸前缠着一块花花绿绿的布。女校长胸前跳出一对白白嫩嫩的兔子。太像兔子了。我都想伸手去摸一下。我以为我爸要把头埋进这对兔子中间,他一屁股坐在藤椅上。天了个噜,办公桌挡住视线。我看见女校长跪下来。日本女人那种温良恭俭让的标准跪姿。跪得我喉咙发干。跪在我爸腿边动来动去,也不知道在干啥。我想推开壁橱去看看我爸与女校长在干啥,想起我爸一巴掌把我抽到半空中的往事和糗事,还是忍住。"身为县委书记的我爸端坐在藤椅上,女校长跪在他的腿边,这样一个场景象征意味的具备,是显而易见的事情。借助于这样一个"我"并没有完全看清楚的女校长为"我"父亲张负重下跪以提供性服务的特定场景描写,作家黄孝阳很显然是要充满象征意味地写出权力的傲慢,以及那些总是匍匐在权力面前的奴性。实际上,也正

216

因为手中拥有至高无上的权力,所以张负重才可能作恶多端。他既可以用一句玩笑话把棋篓子弄成疯子,也可以因为一个老同志喝茶时不小心把水洒到有毛主席像的报纸上而指证这个老同志企图"把主席浸在水深火热中",几场批斗下来,这位老同志就一命呜呼了。更可以随便指责一个葫芦牌菜刀的名称里存在问题:"用他爸的原话来说,这叫'谁知道你葫芦里卖的什么药'?"最终迫使该品牌的菜刀全部下架。正如叙述者已经明确指明的,在我爸尤其是他所代表的权力面前,类似于女校长这样的女性简直多如过江之鲫:"一些女人及其家庭,因为我爸,没有挨饿。我爸手中的资源因为这些'有过'得到流通与再分配。但他对这些女人的行径实在令人恶心。""这不是一个有魅力的男人能干出来的事。相对于其他女性,女校长所遭受过的蹂躏简直不值一提。"说到我爸张负重那些数不胜数的欺男霸女行径,很大程度上,其实也并非只有他一个人是如此这般。这一方面,张负重之后以游书记为代表的县里一众官员,围绕那个似乎拥有世界上最完美的屁股的李芳所生发出的各种故事,就可以说是十足的明证:"那天下午,我头昏脑涨走出县政府大楼,脑子里满是李芳的祸国殃民的笑容,还有她的宛若催情药物的怪异体香。我是一个当过两年兵,见过一点世面的人,就想不明白这样一个小县城里居然能藏着这等天生尤物。""那时候我还没看过莫妮卡·贝鲁奇主演的《西西里的美丽传说》,还不明白像李芳这样的美,注定是要被践踏蹂躏——因为美是悲剧;也不懂得,在面对这个践踏蹂躏时,对残酷命运的彻底顺从,乃是取媚,是最具有美学意义的呈现。这是一出不折不扣的人之悲剧。"请一定注意,在这里,黄孝阳依然一如既往地以几乎处处都隐含机锋和反讽的叙述语调在谈论着李芳这个依凭其美色而活跃于小县城政坛的"天生尤物"。表面上看起来是在谈论李芳,实际上却是在借李芳而揭示那个小县城政治风气的不堪。

但同样不容忽视的一点是,"我"这位看似依仗手中的权力一向作恶多端的父亲张负重,却也还出人意料地有着天使般的另一面。这一点,与"我"亲生母亲当年的故事紧密相关。依照"我"所了解到的情况,母亲的上吊死亡与我爸张负重根本脱不开干系:"我妈是上吊死的。绳子把她的舌头勒出老长，这让她死后的样子很不好看。据说这种恐怖效果现在可以用来赚钱，但在那个年代，只能让人对我爸敢怒不敢言。很多人都说我妈是死不瞑目。很多人都说我妈是被我爸活活逼死的。"以至，"时至今日，这个浑身颤抖的怠懒年轻人已大致理解，母亲当年为什么要上吊自缢。生，若无所欢；死，即为解脱。只是她之一死倒是解脱，他却成了孤儿，一个被母亲遗弃的孩子，一个被人所厌憎的渣滓。而他之所为，不过是想将他眼里的凶手，他的父亲推向审判席，那张存于人性深处的审判席——这是他不曾意识到的，而我看得清清楚楚。这是可笑的。我没法不笑出声。他在低声呢喃。我听得见"。请注意，最后一个段落，叙述人称已经悄然发生了转换。这个段落中的"我"与"他"，其实都是张三。但就在"我"一直到恶魔式的父亲不幸弃世后仍然对他耿耿于怀不肯原谅的时候，却从小阿姨那里获知了与这一版本完全相反的事实真相。小阿姨说："你爸先天不育无精。"也因此，"你不是你爸的儿子"。"你不是张负重的亲生儿子。你明白吗？你若不信这张医院里的证明，可以上医院做亲子鉴定。"面对如此重大的一个变故，张三两次DNA亲子鉴定的结果，都证明小阿姨所言不虚，他和父亲张负重之间，的确不存在血缘关系。这样一来，"我"此前煞费苦心所了解到的那些关于亲生母亲之死的所谓真相，也就被全部推翻了。"我"只能被迫接受来自小阿姨的一些说法："按小阿姨的说法，他是她姐姐与那个唱采茶剧的小白脸的孩子。在那个革命年代，胆大妄为的他们还是偷偷吃了禁果。他爸早知道自己是先天不育无精，选择了隐忍，还一直待他如己出。""按小阿姨的说法，小白脸是先被革命群众打死后，他爸才发现了他妈，再娶了她。小白脸的死与他爸根本就没有关系。"随着小阿姨以上这些说法的横空出世，"我"此前关于父亲张负重的理解和判断，也就处于被颠覆和解构的状态："重要的是，他的确不是他爸的亲生儿子。他有什么资格恨那个躺椅上的老头儿呢？那个又脏又臭的老头儿，几乎是竭尽全力给出了自己所能给的一切，包括父爱。小阿姨还指出一个他不愿意承认的事实，就是这几年，每当他在外面遇到麻烦时，总会出来些莫名其妙的人帮助他。这并非他红运当头，而是那些欠了他爸债的人在还债。是他一点也不领情。他就是一只忘恩负义的畜生。"很多时候，我们都会说，一些事实真相的被澄清，简直可以彻底颠覆一个人的三观。父亲张负重和"我"之间根本不存在血缘关系这一事实真相，所彻底颠覆的既是"我"的三观，也更是身为读者的我们的三观。原来，父亲张负重也不仅仅是一个看似无恶不作的政治恶棍，他同时也还是一个难得一见的极富人情味的养父。在明明知道张三并非自己亲生儿子的情况下，还能够倾尽一切力量竭力地去呵护并帮助他，所充分说明的，正是张负重这一人物形象身上天使一面的存在。就这样，一半是天使，一半是魔鬼，张负重也就因此而变成了一个具有相当人性深度、立体化的人物形象。

　　事实上，当我们谈论分析张负重、棋篓子这样一些人物形象的时候，就已经涉及了黄孝阳《人间值得》所具先锋实验与社会批判两个特点之外的另外一个特点，也即对于人物精神世界的深度挖掘和勘探。我们注意到，还是在后记中，黄孝阳曾经做出过这样一种可谓是夫子自道式的表达："这部小说还算是一个恶棍的生成史，一个自我认知的焦虑史。""一个坏人，一个从底层爬起不择手段的人，一个为非作歹毫无礼义廉耻的人，一个把道德从人生词典里删去的人，一个心狠手辣罔顾他人感受的人……种种恶行，罄竹难书。"[①]而且，更进一步说，"这部小说还是一个男人和七个女人的故事（这样说真是有点恶俗）"[②]。如果转换一个角度来看，黄孝阳所真切写出的，也的确可以被看作一个内心里其实存在着正义与善良一面的恶棍的生成史，在这个过程中，他与七个女人之间的种种情感纠葛，既构成了他前行的动力，也往往会成为他事后自我反思的恰当镜像："张三不是打生下来就是张三的。张三是他所经历的每一刻的总和，这'每一刻'是粒子，而这个'总和'即是波，不过，不管是粒子还是波，他这个波函数即将塌陷。"到最后，在弥留之际，"我看见了许姜、李芳、吴情，她们的身子是半透明的，在路边的檫木树丛中，像蝴蝶，其大如燕，亦像肩上有翅的精灵，光彩溢目。我点头致意，继续向前。前面是

---

① 黄孝阳：《人间值得》，北京十月文艺出版社2019年版，第569页。
② 黄孝阳：《人间值得》，北京十月文艺出版社2019年版，第570页。

鹿野、小羽、女老师（她的真名叫何招娣）。我看见了，她们的身子是透明的，又有奇异的丰腴肥沃。她们在悬崖下的水潭边沐浴，是那样美，宛若是天上的神祇"。这些在张三的生命历程中留下了真切印痕的女性那或高远或澄澈或刚烈的精神世界，令我们过目难忘。

比如，那位一直到小说即将结束时才被披露出真名叫何招娣的女老师，她生命的短暂与灿烂，的确如同耀眼的闪电一般。"人，应该艺术地活着，也必须艺术地活着。"这是"我"生命中的第一个女人，也即那位女老师告诉"我"的生命箴言。她用她自己的短暂人生，证明并践行着这样的生命箴言。用张三事后的叙述，就叫作："她说，性不是一种隐私，而是一种社会行为；她说性好像一把盐，哪道菜里少得了盐巴呢；她说性无知会增加处女魅力之类的话都是放狗屁；她说婚姻对于女性来说也是耻辱的交易……"事实上，在突然闯入女老师的居所，以近乎强奸的方式与女老师发生关系之前，"我的精神已是花场老手，我的肉体还是处男。这种煎熬让我闷闷不乐。对整个世界都充满仇恨"。那应该是一个夏日的中午，"我"潜进女老师的家，在床铺上发现了一个午睡着的丰腴肉体，顿然挪不动脚："一股浓郁的，我从未闻过的味道扑鼻而来，是兰麝之馥郁，情欲勃然而发。"就这样，"我强奸了她，她顺从了"。"不仅没有告发我，还与我一起寻欢作乐，让我陷身于那条女性的河流，第一次真实不虚地感受到即将被溺死的愉悦。"无论如何，如同女老师这样的女性都非常罕见。一位女性，在被强奸后不仅不告发，而且反过来还成为这位少年生命的启蒙和超度者。正是这位女老师，以言传身教的方式告诉张三，人不能蝇营狗苟地偷生，"人应该艺术地活着"。但这个时候的"我"肯定无法料想到，也就是在那个夏天，在他和女老师的欢愉仅仅持续了数周时间的时候，女老师就已经死于非命了："按贴满县城大街小巷法院布告上的说法，我的女老师已堕落成一个女流氓，几个穿深绿色衣服的人把一块木牌挂在她脖子上，上面画了一个大大的叉。"原来，女老师之所以被抓，乃因为他们一伙人在地下舞厅跳舞："如果那夜我与她一起去了防空洞里的地下舞厅，我会不会与她一起站在台上游街示众？大概率是的。"仅仅是聚集在一起跳跳舞，何至于被抓，后来还竟然被置于死地呢？这是因为遭遇了1983年的"严打"："可我那时不懂这个。我的命是女老师保下来的，她到死都没有说出我的名字。"伴随着"严打"这样的行政举措，也就出现了女老师仅仅因为聚众跳舞而被处死的冤案。与此同时，女老师的存在，更关键的一点是给予了"我"一种超越道德生命维度的人生启示："她是我的缪斯，她是我的女神，她是一把花纹繁复的钥匙，使我的生命有了一个真正的奇妙开始。""女神不容亵渎。哪怕她与人私通，也必定有她的道理，同样不影响她成为女神，并且受到世人最多的赞美与朝拜，比如与众多神祇私通还生下孩子的阿佛洛狄式。"很多时候，只有超越了所谓道德的羁绊，生命存在方才可能是自由而艺术的。

再比如，那个身为妓女的小羽。同样是妓女，小羽却与那个狐狸脸有着根本的区别："她的声音也嗲，与狐狸脸的嗲是两回事，是山间清泉与污浊池塘的区别。她蹲下身，用唇齿伺候了我。这是一种什么样的销魂啊。如果说女老师把我带入过一个仙境，那么这个绿眼睛的少女就把我带入到了仙境之上。"也因此，"今日回想，我是爱小羽的"。"她对我的爱，也同样真挚热烈，不掺一丝杂质。""但我们的爱，是起源于性，一种纯粹的性。"依照常理，既然是嫖妓，那肯定要花钱的。问题在于，那个时候的"我"，虽不能说是一贫如洗，但也没有多少钱。在最早和小羽发生关系的那个黄昏，"我"和小羽一共做了七次。仅有的八百块钱，到第四次的时候就算花完了。这个时候，小羽的表现是，"接下来不收钱"。"我想，我就是这一刻爱上小羽的。"一般情况下，一个女性，之所以要去做妓女卖身，总是出于经济窘迫要维持生计，但小羽却不是。从小说中透露出的若干蛛丝马迹来判断，她做妓女，更多恐怕是要故意和自己的父亲作对。在和小羽结识之后，一方面，因为"我"没有足够多的钱，另一方面，更因为潜意识深处对于小羽妓女身份的某种忌讳，"我"曾经刻意躲避过一阵小羽。没想到，小羽却在一个雨后的黄昏不管不顾地来专门等"我"了。大约也正是从这一次开始，"我"彻底爱上了小羽："别说她是个妓女，就算她上辈子也是妓女，下辈子还是妓女，我也心甘情愿为她付出所有。是的，所有，哪怕是去杀人放火。"然而，这个时候的"我"根本料想不到，到头来，小羽竟然会因为抄近路去给"我"买熬汤的筒骨而死于非命："小羽死于机械性窒息。她被人扼住了咽喉。身体被弄脏了，到处是污秽和伤痕。她一直在反抗。"由于小羽是反抗强暴而被杀，所以便被很多人所不解："她为什么要反抗，还反抗得如此激烈？她是一个小姐啊。那个歹徒本来求的只是色，让他爽一下就是了。县里的很多人大感不解，包括警察。最早，我也不解。"是啊，在很多人的心目中，既然本就是一个以卖身为业的妓女，何苦还要因为反抗强暴而丧生呢？但其实，致使小羽反抗强暴的一个根本原因，乃是对于"我"的爱情。一个妓女，竟然因为反抗强暴而死，所充分彰显出的正是她精神世界的自尊与高贵。从这个角度来说，小羽这一女性形象，甚至可以让我们联想到现实世界中的柳如是，文学世界中的羊脂球和杜十娘。

接下来，就是那个因为"我"而最终精神分裂了的许姜。然而，许姜的精神分裂，却又缘于"我"以两面派的方式对待她。一方面，面对着许姜这样一个由李芳介绍的姑娘，"我"不仅一见面就产生了强烈的兴趣，而且很快就上了床。但在另一方面，刚刚占有了许姜的身体，"我"就因为她爸许国泰的罪恶而对她进行百般辱骂："你爸就是一只衣冠禽兽，我就喜欢拿禽兽寻开心。""请注意，不是我找你，是李芳拉皮条。坦率说，若你不是许书记的女儿，我也没兴趣与你滚床单。啊，奋许书记的千金，感觉很爽。只是没想到你还是处女，这可真不好意思。"其实，"我"非常清楚，自己的这种做法乃是因为内心怯懦，不敢直面许国泰："这是一个简单的事实。我没勇气当面唾骂许国泰是畜生，还恬不知耻地称呼许伯伯。我就是一个不折不扣的浑蛋。是懦弱的，是龌龊的，是无耻的，是恶毒的。"也因此，对于许姜来说，最大的错误，就是身为许国泰的女儿："她是许姜，她是许国泰的女儿，她得为这个出身赎罪，这与她是不是豆蔻少女无关。"很大程度上，正是"我"面对许姜所采取的这些两面派手段，最终致使她陷入了精神分裂的状态。用小阿姨的话来说，就是："'可能是精神分裂了。'小阿姨插了话，小心避开疯这个字眼，

'那个丫头半夜跑到街上去唱歌,说什么柔情让她香喷喷,见到男人,就说要让人家跟她那个,还喊你的名字。现在她家里人把她锁在屋里头。'"因为对许姜心存一份无论如何都不可能解脱的负罪感,所以等到张三发迹成为三哥之后,他才会专门跑回县城企图以娶她的方式为自己赎罪。

最后进入我们分析视野的,就是这位身兼第一人称叙述者角色人物的张三了。其实,在前面的分析过程中,我们不仅已经很多次提到过这个人物形象,而且也已经对他若干方面的性格特征有所了解。具体来说,正如同他先是张三后是三哥一样,这个人物形象的人生也明显地被区分为具有退伍兵身份的政府科员与拥有巨额财富的资产者这两个不同阶段。女老师与小羽这两位女性的死亡,象征性极强地埋葬了他内心里仅有的良知,从以两面派手法对待许姜开始,虽然说他偶然间也还会有良心发现的时候,但从整体上说,恶的一面就已经彻底占据了他性格的上风。尤其是在结识了鹿野的表姐吴情之后,他更是无所不用其极地使出各种流氓无赖手段巧夺豪取,仅仅用了三年的时间,就自立门户,成了大名鼎鼎的三哥。等到小说故事开始,他和部下刘启明一起谈论李芳的屁股的时候,他已经把这座城市的水泥市场全都操控在了自己手里。就这样,从张三到三哥,主人公以他自己的人生经历充分证明,在他那里只有恶才是推动生活前进的力量:"'在黑格尔那里,恶是历史发展的动力借以表现出来的形式……正是人的恶劣的情欲、贪欲和权势欲成了历史发展的杠杆。'这是恩格斯说的;又或者'人们如果像他们所畜养的羊群那样脾气好,就不能达到比他们的畜类有更高价值的存在'。这是康德说的。"总之,"人是自由的生物,而自由是有风险的。人有了自由的意志,恶也随之变成了可能"。说到对恶的文学思考与表现,一部西方文学史上其实已经出现过很多极有深度的人物形象。不论是狄德罗《拉摩的侄儿》中的那位"侄儿",还是歌德《浮士德》中的魔鬼梅菲斯特,还是巴尔扎克《高老头》中的伏脱冷,所有这些恶魔般的人物形象,同时也都可以被看作真实人生最敏锐的洞察者。而自然主义的代表性作家左拉,文学创作上最大的贡献,就是赤裸裸地描写人的欲望和欲望带来的痛苦,他从来也没有因为丑恶和恐惧而转移自己的视线。对当下时代的很多中国作家来说，问题不在于没有意识到应该去关注并表现恶，而在于他到底有没有足够强大的艺术意志把这股恶呈现出来。也因此，在读过这部《人间值得》之后，一个必然的结论就是，借助于张三这个人物形象的深度塑造，黄孝阳向我们证明，他最起码应该是具备这一能力的作家之一。

个体独立人格严重缺失的悲剧

——关于刘庆邦长篇小说《家长》

众所周知,刘庆邦乃是中国当代短篇小说写作领域的一个高手。但在晚近一个时期,我们注意到,在没有放弃短篇小说创作的同时,作家更是把主要精力转向了长篇小说的写作。《遍地月光》《黄泥地》《黑白男女》等,均在业内产生过相当大的影响。这一次,在《家长》中,这位一贯擅长书写乡村和煤矿生活的实力派作家,却把自己的关注视野投向了家庭教育与青少年成长领域,写出了一部聚焦家庭教育失败的读后令人痛彻肺腑的悲剧作品。

既然小说被命名为《家长》,那就首先得有一个具体的家庭存在,而且这个家庭里也还必须有正处于成长阶段的孩子才行。实际上,小说中承载故事的这个家庭,也不过是当下时代司空见惯的三口之家。尽管小说的主体故事情节发生在一个名叫阳贝的城市里,但在小说一开始的时候,这个三口之家却还留在一个名叫何赵庄的乡村里。因为家里的男主人何怀礼在阳贝市当煤矿工人常年不在家,家里长期在一起生活的,其实只有身为母亲的王国慧和他们的独生子何新成母了二人。事实上,虽然时间不长,这个三口之家就以农转非的方式从何赵庄搬迁进了阳贝市,何怀礼也就和妻儿生活在了一起,但或许与所谓"男主外,女主内"的传统理家观念有关,或许只是出于刘庆邦个人一己的艺术考量,身为父亲的何怀礼,始终都没有能够成为作家聚焦的主要人物。自始至终一直处于聚焦中心的,实际上只有王国慧和何新成他们母子二人。也因此，倘若在某种程度上把刘庆邦的《家长》看作一部旨在书写"家庭战争"的长篇小说的话，那么，这场战争的对阵双方，从始至终也都是王国慧和何新成。从这个角度来说，我们也不妨把这部《家长》干脆称为"两个人的战争"。

虽然刘庆邦在小说中并没有具体交代故事的起止时间，但根据故事情节的内容，我们不难做出判断，故事的起始时间应该是20世纪80年代后期，这个时候的乡村不仅早已经包产到户，而且从国家层面上看，恢复高考制度也已经很是有一些年头了。等到故事结束的时候，时间就应该是21世纪之初了。做出如此一种判断所依据的标志性细节，就是手机不仅已经出现，而且还进入了如同王国慧这样的寻常百姓家。因为手机已经相对普及，所以才会出现麻玉华费尽心机向婆婆王国慧索要手机这样的一种小说细节。与此同时，我们也得注意到，何新成精神病发作，是在他高中一年级下半学期的时候。依照中国的教育体制，正常情况下，就读高中一年级的何新成应该是十六七岁的样子。假若我们认定何新成发病的时间是2003年，那么，他的出生时间，就应该是1987年左右。因此，具体的故事起止时间虽无法确定，我们的推断却也有一定的合理性。事实上，也只有在对小说中的时间安排做出这样一种理解的前提下，我们才能够理解身为母亲的王国慧为什么会那样迫切希望儿子何新成有朝一日成为大学生。

说到底，王国慧之所以会如此这般"望子成龙"，恐怕与两个心结紧密相关。其一，从广义的社会心理层面上说，由于中国有着极其深厚的家族文化传统，"祖先崇拜"与"光宗耀祖"心理的普遍存在，包括王国慧在内的国人都会不由自主地把希望寄托在下一代身上。尤其令人不可思议的一点是，这些人往往都会把自己没有能力或机会实现的人生理想，毫无道理地强加到孩子身上。其二，从相对狭隘的个人生存经验来说，王国慧在求学的道路上曾经严重受挫。"而有些事情，包括上学的事情，王国慧是不会忘记的，一辈子都不会忘。她也是上到半道，家长伸手一拦，突然叫停，不许她再上学。她也是个喜欢上学的孩子，梦想上了小学上初中，上了初中上高中，上了高中上大学。继续上学的理想被打碎之后，她哭过，闹过，绝过食，也说过不活的话，但爹娘的意志坚定得跟生铁块子一样，说不让她上，寸步都不让。爹娘的理由很简单，她上面有两个姐姐，大姐和二姐都是上到初中毕业，她也只能上到初中毕业，一天都不能多上。"正因为自己曾经那么喜欢上学学业却被人为阻断，所以一直到成家立业之后，王国慧只要一想起当年的事情来，心里也都会隐隐作痛，而且还会对爹娘抱有一种难以释怀的怨恨。很大程度上，正是因为王国慧内心深处有这样一种可谓是根深蒂固的精神创伤，所以从一种精神分析学的角度出发，她才会对儿子何新成的学习毫不放松。为了保证何新成的学习，王国慧患了胆结石都不舍得去好好治疗一番："王国慧没有同意打吊针，一是打吊针花钱较多，二是打吊针要打两三个钟头，她花不起那个时间。倘若她躺在医院的病床上打吊针，一打打到天黑，儿子放学回家找不到她怎么办！中午儿子不高兴的悬念还没解开，她得尽快把悬念解开。好比已经知道了她肚子里的石头是胆结石，还有一块压在她心上的石头，她还不知道是什么。"这块压在王国慧心上的石头，尽管她本人不知道是什么，但我们却知道是什么。只要联系下文，就不难发现，"压在王国慧心上的石头，是儿子何新成没有被评上三好学生的事"。如果挖掘得更深一些，其实也就是一直潜藏在她内心深处的那种望子成龙心结。

小说中，围绕何新成不同阶段的学习生活，家长（当然主要是王国慧，何怀礼也会偶尔被卷进来）和何新成之间曾经先后发生过四次比较大的矛盾冲突。其中第一次，就发生在何赵庄的时候。这一次冲突的焦点问题，是学习成绩排名第一的何新成，竟然没有成为班里的"三好学生"。何新成的学习问题，之所以总是会引起王国慧的强烈焦虑，与他们这个三口之家的实际情况有关："新成从出生到现在，都是她一个人带。虽说他们的家庭不是单亲家庭，因新成的爸爸常年不在家，跟单亲家庭也差不多。学校开家长会，都是王国慧去。问起何新成的家长是谁，也只能是王国慧。"既然是家长，就必须尽到家长的责任："县有县长，乡有乡长，校有校长，每个家庭也都有家长。各长有各长的责任，家长当然也有家长的责任。王国慧是一位极负责任的家长，她不等不靠，一个人把家长的责任全部担负起来。"尽管小说中曾经明确交代说王国慧所负的家长责任，不仅也如同"三好"一样包括三个方面，而且还把身体好放到了第一位，但其实，只要认真地读过《家长》这部长篇小说之后，我们就可以知道，王国慧一直把儿子的学习放在第一位："在学习上，她上来就给儿子确定了一个远大目标，将来一定要让儿子读大学，成为一名大学生。她从小因为家里姐妹多，家穷供不起，连高中都没上。到了她儿子这一代，家庭条件大大改善，她一定要供儿子读大学。老何家人老八辈，后代加起来有几百口子，连一个大学生都没出过，连一个当大官的都没有。王国慧要打破这样的局面，为何家开创一个新纪录。"正所谓"千里之行，始于足下"，要想实现这样一个远大目标，就必须从上学的时候抓起。何新成一次落选"三好学生"，便会引起王国慧如临大敌一般的高度警觉，根本原因正在于此。为了改变何新成没有被评选为"三好学生"的既成事实，王国慧在亲自出面去找班主任何怀山沟通无果的情况下，一方面不惜动用身为村主任的公爹手中的权力加以干预，另一方面主动前往何怀山家送礼游说。如此这般双管齐下，结果自然就是使"三好学生"的称号如愿以偿地再度回到了何新成这里。

第一次冲突结束不久，王国慧的命运就因为丈夫何怀礼而获得了一次不期然的改变："王国慧和儿子何新成的户口要从农业户口转成非农业户口，从农民转成非农民。""丈夫解释说，这是全国煤矿的一项政策，矿工在井下干够一定年限，他们的老婆孩子就可以把户口迁到矿上，就可以解决矿工和家人长期两地分居的问题。这项政策的名字简称农转非。"但为自己和家人命运的改变而一时兴奋不已的王国慧，却根本就没有料到，"农转非"容易，何新成的转学却困难重重。为了能够让何新成顺利转学，一向心高气傲的王国慧，曾经数次低三下四地去央求金泉矿小学的教导处张主任。到最后，还是何怀礼一句话点醒了梦中人。在给张主任送了一沓子人民币之后，何新成转学插班的事情方才算是彻底完成。但也就在何新成转学的同时，王国慧的身孕也成了一个焦点问题。事实上，围绕王国慧怀第二胎的书写，刘庆邦取得的可谓是一石二鸟的艺术效果。其一，折射了何新成精神失常后，王国慧和何怀礼夫妻俩的凄凉处境。倘若这个时候二胎能够生下来，何新成的精神失常对他们打击的严重程度，肯定会有所缓解。其二，由于王国慧被迫流产，何怀礼的情绪一时糟糕透顶。这样，也就引出了他对那只小花猫的虐待："何怀礼的心情之所以如此糟糕，缘于第二个孩子的失去。刚和王国慧结婚时，他以为他们会生三到四个孩子。""可是可是，真他妈的不像话，眼看他老婆的肚皮越鼓越高，眼看老婆肚子里的孩子越长越大，人家却不让他们要了。"何怀礼不知道应该最终把这笔账算到谁的头上去。也就在这个时候，那只无辜的小花猫，因为不小心偷吃了一点猪肉松而成了何怀礼迁怒的对象："这会儿好了，他终于找到了算账的对象了，这个对象不是人，是那只猫，那只该死的猫。他当初就反对儿子把猫带到矿上来，猫果然是一个让人讨厌的坏东西。竟敢偷吃他给老婆买的肉松，这不是找死是什么！"眼看着自己的好朋友小花猫就要大祸临头，何新成虽然也像小花猫一样在发抖，却不能不发声替小花猫向爸爸求情，希望何怀礼能够原谅他的好朋友。没想到，何怀礼面对儿子的求情不仅置之不理，而且还特别残忍地把小花猫从四楼扔了下去。

　　小花猫的此种悲惨遭遇，所引发出的便是何新成转学后在校园里遭受的各种委屈："何新成的委屈先是在校园里受到了歧视和欺负，他的委屈还一直没有在家里表现出来。现在爸爸残忍地扔掉了他心爱的小花猫，使旧的委屈上增添了新的委屈，两个委屈加在一起，终于超出了他对委屈的忍受能力，他再也忍不住了。"归根到底，何新成之所以会如此这般地眷恋这只小花猫，因为它是何新成进城后唯一的精神慰藉："小花猫虽然不是一个人，但他对小花猫比任何人都觉得亲密。包括生他养他的妈妈。""他和小花猫之间的联系是感情的联系，也是心和心之间的联系。如果说新成和小花猫之间有一根纽带的话，那就是情感和心灵的纽带。扯断这根纽带，难免使新成的情感和心灵都会带出血来。"无论如何，我们都应该认识到，从乡村到城市，对于还只是一位小学生的何新成来说，要完成心理的转换，是一个非常艰难的过程。除了乡村与城市之间客观上存在的文明落差之外，更有来自城里的同学比如华阳虎的人格侮辱。那一声又一声的"土鳖"称呼，对何新成的心理世界自然会形成极强烈的刺激。在何赵庄的时候，何新成的学习成绩很好，再加上爷爷是村里的主任，班主任又是自家的堂叔，所以拥有某种莫名的优越感。但"到了金泉矿小学就不一样了，可以说他的地位一落千丈。土鳖的外号像是把他和别的同学区别开了，他怎么也融入不到同学的群体之中"。关键问题还在于，随着年龄的增长，这个时候的何新成已经不再是原来那个有什么话都会和妈妈讲的小学生了。进入阳贝市之后的何新成，已经开始学会了自我压抑："何新成想跟妈妈说，这里的同学看不起他，瞎给他起难听的外号，但他没有说。他已经有了自尊心，并开始学会了自己压抑自己。"既然没有正常的渠道交流宣泄，何新成的所有苦闷都只能憋在肚子里。值此特殊的时刻，那只小花猫对何新成的重要性也就不言而喻了。在和他一向最亲近的母亲王国慧都没有意识到他有心理问题需要解决的时候，这只来自何赵庄的小花猫，也就在有意无意之间成为何新成最大的情感慰藉。因为小花猫对正处于心理转换过程中的何新成有着如此重要的意义，所以失去它带给他的才会是一种"撕裂般的痛感"。

等到第三次冲突发生的时候，何新成已经是矿中的一名初中生了。这个时候，由于王国慧的乖巧伶俐与善于钻营，他们家的情况也已经今非昔比，发生了很大变化。先是王国慧自己，不仅参加了工作，而且还成为居委会的副主任，级别上升到了所谓的副科级。然后是何怀礼，不再需要以采煤队副队长的身份下井作业，而且还被调到矿上的调度室当了副主任。与此同时，他们家的住房条件也有了明显的改善。由于房子从一居室变成了两居室，所以何新成也就拥有了自己的独立卧室和独立空间。但就在一切看上去都已经走上正轨，都越来越好的时候，初中二年级的学生何新成，却遭遇了一次初恋带来的情感危机。何新成出现情感危机的信息，最早是由班主任邹老师在电话里传递给王国慧的："一个人的情感跟一个人的注意力和学习成绩肯定是联系在一起的，我注意到了，何新成同学最近在上课时精力不够集中，你看着他是在听课，眼睛也看着黑板，但他的目光是散的，走神儿不知走到哪里去了。他的作业也不如以前做得认真，不该错的题他却做错了，学习成绩出现了下滑的趋势。"邹老师之所以要打这个电话，就是要和家长王国慧联手，一起把何新成的这次情感波动掐灭在萌芽阶段。按照她们俩见面后邹老师的介绍，何新成这次情感波动的对象是和他一起考入矿中的小学同学周丽娟："那个女同学叫周丽娟，她是与何新成一起考入我们矿中的。据同学们反映，他们两个互相写纸条，互相赠银杏叶子，叶子上还画了心的形状。他们两个一块儿上街，何新成给周丽娟买冰激凌，周丽娟请何新成吃麻辣烫。一进教室，他们两个老是互相看，一会儿看不见对方，似乎就有些不安，站也站不稳，坐也坐不牢。这样的心态，怎么能不耽误学习呢！"原来，事情的起因来自周丽娟满含温情的目光："光照在他脸上，他明显感觉出自己的脸有些发热。那种光又像是太阳的光，但却比阳光的照射温柔一些。"投桃报李，周丽娟已经主动示好，那何新成的情感回馈也就是顺理成章的事情。问题的关键是，由于他们还只是少不更事的初中生，更由于学校对他们的情感萌动持坚决反对的态度，所以他们的情感只能处于隐秘状态。但即使如此，纸里也终归还是包不住火："然而，他们的爱恋虽说是节制的、内敛的、含蓄的，并没有热火朝天，惊天动地，可他们的眼神儿互动和秘密传递还是被同学们发现了。"一旦被同学发现并报告给老师，何新成就知道一场冲突的发生肯定在所难免。因为王国慧很早就给何新成确立了一定要读大学的远大目标，所以，"在此期间，妈妈不允许有任何事情干扰他的学习，干扰他的远大目标的实现"。事实上，也正如何新成预料到的，在获知儿子陷入情感波动之后，对谈话早已轻车熟路的家长王国慧，果然还是采取了这种方式，以便及时地阻止他这段过早出现的恋情。但王国慧根本不知道，她所习惯采用的这种谈话方式，早已被何新成深深地反感和厌弃了："妈妈既然要跟他谈话，立即谈就是了。妈妈真有绝的，还要他思想上先有个准备，明天再跟他谈。看来妈妈最好不要当官，妈妈只是当了一个比芝麻还小的小官，就这么会折磨人。他不懂妈妈使用的这叫什么办法，这个办法只能使他倍感压抑。是的，倍感压抑。在一次班会上，有个同学把压抑说成了'压样'，惹得全班同学哄堂大笑。现在他确实感到了'压样'，却一点儿都笑不出来。"尽管在这里刘庆邦穿插了一个从"压抑"到"压样"的小幽默，但我们却如同那位忧心忡忡的何新成一样，无论如何都笑不出来。一方面因为何新成对王国慧一贯行之有效的谈话方式形成了某种抵触心理，或者干脆说就是一种不无激烈的逆反心理；另一方面更因为王国慧对何新成的情感波动采取了生硬的打压方式，所以，这一次王国慧的谈话并没有取得预料中的理想效果。也因此，当王国慧最后追问何新成是否已经意识到自己的错误，是否回心转意的时候，何新成给出的竟然是："实话告诉你，什么大学不大学，我根本不感兴趣！你不要再逼我！"身为家长的王国慧，所有努力的方向都是为了能够让何新成上大学。没想到，何新成却偏偏就在这件事情上撂了挑子，表示自己对所谓的上大学已经没有什么兴趣。既如此，何新成此举对王国慧形成的强烈刺激也就可想而知："王国慧煞费苦心地跟何新成谈了半天，收到的就是这样的效果。何新成的话让王国慧吃惊不小，这是平地起风雷吗？这是夏天下雹子吗？这是有人拿棍棒击打她的头吗？这是有人往她心口上捅刀子吗？一瞬间，王国慧心里五味杂陈，百味杂陈，什么味都有，又什么味都没有。她的头有些蒙了，她的心在滴血。"正因为何新成对王国慧习以为常的谈话方式拒不接受，所以王国慧这一次的努力并没有奏效。

到最后，问题的解决还是依托了周丽娟的转学。由于周丽娟的家长同样反对女儿过早涉足恋爱，很快就通过关系把周丽娟转学到了另外一所学校。周丽娟突然离开对何新成精神世界的刺激同样非常强烈。为此，他一度灰心丧气，"在床上蒙头蒙脑地睡了一天，没有去教室上课，连饭都没吃"。但何新成某种莫名其妙的学习勇气，也正是在经受了这一事件后被激发出来的："不错，周丽娟转走了，他失恋了。他没有因失恋而消沉，而颓废，而自暴自弃。如邹老师所说，他振作起来了。他的振作有些发狠，有些跟自己过不去，甚至有一些自虐的性质。"请一定不要轻易忽略"自虐"二字，当一个学生的学习竟然达到"自虐"程度的时候，距离最终的崩溃其实也就不远了。只可惜，连同这个时候的何新成自己，也都根本不明白这个道理。关键在于，一直到这个时候，何新成都不仅没有能够忘掉周丽娟，而且在很多时候，周丽娟还变成了他发奋学习的动力："更重要和更关键的是，何新成没有忘记周丽娟，没有把周丽娟放下来，周丽娟才是他发奋学习的真正动力。周丽娟虽说转到了别的学校，但周丽娟并没有离开这个城市，更没有离开地球，周丽娟肯定还存在着。""何新成还相信，周丽娟的目标也是上大学。那好吧，让我们共同努力，大学里面再相会。"情感动力的力量是巨大的。毫无疑问，正是在如此一种情感的强力支撑下，何新成把主要精力都投入到紧张的学习生活中，最终中考成功，如愿以偿地考入了阳贝市最好的一所重点高中。因为这所重点高中的大学录取率竟然达到了百分之五十，所以能够进入这所高中，也就等于一条腿已经迈进了大学的门槛。

但是，且慢，就在王国慧为何新成的这些变化而欣喜若狂的时候，她根本就没有预料到还会有更大灾难降临到这个看似越来越完满的三口之家。我们注意到，就在上一次冲突快要结束的时候，一时恼羞成怒的王国慧，竟诅咒不听话的何新成精神上出现问题："正在气头上的王国慧接着说了一句话，这句话让她若干年后一想起来就后悔不已，陷入深深的自责。她说，何新成，你这样说话，我只能理解为你精神上出了问题，我们要把你送到精神病医院去强制性治疗。"那个时候的王国慧，肯定想不到，没过多长时间，自己的诅咒竟然就一语成谶地变成了可怕的现实。只不过，到这一次冲突发生的时候，作为对阵一方的何新成，已经是溃不成军了。这一次，对何新成原本就已十分脆弱的精神世界构成致命一击的，是一个名叫杨展平的女同学。杨展平是班里一名因多才多艺而特别自负的女学生，用她自己的话来说，就是："她在班里不负责学习，不负责体育，也不负责卫生，只负责掐尖儿，谁的学习好，谁长得帅，谁是班里的尖子，她就掐谁。"非常不幸的一点是，好起哄的同学们竟然把一贯低调内敛的何新成推上了前台，好让杨展平去掐一掐。关键问题是，杨展平到头来却又竟然不屑于去掐何新成。原因何在呢？同样用杨展平的话来表达，就是："我才不会掐他呢，我怕沾我一手奶油。"所谓"奶油"，就是奶油小牛的意思，意指男性的性格偏柔，缺少男子汉必要的阳刚之气。面对杨展平的无端指责，自觉毫无奶油之气的何新成，便一定要想方设法在同学们面前塑造自己一副非奶油的男子汉形象。这样也就有了他和一位男同学的当众冲突，虽然这场冲突被班主任夏老师发现后及时制止。但恐怕连夏老师都想不到，这次冲突被制止的结果，竟然是何新成精神世界的彻底崩溃："何新成的精神受到的刺激是叠加的，越加越多，越加越重，他的精神就到了崩溃的边缘。"受到强烈刺激的何新成，这天晚上做了一个前所未有的梦："不管什么梦，都是精神性的。但精神性的梦和物质性的身体是有联系的，都是从人的身体里生发出来。别看人的梦无边无际，虚无缥缈，颇有些灵魂放飞的意思，但有些梦也会反作用于人的身体。恰恰因为何新成的梦把何新成的身体带动了，并造成了梦遗，才对何新成精神的崩溃起到了推波助澜的作用。"具体来说，杨展平的刺激，再加上此前他曾经偷看过的"生活片"经历，以及青春期的荷尔蒙激素，叠加在一起发生作用的结果，就是他频繁地设法向体外排出精液。由于长期处于不断泄精的状态之中，所以出现在王国慧面前的何新成，才会是那样一种特别不堪的形貌状况："何新成的眼珠正像断了电的灯泡儿一样，只剩下眼珠，光彩全无。何新成的眼泡是肿胀的，眼角黏附着一些黄色的分泌物。何新成头发蓬乱，脸色发黄，瘦得已脱了相。"到这个时候，且不要说考大学，罹患了精神病的何新成，到底能不能把生命正常地维持下去，也都成了家长王国慧所必须面对的问题。正如你已经知道的，由于何新成突然患病，王国慧他们这个三口之家的日常生存，便每况愈下，开始日益走向衰败。先是王国慧听从亲戚朋友的建议，为了医治何新成的精神病，想方设法为他找了一个名叫麻玉华的农村姑娘结了婚。没想到，结婚后的何新成，在精神病有所遏制的情况下，却形成了一种对媳妇麻玉华百依百顺的习惯。到最后，麻玉华因为索要一套房子的欲望未被满足而离家出走。她的离家出走，再次对何新成的精神世界形成了刺激："何新成的神经再次到了崩溃的边缘。如果他的神经构成了一架古琴的琴弦的话，所有琴弦已被不知名的手弹得万马奔腾，山呼海啸，达到了不能再高的高潮，似乎随时都会断裂。"然而，这个时候的王国慧，或许是因为把全身精力都投入到了那位被命名为"生生"（请一定注意，王国慧之所以要给孙子命名为"生生"，乃因在孙子身上寄托了新的人生希望："如果你们没想好，奶奶给我的宝贝孙子起个名字吧，就叫生如何？生是生产的生，生活的生，也是新生的生。一生二，二生三，三生万物。王国慧这样说着，从麻玉华怀里抱过小家伙，就生生、生生、生生地叫起来。"从这个名字的诞生过程，我们即不难看到，对儿子何新成已经彻底失望的王国慧，再度把家庭复兴的希望寄托在了孙子生生身上）的孙子身上，她并没有留心到何新成精神上的异常情况。这样一来，也就导致了小说中最后一场人生悲剧。那就是，王国慧在一天上午因为接到矿长助理的电话，仅仅离开了不大一会儿工夫，等她回来的时候，生生就已经不在儿童车里了。追问何新成，得到的回答竟然是："你走了以后，他老哭，老哭，烦人！我把他掐死了！"就这样，伴随着孙子生生的被掐死，王国慧已然复苏的人生希望再度彻底毁灭，一场家破人亡的泼天大祸也就此酿成。

身为家长的王国慧，原本对天资聪颖的儿子何新成抱有极大的希望，希望他能够通过刻苦努力学习，最终考上大学，以圆自己因过早失学而彻底错失的大学梦。没想到，到头来的最终结果，却是何新成因罹患精神病而失去了上大学的机会，而且还一失手成了一名杀人犯。一场家破人亡的悲剧，因了事与愿违，因了结果与动机的悖反而就此酿成。到这个时候，王国慧的胆结石再度发作，只能够通过手术把胆囊连同结石一起彻底切除。也只有到这个时候，我们方才恍然大悟，原来，刘庆邦关于王国慧胆结石的描写，其实有着不容忽视的象征意义。具体来说，它所象征隐喻的就是早已潜伏在家长王国慧不合理家庭教育过程中的教育隐患。这一隐患，在潜隐了很多年之后，终于以何新成罹患精神病的方式而最终爆发。关键的问题很显然是，假若说家长王国慧的家庭教育就是一场失败的人生悲剧，那么，悲剧的质点究竟何在？或者说，导致悲剧的根本原因究竟何在？虽然其他方面的原因或许都会发生作用，但在我看来，悲剧的主要原因恐怕在于个体独立人格的根本缺失。具体而言，所谓个体独立人格的根本缺失，也就意味着身为家长的王国慧，在具体实施家庭教育的过程中，只知道一味地望子成龙，一味地要求儿子何新成一定要努力学习，却从来都没有把何新成看作一个具有独立人格的人类个体来给予必要的理解和尊重。极端一点，且不要说什么人格的独立，在王国慧心里，儿子何新成在很多时候很可能只是她赖以实现自己错失了的大学梦的一个生命载体而已。除了能够上大学这一条之外，何新成其他方面的一切情感与精神诉求都是不正当的，都需要竭力地打压与排斥。也不是说王国慧就对何新成没有爱，或者说她干脆就不知道应该给予何新成必要的爱，她只有爱的愿望，但根本就不知道应该怎样去爱。又或者，也可以说，王国慧之所以没有能够把何新成作为一个具有独立人格的个体去对待，关键原因在于，她自己就从来没有过一种叫作独立人格的东西。要求一个根本不知道独立人格为何物的中国人或者说中国家长，把自己的孩子看成拥有独立人格的个体去理解和尊重，自然也就是天方夜谭了。这里的一个关键问题是，积极倡导"现代启蒙"的五四新文化运动都已经过去一百年时间了，家长王国慧他们的独立人格何以还没有能够养成？究其根本，王国慧他们独立人格的缺失，只能被看作现代启蒙失败的一种直接结果。从这个角度来说，作家刘庆邦在长篇小说《家长》中，借助于一个家庭教育彻底失败的人生个例，所书写表达的其实也不过是因个体独立人格的严重缺失而最终导致的一场人生悲剧。

灵魂的规训或者"李代桃僵"

——关于严歌苓长篇小说《666号》

一个人,到底能不能转变成另一个人,依照常识,应该是一件不可能的事情。但严歌苓的长篇小说《666号》所集中讲述的,就是一个"李代桃僵"的不可能的故事。通过这样一个发生在很多年前残酷战争期间的历史故事,严歌苓意欲深入探究的,其实是人的精神世界能否被规训的一种可能性。或者说,严歌苓在真切书写某种人性复杂状态的同时,也在探究一种存在的可能性。

故事发生在抗战时期的东北,或者更准确地说,乃是黑龙江(根据小说中曾经一再被提及的诸如哈尔滨、佳木斯、鹤岗、珠河、汤原等一些地名来判断,这座监狱肯定位于黑龙江境内)一座被日军所控制的省立监狱里。小说之所以被命名为《666号》,主要因为那位被误当作东北抗联将军赵霖宇而被捕的东北二人转艺人闵志宏入监后的代码就是666号。我们所谓假戏真做的"李代桃僵",就是指艺人闵志宏错被当作抗联将军赵霖宇抓捕进日军监狱的故事。根据小说中的描写,当时,"这个城里有三座监狱,女子监狱、军法监狱外,数这座省立监狱最人"。其实,被关押在这座监狱里的,并不全是抗联战士或反日志士。按照大越狱计划主要策划者张桂堂他们的统计,其中只有三百零五名真正的抗联战士或反日志士,其余"大部分是小偷流氓、泼皮无赖拆白党,肯定也有不少溜门撬锁的能手、坑蒙拐骗的大家,也肯定有不少个吃馆子赊账不还、赌钱把女人输掉的闵志宏……"但正如你已经预料到的,作为这部长篇小说书写主体的,肯定只是那包括几位主要人物在内的三百零五名抗联战士或反日志士。也因此,倘若仅仅从题材的角度来说,严歌苓的这部作品或可被看作旨在书写东北抗联当年抗战故事的战争题材长篇小说。正所谓"横看成岭侧成峰,远近高低各不同",能够借助于发生在监狱里的"李代桃僵"的故事这样一个特别刁钻的角度,而巧妙地切入书写东北抗联艰苦卓绝的抗日历史,严歌苓的值得肯定处首先在此。

说到当年发生于东北的抗战故事,我们首先既需要了解当时抗日队伍构成的复杂性,也需要了解在冰天雪地的白山黑水间坚持抗战的艰苦程度。前者主要体现在张桂堂对666号的一次谈话(其实是"教育",也即我们标题中所谓的"规训")过程中:"当时抗日队伍杂得很,有东北军起义的抗日队伍,有受中共领导的游击队,也有领苏联的共产国际津贴的共产党部队,还有民间自发成立的自卫队、游击队,光义勇军就好几支队伍。在九一八事件之后,抗日是件吃紧事儿,东北的抗日队伍比胡子的山头还多。"如此一种描述,首先格外真实地再现了当年东北抗日队伍构成的复杂状况。这样一来,我们自然就会明白,"九一八"事变后在东北坚持抗日的,并不仅仅只有中共领导的东北抗联。至于后者,则可以通过那位最终背叛了抗日事业,背叛了赵霖宇的警卫排长的脱逃故事而反映出来。"警卫排长二十四岁,赵霖宇是大家的司令和将军,是这个年轻排长的霖宇哥,他是将军的远房表弟。"或许与这种特殊的身份有关,他事实上参与到了赵霖宇很多的军事机密之中,尤其是密营的设定。所谓密营,很多时候就是埋藏对抗联而言至关重要的粮食的秘密处所。要知道,在当时,"一麻袋面要让一百多人活半个冬天。就着雪地下挖出来的榛果、蕨根、橡子、野枣,橡果是苦的,野枣酸甜,掺着棒子面,都好吃。那一麻袋棒子面能吃到阴历年,假如把烂马皮、臭马骨头、糟皮鞋底也混搭进去吃"。毫无疑问,也正是因为面临着如此艰难的生存境地,所以,这位备获赵霖宇信赖的警卫排长,才最终携带着六百六十七块大洋军费,在一个早晨彻底失踪。对于警卫排长的失踪与背叛,赵霖宇其实更多持一种理解的态度:"逃兵总是有的，只能怪抗联太苦，日子太不是人过的。"他所忧心忡忡的只有一点，那就是，到下次需要买粮买药的时候，到底该拿什么来支付。尤其不能忽视的是，叛逃之后的这位警卫排长，在留给赵霖宇的信中，竟然一再强调日本人对他有多好，给他提供了可谓是形形色色的各种吃食："蔫儿叛徒信里写得最多的，是吃啥喝啥，真是饿怕了，馋出大病来了。"这里的所谓"大病"，很显然不是生理疾病，而是某种严重的精神疾患。严歌苓实际上是通过一种精神分析的方式，写出了抗联当年生活的艰难状况。连同警卫排长这样一位倍受赵霖宇信任的抗联战士到后来都成了最终的背叛者，我们完全可以由此而想象到抗联当时生存处境的艰难程度。

然而，正所谓"沧海横流，方显英雄本色"，尽管说面对着艰难的生存处境，有很多人背弃了自己的人生理想，但也的确有另外一些人凭借其强力的精神意志与坚定的政治信仰而坚持了下来。这一方面，不论是张桂堂，还是赵霖宇，应该说都是代表性人物。先让我们来看张桂堂这位赢得了日本人尊重的铮铮铁汉。张桂堂，首先是一个有勇有谋的抗联战士，即使已经身陷囹圄，也仍然在坚持着伟大而神圣的抗战事业。在666号因为领唱抗联歌曲而被关进黑牢之后，张桂堂率先发起了狱友的绝食、罢工运动："那我们今天就宣布绝食、罢工。不释放赵司令，我们就不吃饭、不做工。"由于张桂堂带头闹事，等到666号从黑牢里出来后，身高马大的张桂堂被带走了。等到数天后被抬出来的时候，张桂堂基本上已经死了："不知怎么，张桂堂被抬到666号的单间里，搁在铺草上。""666号察看张桂堂的全身。大个子浑身皮都花了，烙铁烙的、鞭子抽的。他嘴巴肯定不老实来着，说了什么得罪日本人的话，一铁棍给捅进去，连嘴唇带牙齿一阵狂捣蒜，捣成了现在的这个血洞。"关键的问题是，即使已经被摧残到如此一种生命垂危的地步，日本人仍然不放过张桂堂，还企图借助于用药的机会把张桂堂置于死地。若非张桂堂自己有着高度的警觉，若非弃暗投明后的监狱看守曾顺来及时地从外边带进来街坊某位名医的草药膏，再加上666号一连数日的悉心照料，张桂堂恐怕早就一命呜呼了。就这样，张桂堂在号子里躺了整整十一天，等到第十一天夜里的时候，"他那口没牙的悄悄话，666号已经能完全听懂了"。甚至，早在张桂堂还没有完全恢复说话能力的时候，意志格外坚强的他，就已经开始继续自己被带走之前一直都在进行着的规训改造二人转艺人闵志宏，以把他彻底改造成为东北抗联将军赵霖宇。事实上，自打闵志宏在监狱里甫一露面，之前曾经有机会背过赵霖宇将军整整五天之久的张桂堂，就已经发现他其实是一个冒牌货。发现闵志宏是一个冒牌货后，张桂堂之所以没有戳穿真相，还不惜付出巨大的代价想方设法努力把闵志宏规训改造为抗联的赵霖宇将军，一方面，是他清醒地意识到群龙无首的狱内众多抗联战士和反日志士迫切需要有一个能够具有感召力的精神领袖出现："这个监狱里，人等三七开，一千人里七百歹人，现在都在赵司令带领下，心里跟鬼子顶上了牛，那些一向歹主意乱窜的心胸里，刚刚生出一点儿正气。就算拉歹徒当抗日的壮丁，也是垃圾回收、废物利用，歪打正着，他们无事生非为非作歹的一生，末了总算提炼出一点正义，七百人头顶生疮脚底流脓，聚成一条污水沟，最终能淘洗出一粒金沙，可也是真金。反日不分先后，更不分出力大小，他们出一根小手指头的力气，都应该欢迎。现在你赵司令不但要还俗回去当那臭唱戏的，这帮人好人做不成也还俗成歹人吗？太胡闹了！"另一方面，更重要的一点是，张桂堂本人在进入这个监狱一年零三个月的时间里，一直都在不动声色地策划着一场大规模的越狱计划。只有在666号被捕入狱之后，敏感而心思缜密的张桂堂方才看到了这一计划成功的可能性："指望着你能在新年运动会领导越狱暴动呢。全仗着你的号召力、影响力，把人心凝聚起来，借用胡子们毛贼们的野性、破坏力，让反日志士们突围，活出去，壮大抗日有生力量。"

无论如何，我们都必须承认，利用新年运动会而实施的这一次大规模越狱行动，乃是长篇小说《666号》最具核心意味的故事情节之一。遗憾处在于，正所谓百密一疏，或者说计划不如变化，虽然张桂堂为了这次大规模的越狱进行了多方面的精心准备与周密策划，但终于还是留下了一个可怕的漏洞。为此，张桂堂后悔不迭："他懊悔极了，再缜密的计划都出纰漏，一年多时间在心里操练这场暴动越狱，怎么就忽略了这么重要的一点？这么固若金汤的监狱，一定会有两个开关总闸，而那个开关总闸一定非常人所知，专由典狱长秘密控制。"然而，尽管这场暴动越狱计划没有能够取得完全成功，但到最后，也还是有一百五十多人逃出了监狱，并在刘庆儿的带领下，投奔了由真身的赵霖宇将军统帅的东北抗联第三路军。关键的一点是，张桂堂自己因只剩下一只脚无法和战友们一起逃出监狱，便留在狱内担任阻击任务，他也表现出了一种难能可贵的英雄本色。仅他一个人，凭借着伤残之躯，竟然利用岗楼的有利条件接连击毙了七八个敌人。正是他最后一个阶段的英勇刚毅之举，才最终赢得了甚至来自日本人的尊重："张桂堂的掩埋仪式由黑岩曹长主持，666号作为战俘中最高领导应邀参加。其他狱友还有花正白、吕大年等人。仪式相当庄严，因为日本军人崇尚死得壮烈死得值当的人。在他们看，张桂堂死得太合算了，一条命赚了七八条命。"分析至此，一个不管怎么说都绕不过去的问题就是，如同张桂堂这样一个智勇双全的英雄人物到底是怎样炼成的。这一方面，他们家人的悲惨遭遇，应该是最不容忽视的重要原因之一。关于这一点，张桂堂在与666号的谈话过程中，曾经做出过专门的交代："我媳妇儿死了。三三年冬天，我在外头跑生意。回来俩孩子跟他们娘全死了。"却原来，是因为"我们村离铁道近，铁道上过日本兵车，车上的日本兵给地雷炸死了，死了二十来个鬼子。鬼子就跑到我们村来搜捕，谁也没搜到，把我十七岁、十五岁两个儿子带走了，我媳妇儿跟着追，鬼子开枪，把她打死了。我大儿子跟一个鬼子夺枪，也被打死了。小儿子给鬼子修了半年炮楼，病死了。我爹多老实一个人，他都跟我说，怎么活人都不让活，你参加去吧"。参加什么呢？自然是参加一心一意专门抗日的东北抗联。既然一家人差不多都丧生于日本人手下，那张桂堂义无反顾的坚决的抗日行为也就可以理解了。

紧接着，就是赵霖宇这样一位出场次数极少，更多处于传说状态中的东北抗联将军。如果说赵霖宇的公开出场属于直接的正面描写的话，那么，监狱中所有关于他的传说，就毫无疑问属于一种间接的侧面描写。很大程度上，正是通过这样一种正面与侧面相结合的方式，严歌苓相当成功地刻画塑造了赵霖宇这样一位富有人情味的抗联将军形象。赵霖宇其人的性格特征，首先是抗日意志坚定。即使身处逆境，赵霖宇也不改其志，也要坚持把抗日事业坚持到底。这方面，最典型的一个事例，就是他在严重受挫后的东山再起。1933年春天，赵霖宇接到共产国际的命令，必须在两天之内攻下鹤岗。赵霖宇认为这是个馊主意，提出了反对意见，但被无端地扣上了一顶"右倾保守，悲观厌战，正义之师，却自灭威风"的大帽子。万般无奈之下，赵霖宇只好被迫攻城，结果不出所料，攻进鹤岗城仅仅两个钟头，赵霖宇所在部队在付出巨大代价之后，只能被迫撤离。关键的问题是，尽管如此，赵霖宇到最后还是要为这一次攻城失败背锅："不等他伤好，上级跟赵霖宇接上了头，不接头还好，一接头，要赵师长对独立师的惨重伤亡负责，官职给一撸到底，连军籍党籍都给撸掉了。"也因此，给二人转艺人闵志宏讲述这段故事的张桂堂，才会不由自主地替遭受巨大委屈的首长赵霖宇鸣不平："你说他十八岁入党，进黄埔，二十岁就是少校军衔，北伐打战有名的尖刀营，这回可好，只能回吉林老家。"即使被错误地"一撸到底"，赵霖宇也没有放弃自己的抗日意志。回到老家的赵霖宇很快发现，家乡有一支相当活跃的名号为"救亡义勇军"的抗日部队，领头的司令姓孙。由于赵霖宇在投奔孙司令之后各方面的表现特别出色，尤其是善于帮有勇无谋的孙司令出谋划策，很快便获得了孙司令的赏识，"从马倌跳级晋升，升成了连长"。但就在这个时候，赵霖宇却真切地了解到，这位孙司令的所谓抗日，带有突出的"玩票"性质："咱也就是让老百姓看看的。"正是在如此一种情况下，赵霖宇方才想方设法串联了四个连长，三个连副，连夜离开了孙司令："到了地儿，以他们七个人为基础，赵霖宇发展出一支一千多人的队伍，又过一年，这支队伍就发展成了三千多人。这就是鼎鼎大名的'岭北抗日游击纵队'。到了一九三六年，游击纵队被编入抗日联军的时候，人数已经扩充到五千人。"一直到这个时候，上级领导机关方才意识到当初对赵霖宇的处理不当，这样也才有了为他平反昭雪、恢复名誉的事情。针对闵志宏的困惑不解，张桂堂给出的说法是："他不图当司令；他什么也不图。他就是一个死心眼子，抗日。没图头的死心眼子，就会让周围人服他，觉着跟着他得劲儿。"

其次，是具备一种浓厚的人情味。鲁迅先生有句云："无情未必真豪杰，怜子如何不丈夫。"赵霖宇将军的人情味，突出地表现在他和妻子龚石竹的关系上。依照张桂堂的介绍，龚石竹年仅十六岁的时候，就追随父亲的步伐参加了抗联，后来还嫁给了赵霖宇将军。尤其是在她父亲不幸牺牲后，赵霖宇更是既做丈夫又当爹。在紧张激烈的战争期间，龚石竹先后两次怀孕流产，到第三胎时，赵霖宇千方百计都要保住这一胎："到了龚石竹怀第三胎，赵霖宇派人护送她到一个名中医那里抓药，怀到了六个月，石竹喜盈盈捧着肚子，提前抱孩子似的，对赵霖宇说，这次小霖宇待住了，两只小手揪得她可紧了，她感觉得真真的，小手揪着她在她肚肠里荡秋千。"为了让孩子顺利出生，到这个时候，赵霖宇毅然决定不让龚石竹再跟着部队走，想方设法把她留在了老乡家里。等到赵霖宇后来专门派人回去找龚石竹的时候，她却已经一个人悄悄抱着孩子走了，说要去找孩子他爹。从此之后，赵霖宇夫妇便各自天涯，一别经年，一直到抗战胜利后才在遥远的云南重新相聚。在这期间，也还发生过赵霖宇在哈尔滨执意坚持寻妻的一段故事。故事发生在赵霖宇带领刘庆儿他们一起前往哈尔滨执行任务的过程中。先是赵霖宇在列车上不期然间于旅客中发现了自家媳妇儿的踪影："看着真像。不过好几年没见了，谁知她现在啥样。"尽管无法确证这位酷似龚石竹的女子到底是不是自己的妻子，但一贯重情重义的赵霖宇却从此惦记上了这位女子。先是在哈尔滨火车站出口处企图拦截这位女子："就在这时，一个穿蓝印花布旗袍的女子从出站口走出来，一头短发，高挑饱满。赵霖宇一下子从担架上跳起，冲那女子叫喊：'石竹！'"后来在见到地下党省委副主席马凌云的时候，出于赵霖宇个人安危的考虑，马凌云催促他尽快离开哈尔滨，但赵霖宇却执意不肯马上离开："自从他见了疑似龚石竹的女子，他心里就在吵吵。他在找借口留在哈尔滨，因为他相信他爱的女人此刻在哈尔滨。"到最后，尽管他理性地放弃了继续寻找龚石竹的执念，却仍然要求马凌云一定要"替我找找她"。从他在血雨纷飞的战争期间仍然念念不忘妻子龚石竹的行为中，我们所强烈感受到的，正是这位将军的满腔柔情。

但归根结底，内在地支撑赵霖宇将军坚决抗战的，却是他骨子里的一种理想主义精神。我们注意到，得知刘庆儿从监狱里带出来的一百五十人仅仅一个月的时间就跑得只剩下六十六个人的时候，赵霖宇首先表示，不会有人再跑了。面对刘庆儿疑惑不解的目光，赵霖宇不无得意地抛出了他的"吃苦上瘾论"："都这样，一个月里头，该跑的都跑了。一个月能待下来，以后就不跑了。别看抗联日子苦，这日子也会让人上瘾。"曾经读书读到初中毕业的刘庆儿马上便明白了赵霖宇的意思："理想其实也是一种瘾，像任何瘾一样，一入进去都让你感觉活得比别人精彩。瘾也是一种沉醉，让你觉得胆子比真实的要大。入了瘾就让你对生命看轻了一点儿，对浮财看淡了一点儿，让你看到的是超过生命和浮财的、那晕乎乎的彼岸。"很大程度上，支撑着赵霖宇和张桂堂他们能够视苦难如草芥的，正是这样一种上了瘾的极其难能可贵的理想主义精神。

当然，不管怎么说，长篇小说《666号》中最核心的一位人物形象，也都还是那位李代桃僵的其精神世界最终被脱胎换骨地规训为抗联将军赵霖宇的二人转艺人闵志宏。闵志宏之所以被日本人错误地抓捕到省立监狱里，是因为他的外貌身材长相都酷似抗联将军赵霖宇。虽然在警察总部，闵志宏已经明确强调自己不是赵霖宇，但任署长却根本就不予采信："任署长拿起桌上一张纸，从背面看，就是那张画像师画的人像。任署长看看人像，又看看小个子，说：'赵将军受苦了。听说您一点儿都没反抗。我手下不懂事，还给您用了铐子。'"被送进监狱后，闵志宏或者赵霖宇的编号就是666号。虽然只是一个二人转艺人，但闵志宏深知，如果被当作抗联的赵霖宇自己所可能遭遇到的悲惨下场，为此他曾经一再想方设法澄清自己的真实身份："他说，你们别在我身上花功夫了，我不值得你们这么用心思。""实话告诉你吧，我不是赵霖宇，你们逮错人了。""我叫闵志宏，你们到珠河、宾县一带打听打听去，是不是有个唱二人转的闵志宏闵子。你们错逮了我，放过了赵霖宇，真正的赵司令还不知领着他的人猫在哪个山旮旯，跟你们打埋伏呢。"然而，虽然闵志宏百般辩解，但以典狱长为代表的日方却一直持将信将疑的态度。这其中，多少带有巧合意味的一点是，偏偏就在这个时候，赵霖宇因伤到苏联治疗，他的部下便减少了很多针对日军的军事行动，一时显得平静了很多。典狱长们自然而然地把这一切与闵志宏的被抓联系在了一起："自打把你关进来，这小半年，保安团都轻省不少，没听说哪个警察所又给炸了。立秋之后，日本军队进山讨伐，也没咋受袭击，全是因为你赵司令给关在我这儿。"但实际上，典狱长们之所以会越来越相信他们所抓到的这位闵志宏就是抗联将军赵霖宇，关键原因还在于，张桂堂一直在暗中想方设法规训改造着闵志宏的精神世界。

正如同我们在前面已经明确指出过的，从一开始就知道闵志宏不是赵霖宇的张桂堂，之所以要煞费苦心地以导师的身份规训改造闵志宏，一个原因是狱内斗争的确不能总是处于群龙无首的状态，另外一个原因，则是出于策划暴动越狱的需要。事实充分证明，张桂堂的规训不仅是必要的，而且也是成功的。从根本上说，也正是在张桂堂那简直就是润物细无声的规训之下，曾经那位习惯于混吃混喝偷奸要赖甚至无耻地出卖了深爱着自己的小铃铛的二人转艺人闵志宏，不知不觉地发生了一种堪称脱胎换骨的精神蜕变："赵霖宇的目光从666号的眼眶里发射出去，定在对面的白马脸上。听说装斗鸡眼装久了，俩眼珠就回不到原处，现在他也回不到闵志宏了。头脑里飞旋的，不是闵志宏的主意；闵志宏打的所有主意，都为自己怎么能好好地赖活，怎么能活得轻省，怎么能少出力多贪便宜，怎么能少花钱多吃点油水，怎么能自己活好，而明知道'好'就那一份儿，自己多点儿'好'人家就少点儿'好'，自己全好了，人家就坏了。而他现在明明在想，我承认是闵志宏，张桂堂是不是就被出卖了？这可不像闵志宏的想法，闵志宏的字典上，出卖不是贬义词。"只要是对小说写作有所了解的朋友，就都知道，刻画塑造人物形象时，人物精神世界能否逐渐变化，乃是考量一个作家是否具备艺术构型能力或者优劣与否的重要标准。正如同我们在分析讨程中已经明确揭示的，严歌苓《666号》最值得肯定的一点，就是令人信服地写出了这位666号是如何在张桂堂苦口婆心的规训下，在心理上从二人转艺人闵志宏逐渐转变为抗联将军赵霖宇的。这种变化，就连666号自己也有着明确的感受："666号感到自己变了，变得更能懂得桂堂其人其心，也更能懂得赵霖宇。他自己都能感觉到变化。退回去三十一年，他还在排队等候投胎，一边是赵霖宇，一边是闵志宏，要他选一个去投，他一定不会选闵志宏的娘胎。现在的666号都嫌弃闵志宏。"说实在话，致使666号严重嫌弃闵志宏的主要原因在于，他在自己其实比较短暂的被囚禁生涯中，已经真切地感受到了如果自己真的就是赵霖宇，将会享有怎么样一种被尊重的精神荣耀。操场上明明是一片乱糟糟的打架情形，他仅仅一声并不算高的"住手"，人们就都住了手。如此一种令行禁止的状况，甚至连张桂堂都感到特别神奇："张桂堂的眼睛透过一片攒动的人头，看着666号。这家伙跟附了体似的，原形不见了，简直就是赵霖宇的模子翻出来的。你看他，眼睛里全是威慑力，眉间透着一股英气。"也因此，等到闵志宏面对张桂堂的墓碑不由得痛心流泪的时候，就已经彻头彻尾地蜕变成了赵霖宇："666号突然觉得自己腮帮刺痛，原来是眼泪挂在那里，冻成了冰。他会为死了张桂堂这样的人流泪！这一悟让他吓坏了：闵志宏会为张桂堂这样的人痛心流泪？此刻流泪的，一定不是闵志宏，而是赵霖宇。赵霖宇在为他损折一员猛将、一位生死与共的弟兄而流泪，为在那崎岖山路上曾像骡子一样把脊背给他乘骑了五天的大个子部下流泪。"无论如何，我们都应该承认，到这个时候，那位其实贪生怕死的二人转艺人闵志宏就已经彻底被规训改造成为顶天立地、视死如归的抗联将军赵霖宇。尽管说，此后的666号偶尔也还会有人性中软弱的一面暴露出来。比如，就在暴动越狱失败，典狱长要追究责任，专门告诉他将要重处十三名主犯的时候，由于料定名单中必有自己，他体内的那个闵志宏曾经一度重新抬头："666号低下头，看着卷烟的纸慢慢散开。他666号肯定被定为主犯无疑了。以下的日子有数了。还有三天活头没有？三天六顿粥汤，就快喝到头了。他感觉身心里那个赵霖宇正在离开，想赖活着活他个寿比南山的闵志宏在一点点回到他身上。闵志宏是软乎乎的，带着人的温热，不像赵霖宇，冷冰冰、硬邦邦，浑身钢筋铁骨，一附了体，他想屈膝弯腰都办不到。"大凡人，即使是如同真正的赵霖宇这样的铮铮铁汉，人性中恐怕也会有软弱的一面存在。依我所见，能够把蜕变过程中的666号人性中软弱的一面充分展示出来，其结果只能是使这一人物形象显得更加真实可信，更加具有相应的艺术说服力。请一定注意，到了小说行将结束的第十六章，严歌苓曾经借叙述者之口，提出了一个"你是谁"的问题。首先，毫无疑问的一点是，这一问题的提出与闵志宏最终被规训为赵霖宇的身份转换紧密相关。其次，如果从一种象征性的抽象角度来说，我们也不妨断言说，严歌苓这部长篇小说的写作过程本身，就可以被理解为是对西方现代主义文学中那个带有永恒色彩的"我是谁"命题的一种遥相呼应。又或者，从某种程度上说，我们也完全可以把赵霖宇和闵志宏干脆分别看作这位666号人性世界中正反命题的两极。

但在结束我们的这篇文章之前，尚有两方面的问题必须专门提出来加以讨论。其一，是作为尾声部分存在的历史的一种遥远回声。尾声中的故事发生的时候，已经是"文革"开始之后的1968年。故事的发生地，是远在西南边陲的云南。主要写的是曾经的抗联将军赵霖宇被批斗的场景。令人倍感震惊的一点是，上台批斗赵霖宇的戴袖章的学生之一，竟然是赵霖宇将军亲生的二儿子。尤其令人难以置信的一点是，致使赵霖宇将军被批斗的主要罪名，居然是当年赵霖宇在日伪监狱里对抗联密营的叛卖："小伙子主要揭发老头儿在日伪监狱里待了一年多，叛卖了抗联的密营。写了悔过书，因而得以释放。"这一罪名，对于曾经经历过这一切的瘸子也即翟传国来说，很容易就能够说明事实的真相。这里，除了为赵霖宇正名之外，还有一个重要的问题就是，到底应该如何评价那位作为赵霖宇的替身被最终处决了的二人转艺人闵志宏。对此，瘸子翟传国与赵霖宇的夫人龚石竹可谓是各执一端。翟传国认为："我打算跟组织上谈，证明在日伪监狱里关了一年多的那个赵司令，是假的，是一个唱戏的装扮的。当年我们都让他糊弄了，每天给他上贡吃的，还到处弄烟给他抽。结果那是个骗子。"龚石竹的看法，却正好相反："要是没有他，赵司令活不到现在。四〇年、四一年日伪军讨伐抗联，多厉害呀。日伪军是信了给毙掉的那位就是赵霖宇，才没追剿到底。霖宇一直挺感谢那个冒充的赵司令，人家替他挨了子弹。可他叫什么名字，都没留下来，也不知埋在哪儿。"相比较来说，恐怕还是后者也即龚石竹的说法更加接近于历史真相。然而，格外令人惊异的另一点是，在了解到瘸子也即翟传国父子俩在批斗会现场拍了照片之后，被错误批斗的赵霖宇竟然主动为批斗者也即自己的二儿子开脱，要求自己当年的部下翟传国销毁相关照片："那张照片你就别送照相馆冲洗了。"到后来，翟传国才想明白赵霖宇的意思："照片洗出来，那个手里拿着稿子，嫩手指头对准老头儿开炮的戴眼镜小伙子，就永远留在了历史里。老头儿宁可历史里没这个画面。"但更加吊诡的一点却是，还没有等到翟传国按照老首长的指示主动去销毁照片，那一卷照片就已经因为他儿子的操作失误而全部曝光，只剩下了一片空白："全曝光啦！等于啥也没照，瞎耽误一场功夫！"说实在话，我确实没有料想到，到最后，严歌苓竟然会设定出如此一个耐人寻味的细节。那么，这一细节的深意究竟何在呢？难道说严歌苓是要提醒我们真实历史的不可知吗？不管怎么说，长篇小说《666号》的尾声部分虽然篇幅不长，但其中所蕴含的意味却是深刻而丰富的。

其二，是小说设计与叙述过程中两个叙事破绽的存在。一个是小说开头的第一章，也即那位二人转艺人闵志宏刚刚被当作抗联将军赵霖宇错捕入狱的时候。我们且先来看这位666号刚刚入狱时的现实表现。一个细节是："赵将军咧嘴一笑：'同志们好！'"再一个细节是，他告诉刘庆儿："小伙子长得挺俊，剧团里能唱花旦。我可告诉你，啊，在这儿，咱都平等，不兴叫司令啥的。叫我老赵，要不就叫666号。"依照这样的两个细节，我们不难得出结论，那就是从一入狱开始，这位闵志宏就在有意识地装扮着赵霖宇。问题在于，一方面，依照常理，既然闵志宏是被错误抓捕的，那这个时候的他，应该是想方设法洗清冤屈，千方百计证明自己不是赵霖宇才对。他怎么会一开始（也即在没有接触张桂堂，没有被张桂堂规训之前）就自觉自愿地装扮赵霖宇呢？退一步说，即使他想要装扮赵霖宇，作为一个二人转艺人，他又怎么能够讲出诸如"同志们好"与"平等"这类革命话语来呢？另一个，则是在张桂堂规训改造闵志宏的过程中，曾经给他讲述了很多与赵霖宇紧密相关的一些既往生活故事。根据叙述者的交代，张桂堂之所以能够了解到这一切，乃因为他在背着赵霖宇四处转移的那五天里，已经和这位叱咤风云的抗联将军结下了深情厚谊："张桂堂这一手防得好。桂堂背着赵霖宇作战转移的那五天，赵霖宇跟桂堂成了生死之交。就那个时候，跟他说了照片上每个人的名字、来历、家境，每个人都能编出一篇好书去说。"尽管严歌苓意识到这一问题后，在叙述过程中已经做了必要的铺垫，但细细想来，其中恐怕也还是显得不那么真实。无论如何，我们都很难想象，在四处作战转移的艰难过程中，仿佛就已经预料到此后必须充分讲述赵霖宇的故事以规训闵志宏一样，作为一名基层抗联战士的张桂堂，竟然能够了解到抗联将军赵霖宇那么多的生活习惯与身世秘密。也因此，在我的理解中，倘若严歌苓在写作过程中能够很好地弥补上这两个方面的艺术缺陷，那长篇小说《666号》无疑将会取得更高的思想艺术成就。

草原风情、强者基因与现代文明

——解析王怀宇长篇小说《血色草原》

在中国现当代文学史上,以草原为表现对象的小说作品,其实并不多见。现代文学阶段,值得注意的,恐怕只有东北作家群成员之一端木蕻良的长篇小说《科尔沁旗草原》。进入当代文学阶段后,很可能是受到了民族自治政策的影响,这方面的作品开始增多。在笔者有限的个人视野中,诸如玛拉沁夫的长篇小说《茫茫的草原》及其一系列短篇小说,张承志的中篇小说《黑骏马》、短篇小说《骑手为什么歌唱母亲》,肖亦农的长篇小说《穹庐》及其一系列中篇小说,姜戎的长篇小说《狼图腾》等,可以说是其中代表性的作品。从写作者的民族构成角度来考察,端木蕻良为满族,玛拉沁夫为蒙古族,张承志为回族,肖亦农和姜戎均为汉族,其构成成分也并不单一。虽然说由于受到不同时代意识形态影响,这些作品各自的关注重心也有不同,但对于草原自然风貌以及草原特有的社会风情的描摹与书写,却可以说是其中辨识度极高的核心文化元素。

作家出版社推出的汉族作家王怀宇长篇小说《血色草原》堪称"壮怀激烈",我们也应作如是观。一年前,这部长篇小说曾以《红草原》为题刊载于《中国作家》,小说不仅仅讲述着草原汉子骁勇猎狼的剽悍故事,也深深蕴含着草原人群与狼群同生共存的命运哲学。以查干淖尔大草原霍林河畔塔头滩上王氏和胡氏两个家族兴衰为主线,通过对王氏几代弱民呕心沥血执着争当强者、争当英雄艰辛历程的描述，塑造了一个又一个铮铮铁骨、不懈追求的草原人物。尤其塑造了面对苦难天性乐观、永不言弃、刚柔并蓄的祖母这个独特形象，充分展现了东北草原人的生存状态和别样性情。

事实上，从故事时间的角度来说，《血色草原》以第三十四章为界，可以被划分为明显不同的两个部分。前一个部分的主体故事情节，基本上发生在共和国的前三十年。其中标志性的两个因素，一个是"我"的祖父王得强，曾经与同伴胡老五一起，应征参加过抗美援朝时期的前线担架队员。20世纪50年代初期的那个时段，也因此构成了主体故事（尽管在其中也穿插有王老黑、胡赛虎、马兰花他们更早一代人的故事，但这些故事其实是相当边缘化的）的起始时间。另一个时间因素，就是我们一家逃离塔头滩的1975年。这个时间，毫无疑问也可以被看作前一个部分故事的终结时间。后一个部分的主体故事情节，主要发生在改革开放一直到市场经济的90年代。具体来说，前一个部分主要讲述发生在"血色草原"塔头滩的故事，后一个部分主要讲述发生在现代化大城市的故事。关键问题在于，虽然是发生在两个不同时段的故事，但作家在进行艺术处理时却并没有平均使用力量。即使仅仅从所占有的篇幅我们也不难做出判断，作家的书写重心更多地集中在了与第一人称叙述者"我"的青少年记忆紧密相关的前一个部分。

依照王怀宇特别设定的第一人称回忆式叙述基调，以及渗透于整体叙事过程中的难以抑制的充满乡愁的情感基调来判断，《血色草原》是一部带有一定自传色彩的长篇小说。进一步说，这种自传色彩又与小说突出的散文化特征存在着某种相辅相成的紧密关系。"查干淖尔大草原深处的塔头滩上，苇草丛生，湿地成片，就更加显得广袤而神秘。夏天，一野碧绿；冬天，满目苍白。我永远都无法抹去塔头滩留在童年记忆里的深刻烙印，草原风掀起一拨又一拨浩荡草浪时，总能让我联想到马群的脊背，牛群的脊背，羊群的脊背，甚至是狼群的脊背……最后这些脊背奔涌成血味十足的红色肉浪，翻滚的草浪间时隐时现的塔头墩子就像一群群黑色妖灵，一直在辽阔的查干淖尔大草原上纵横驰骋……""伴着亘古传唱的皈依颂文和草原民谣，草原风永不停歇地刮着。草原风刮过碧波荡漾的查干湖,刮过草浪摇曳的西大洼,刮过无边无际的塔头滩,刮过神秘莫测的鸡爪壕……除了一阵阵沁人心脾的蒿草味,一路上还裹挟着苦嗖嗖的野花味和咸丝丝的汗腥味,有时还夹杂着温吞吞的马牛羊等食草动物粪便的柴腐味,或者是热乎乎的狼狗猫等食肉动物粪便的酸臭味,那是每个塔头滩人都熟悉的草原上特有的复合气味。那气味一点儿都不难闻,对于塔头滩人来说那是最让人心安理得的气味。甚至可以说,那是草原上亘古不变的别样芬芳。浑厚浓烈的气味穿过河流,穿过草地,穿过我困惑而迷茫的整个童少时代……"只要细致地品味一番小说中这两段文字,你就不难感受到其中存在的散文化意味。王怀宇的这部《血色草原》,部分章节散文笔法的运用,于有意无意中使作品具有了诗意气质,也增添了作品的磅礴气势。

"在人们的常规印象中,大草原通常应该是碧绿色和墨绿色的,或者有时会是土黄色的,顶多也就是灰褐色的,但在我根深蒂固的童年记忆中,不仅仅是塔头滩,就连整个查干淖尔大草原都是红色的。无论春夏秋冬,大草原一直都是红色的,并且永远都是红色的,宛如一头巨大无比的红发魔兽……"明明从外观上看绝对与所谓的红色无关,那么,叙述者"我"也即王龙飞根深蒂固的童年记忆中的查干淖尔大草原为什么会是红色的呢?更进一步说,作家王怀宇为什么执意要把自己的这部长篇小说命名为"血色草原"呢?原来,这一问题的答案,与小说的文本内容存在着格外紧密的内在关联。《血色草原》的文本内容,进一步可以被切割为三大块。一大块,是"文革"结束后的城市生活书写,这一块集中在前面所说的后一个部分。另外的两大块,其中一块是那些更多与塔头滩的夜晚联系在一起的充满温馨气息的草原故事,以及关于草原自然风貌的书写,另一块则是同样发生在塔头滩的那些其实充满血腥气息的草原争斗故事,二者并存于"文革"结束前与"我"的童年记忆紧密相关的前一个部分。

首先,让我们先来看塔头滩那些温馨的草原故事这一块。这一块更多与草原上的女性,具体来说,也就是老胡五奶和"我"的祖母这两位女性形象紧密联系在一起。其一,是老胡五奶。"我耳畔除了经常回荡着祖母讲的故事,也回荡着塔头滩上其他人讲的故事。比如，关于查干湖里到底有没有湖妖那些稀奇古怪的故事就是从爱讲瞎话儿的老胡五奶那里听到的。老胡五奶最常用的口头语就是'我的妈亲呀'。独特之处在于她把'我'读成长长的扬声。"因为在整个查干淖尔大草原，都会把年满十八周岁看作男性进入成人世界的一条严格界线，所以，出生于"臭名昭著"的王氏家族的"我"方才有可能以孩童的身份经常前往老胡家，与一众年龄相仿的小伙伴一起，听老胡五奶那些"吓人"的瞎话儿："如果想听瞎话儿，孩子们吃过晚饭就得往老胡五奶家里聚了。大家要从外面搬进足够用的干牛粪，直到把地炉烧得通红通红的了，地炉上的大水壶都响开好几遍了，老胡五奶才左手拎着大烟袋、右手端着大茶缸子缓缓地走过来。她并不马上加入孩子们杂乱无章的对话，而是坐在地炉子旁边的老位置上'吧嗒吧嗒'地抽旱烟，'吸溜吸溜'喝红茶。"就这样，在草原的夜晚，一位满肚子故事的草原女性，一群对故事充满期待的草原孩子，团团围坐在热烘烘的地炉旁，开始了他们那看似无主题漫游式的无厘头故事会。别的且不说，单只是草原夜晚故事会这种形式本身，就已经充满温馨的气息了。事实上，也正如你已经预料到的，在这故事会上，老胡五奶讲述的也都是一些亦真亦假的带有神奇和诡异色彩的民间故事。比如，二老仙如何在静谧的夜晚神不知鬼不觉地帮人干活的故事；比如，外号"徐大胆子"的徐大草是因为受到怎样的一种惊吓变成"徐大疯子"的；还比如，到底有没有湖妖？如果有，那么，湖妖到底是怎么个模样，以及湖妖为什么偏偏要收走"徐大疯子"。尽管说这些故事大多都有着明显的虚构特点，然而，它一旦从老胡五奶的口里讲出来，就似乎被赋予了一种神奇的魔力一般令人不能不信。当然，同样深深印刻在"我"童年记忆中的，更有那瞎话儿散场后回家路上的战战兢兢："为了在听完老胡五奶的瞎话儿后不耽误回家睡觉，我肯定要带上我的'掏捞棒子'和祖母的人黄狗为我一路壮胆的。多少个寒来暑往，多少个春夏秋冬，那条午夜回家的草原村路上，得留下我多少次的回头回脑，多少次的战战兢兢啊！"为什么会如此这般胆战心惊呢？道理说来其实非常简单。一个是因为夜深人静，另一个是因为刚刚听过的鬼怪故事，二者拼贴到一起，一个走夜路的少年，不起一身毛骨悚然的鸡皮疙瘩才怪呢。其实，也不仅仅只是如同"我"也即王龙飞这样的草原孩子，即使是类似于笔者这般年龄的曾经有过乡村生活经历的成年人，在幼小时也都有过差不多相同的人生体验。

与老胡五奶草原夜晚的瞎话儿紧密相关的，实际上是少年时期的"我"对老胡五奶的漂亮孙女胡小慧的真心恋慕："由于我经常认真倾听长辈们的讲述，就比一般孩子知道的事情多一些。同时我不得不承认，我也比草原上其他的同龄孩子早熟一些。我的早熟不仅仅体现在学识和心智上，更体现在对待异性的微妙心理上。""用今天的话说，胡小慧就是我心中的小女神。加上她还拥有着更潜在的魅力，就是她将来一定会归属于草原上最好的男人这一现实。于是，她本来就好看的小脸上又笼罩了另外一道更美丽的光环——未来草原上最好男人的小媳妇。"既然内心里特别喜欢胡小慧，那肯定就渴盼着能够经常见到胡小慧。怎么样才能实现这个目标呢？一个有效的途径就是去听老胡五奶的瞎话儿。作为老胡五奶的孙女，胡小慧当然会跟奶奶住在一起。这样一来，虽然从表面上看"我"是热衷于去听老胡五奶的瞎话儿，但在实际上，"我"的私心却是可以借这样的机会好冠冕堂皇地去见胡小慧。正所谓，"明修栈道，暗度陈仓"者是也。"我"之所以总是不顾及祖父的强烈不满，坚持去听老胡五奶的瞎话儿，根本原因正在于此。为了讨得胡小慧的欢心，"我"曾经一门心思地想要去打雪雀儿，只因为胡小慧最爱吃烧熟的雪雀儿。实际上，也不只是打雪雀儿，其他诸如抓红靛颏儿、栽种苹果树等举动，也都与"我"对胡小慧的倾心恋慕紧密相关。"我一直没能把装上一只漂亮山雀儿的精美笼子献给心爱的小慧，这一定是我少年时代最大的一件憾事，就如同塔头滩上漫长而寒冷的冬天。"正如同这样充满抒情意味的文字一样，小说中关于少年的"我"暗恋胡小慧的故事，毫无疑问构成了《血色草原》最动人的篇章之一。

同样以突出的温馨色彩而动人的篇章之一，是王怀宇在《血色草原》中关于查干淖尔大草原自然风貌的生动描写。"初秋的草原，处处草香浓郁。各种各样的蒿草都成熟了，有开花的，也有不开花的；有带豆荚的，还有带芒刺的。最常见的蒿草有柳叶蒿、小叶章、星星草、节骨草、止血草、山马兰和百里香等,其间还零星夹杂着蒲公英、狼毒花、苦马豆、歪头菜、白头葱、车轱辘菜等,扑鼻的花香草香,从早到晚香遍了整个查干淖尔大草原。"这是关于草的描写。草原草原,当然要以"草"为主。"祖母说,谷雨过后,乡间就开始飞舞着各种各样的山雀儿了。除了河边上经常出现的灰野鸭、大鸿雁、叼鱼郎、长脖老等、油拉冠子等大型水鸟外,田地里的小型山雀儿也不少,常见的有大麻榨子、牛尾黄、老铁背、红麻料、胡巴喇、白眉子、黄眉子、三道背、青头愣等。还有更小一些的山雀儿,比如柳树叶子、牛粪球子等,就更没人肯去搭理它们了。"这是关于草原鸟类的总体描述。"云雀和凤头百灵子长相相似,只是云雀比凤头百灵子个头稍大一些,羽毛颜色稍深一些,但是它们之间有着本质上的不同。虽然都是通体长满了大麻籽式的杂羽,但云雀最大的特点并不是它的身型和羽毛,而是它的叫声。尤其是雄云雀,那叫声如歌,歌声或高亢,或婉转,每每从云际飘下,宛如仙乐。"这是关于云雀的个体描写。作家把草原自然风貌的描写有机地渗透进了叙事的过程之中,并使得二者达到了一种水乳交融的艺术效果。这一方面,最典型不过的就是这样一个片段描写:"经常单独到草原上冥想的我还真发现了一个好玩地方——鸡爪壕外大西边有一大片格外碧绿的青草地。翠绿翠绿的青草每年都长得那么生动、那么迷人,绝对是我梦中最好的青草地。我还梦想着能有那么一天,我领着心爱的胡小慧单独来到这里,这里一定会成为我和胡小慧的幸福乐园。只有胡小慧才会真正领略到这片青草地的美好。那时,我们会在这块美丽的青草地上尽情奔跑,跑累了我们就四脚朝天地躺在这片芳香的青草地上,我们放声歌唱,我们大口呼吸……这里还奇迹般地长着一棵老黄榆树,神秘而清净;这里虽危险,但浪漫。这里有风有雨,有悠悠飘过的白云;这里有蜂有蝶,有悄悄开放的花朵;这里有鸟叫有蛙鸣,还有远处惬意游走的牛羊们的轻声呼唤……这片神奇的青草地就像是为了见证我和胡小慧的相亲相爱而刻意存在着、一直等候着!这里的空旷和荒凉也不同,这里的空旷是为两个人进行准备的空旷,荒凉也是为了谢绝第三者干扰而特制的荒凉……"毫无疑问,这一段叙事文字在以憧憬的方式表达着"我"对胡小慧的一片痴情的同时,也非常巧妙地把草原自然风貌的书写融入了其中。唯其情景交融,有着强烈的感染力,读来才特别打动人心。

其二,是"我"的祖母杨树花。从客观的艺术效果来看,《血色草原》中刻画塑造最成功的人物形象,绝对应该是"我"的祖母。祖母最早是以既往历史的讲述者与"我"的训教者身份出场的。"除了自己的亲身体会和间接感悟,我对塔头滩的认识更主要是来源于祖母的讲述。尤其是在我记事之前,我对大草原及塔头滩冬猎队的认识基本上都是从祖母那里获得的。哪怕是讲到王氏家族的耻辱,祖母也从不避实就虚,更是拒绝文过饰非。祖母总是给我讲述那些真实地发生过的事情,发生在王家人身上的故事总是尴尬多于体面、耻辱多于光荣。祖母对我说过的每一句话,至今仍然完好无损地保留在我的记忆深处。"祖母之所以能够成为"我"的训教者,与她身上拥有的文化修养紧密相关:"祖母出身于中医世家,是塔头滩上少见的有修养、有文化的女性。"毫无疑问,祖母的文化修养,与她出身于中医世家紧密相关。在她成长的那个时代,若非拥有中医世家的背景,她根本不可能接触到高层次的文化知识:"据说祖母小时候还读过《论语》和《史记》呢,她对草原上流传的历史故事和草原上生活的动物和植物也很有兴趣,有关王氏家族的故事就是祖母一边做家务活儿一边讲给我听的。从我记事开始,祖母就没停止过对我的耐心教诲。""除了教我做人,祖母还教给我许多历史常识和生态知识。"也因此,如果说小说的前一个部分也可以被理解为"我"的成长过程的话,那么,在"我"的成长过程中发挥着重要启蒙与训教作用的,肯定就是"我"这位见多识广、有着丰厚文化修养的祖母了。

除了拥有足够丰厚的文化知识之外,祖母身上更加值得注意的一点,乃是她那种淡定从容、宠辱不惊的人生态度:"那天,除了打山雀儿的常识,我还从祖母身上学到了另外一些东西,不仅仅是表面上的打山雀儿流程,还有对突发事件的判断能力以及对复杂局面的把控能力。好像还有很多很多只可意会不可言传的人生哲学……我近距离地感受到了祖母身上暗藏着的那种隐忍执着、沉着淡定的人生态度,那天我们满载而归。"要想真正地理解祖母的人生态度，一个无论如何都不可能被回避的问题就是，作为塔头滩名震一时的大美女，她到底为什么要下嫁到早已声名狼藉的王家？这个在很大程度上可以被看作前一个部分推动主体故事情节的艺术悬念，早在小说开头处，就已经被叙述者"我"明确提了出来："祖母肯定是塔头滩上的一个例外。我偷偷端详过祖母那依然秀气的脸颊，常常暗自揣摩，谜一样的祖母当初为什么选择下嫁给我那身体已经残疾了的祖父呢？各方面都那么出色的祖母为什么没有嫁给同时代的大英雄胡老五呢？"王怀宇在小说中给出的交代，一段是："我真的无法想象漂亮的祖母当年是在何种境况才肯下嫁给我祖父的。但事情就这样发生了，就在某个风和日丽的早上，中医世家的祖母伴着她老父亲杨大算计恶毒的咒骂声，毅然决然地嫁到了王家，她就那么淡定地来了，是背着一个大中医箱子来的。她心中肯定有一个无比美丽的梦想在支撑着她，她要让王氏家族的男人从此健壮起来，走向辉煌……"另一段则是："也许就是因为我祖父那代王氏男人的强烈抗争意识于某个暗蓝色的不眠之夜打动了我的祖母，她才大逆不道、赴汤蹈火般地委身于一个弱民，才没去计较那个时代一个漂亮女人最应该计较而且唯一应该计较的事情吧？这是我一直以来的无据猜想。"到了祖母临终前，王怀宇写道："我想，这就是女神一样的祖母下嫁给残疾祖父的潜在原因。祖母表面上的下嫁与她高深的内在素养有着直接关系。"综合这三段叙事话语，祖母之所以要下嫁给"我"的瘸腿祖父，根本原因有二。一是祖父身上的强烈抗争意识，二是她自己心中的美丽梦想，或者说高深的内在素养。祖母下嫁给了祖父的理由还是充足的。也因此，祖母这一人物形象是具备人性深度的。

在塔头滩不无残酷的所谓"草原红鹰"的竞争过程中屡屡败北因此而声名狼藉的王氏家族，之所以能够勉强在塔头滩站住脚，很大程度上是依赖于充满柔韧生命力的祖母的强力支撑："在我童年的印象中，祖母一生都在真心实意地为王氏家族操心、上火。她为王氏家族分担着一切能够承担和不能够承担的沉重。"身为柔弱女子的祖母，之所以能够凭着自己的柔韧之力支撑起整个王氏家族，关键原因还在于她有着祖传的悬壶济世本领："祖母嫁到王家时带来了不少秘方,尤其是小儿脐带风的小红药丸,更是药到病除,救了很多小孩儿的病,被誉为'救命奶奶'。"尤其难能可贵的一点是,在草原行医治病的过程中,祖母从来都不会收取病人一分钱。别的且不说,单只是这一点,就给她自己以及王氏家族积攒下了相当丰厚的人脉资源。也因此,在"我"的感觉中,祖母简直就是草原上难得的一个传奇:"我由衷觉得祖母就是一个传奇。""灾难过后,祖母依旧乐观。从祖母的乐观中我看到了人世间巨大的坚强。是祖母对生活的乐观态度一直支撑着王氏家族成员在苦难中前行。"在很大程度上,祖母不仅乐善好施、慈悲为怀,还支撑着一个家族,所以,她后来的不幸去世才会在草原上引起那么大的反响:"令人意外的是,祖母的死竟在塔头滩上引起了轰动效应。""唯一得到野葬的老爷也没产生什么响动,而祖母的死却有了这么大的动静。按照过去的习俗,祖母配得上最高规格的野葬,但这时政府已经不允许野葬了,王家人也只好给祖母选择了普遍采用的土葬方式。"尽管被迫采用了土葬的方式,但草原上的人们依然络绎不绝地自动前来拜祭"我"的祖母:"如果说多年来表现恶劣的王氏家族在塔头滩上还积攒了一点人气的话,主要还是源自祖母。因为祖母会看病,草原上的很多人都对祖母怀有感激之情。在王氏家族的男人们一个接着一个纷纷倒下去的时候,是祖母凭借一个小女人天性乐观、永不言弃的绵薄之力在支撑着王氏家族,让只剩下一个空架子的王氏家族的门面没有最后坍塌。"

其三,进入我们分析视野的,是与小说标题紧密相关的发生在塔头滩上的那些草原争斗故事。塔头滩人奉"猎狼不使刀枪""捕鱼不用渔网"为至尊法则,这里所发生的洪荒故事与众不同。正因为与小说标题有关,所以,这一块可以看作《血色草原》中最重要的一部分。这样一来,自然也就涉及了塔头滩胡、王两大家族围绕所谓"草原红鹰"的争斗故事。故事的缘起,乃是草原上长期以来形成的不成文的强者逻辑:"总之,在很久很久以前,塔头滩就成了角力厮杀的圣地,就成了繁衍彪悍的地方。所以在后来的日子里,不管又来了哪个民族的人群,都一概被这里既有的勇猛之伍所洗礼、所同化,让不屈之魂渗透到每个生命的血液和骨髓深处。然后形成一种约定俗成的生存氛围——所有的男人和雄性必须首先告别任何形式的懦弱才有资格在这里生存。"更具体地说,这种不成文的强者逻辑,集中不过地体现在关于所谓"汉哥""把头"以及"草原红鹰"名号的争夺上。"人们把最受尊重的猎手称作'汉哥',把最瞧得起的渔人叫作'把头'。"真正的"汉哥",从来也不屑于使用猎枪,他们只是用一根两尺余长的"掏捞棒子"来对付草原上最凶恶的猎物——狼。关键还在于:"称得上'汉哥'的猎手从来不找狼的短处,他们愿意看到凶恶的草原狼施完浑身解数后俯首认输,这时他们才伸出大手揪住狼的后背将其擒到马上。"同样的道理,"把头"的产生方式也非同寻常:"草原上真正的'把头'从来不用网,他们仅凭一柄锈迹斑斑的黑色钢钩和一双有力的手臂来对付霍林河里最霸道的巨型狗鱼。常常要和垂死挣扎的巨型狗鱼滚作一团,拼个你死我活……"由此可见,在塔头滩,要想同时成为"汉哥"与"把头",其实是非常艰难的一件事情。关键还在于,只有同时拥有了"汉哥"与"把头"两个头衔的塔头滩汉子,才可以最终获得最令人尊重的所谓"草原红鹰"的荣誉称号。到了前一个部分主体故事情节发生的这个历史时期,与草原上的强者逻辑,与"汉哥""把头"或者"草原红鹰"紧密联系在一起的,就是由"我"祖父的祖父,也即"我"的远祖王老黑初始成立的塔头滩冬猎队。正如同你已经预料到的,要想成为冬猎队的队员,必须同时具备这样一些硬性的条件。首先,必须具备过硬的骑术;其次,必须拥有足够的力量;再一个,必须具备坚强的意志品质,能够在困难的情况下坚持不懈。

就这样,围绕着争夺"汉哥""把头"以及"草原红鹰"的名号,围绕着草原上一种不成文的强者逻辑,围绕着如何才能够成为冬猎队队员,尤其是队长,塔头滩的胡、王两个家族便展开了激烈的争斗。或许与内里的遗传基因有关,或者更决定于个体的身体状况,反正,一个不争的事实是,在这种残酷的争斗过程中,胡氏家族一直占据着上风。胡老五在既成为"汉哥"也成为"把头"的情况下被称作"草原红鹰",他的儿子胡二勇子,也在成为"汉哥"后,娶了"我"美丽的二姑为妻。与胡氏家族形成鲜明对照的,则是屡战屡败的王氏家族:"在祖母的讲述中,从祖父那代起,王氏家族在塔头滩上演的都是悲剧。祖父率领他的儿孙们一直在为'汉哥''把头'和'草原红鹰'而奋斗着,他们呕心沥血,身负重荷,匍匐挣扎在众多强手的脚下,年复一年,始终没能如愿……"但王氏家族还是无限崇敬让他们苦难压抑的塔头滩,顶礼膜拜让他们撕心裂肺的霍林河。而缔造王氏家族后人们一系列苦难的人又恰恰是王氏家族自己的一位先辈。先是祖父自己,虽然心怀壮志,怎奈九岁时在一次高强度训练中不幸坠马摔断左腿,从此被命运宣布与"英雄"绝缘。此后的祖父心有不甘,在左腿被摔断的情况下,通过不懈努力成为一名优秀骑手,最终却因为参加前线的担架队落下严重的风湿病,从此彻底告别了草原上的强者称号。然后是祖父的弟弟王得盛,在角力时眼看着就要扳倒大黑牛,没想到却被大黑牛高挑在空中,落在备用大公牛的犄角上不幸身亡。接下来,就到了"我"的父亲这一辈。到了父亲王耀祖这一辈,兄弟一共三人到头来没有一个能够在草原强者的争斗中占得上风。这其中最有代表性的一位,就是"我"的父亲王耀祖。与心怀壮志的祖父相比较,父亲王耀祖的根本问题在于,他在内心深处恐怕一直都没有把争做草原强者当作一回事:"不知道父亲是因为自己笨才回避骑马,还是因为他的心思压根就没用在骑马上,父亲似乎与祖父的渴求背道而驰。父亲格外喜欢坐下来看书,不管啥书,他抓起来就看。晚上没油灯时,他就趴在灶坑旁借着闪闪烁烁的柴火光看书。"在前一个部分的故事里,父亲曾经很多次被迫去参与冬猎队队员资格的竞争,没有一次不以失败而告终。因此,不仅是"我"的祖父对他的儿子特别失望,即使是尚未成年的"我",也对看似强壮、实则无能的父亲感到失望:"祖父对父亲彻底绝望,同时对二叔和老叔也大失所望的那几年里,格外重视我。一天得叫我十好几次'龙飞子,大孙子'。从那时起,我就知道人世间还有一种无可奈何的幸福叫彻底绝望。""父亲则背对着窗户坐着,手里正翻着一本什么破书。自从祖父对父亲绝望后,父亲看书也越来越公开化了。我望着父亲粗壮的手指不时地翻动书页和他那离书很近的眼睛,火从心底往上烧。我就是从那一刻起,彻彻底底地从内心深处否定了父亲。我发誓不再叫他父亲,这已远远不是从前那种单纯的瞧不起了。"

对于父亲的"懦弱无能",以及祖父和"我"或者说整个塔头滩当年对父亲的普遍厌弃,我们到底应该做出怎样的一种理解与评价?一方面,如果仅仅局限于当年的塔头滩来看,那么,塔头滩对父亲对整个王氏家族的否定与厌弃,是有道理的。之所以会是如此,主要因为查干淖尔大草原长期以来所形成的是一种渔猎、农耕和畜牧三位一体的文化形态。在如此一种文化形态中,面对着残酷的生存竞争,塔头滩自然会形成崇尚强者的人生哲学:"塔头滩人从来不怕困难,更能直面残酷的物竞天择。每个物种的孩子都不可能全部存活下来,包括塔头滩人自己。必须经过天敌的淘汰,否则这个世界将不复存在。利齿深陷骨肉,表面上看着残酷,实际上却是在帮你精挑细选。只有经过严格的优胜劣汰,一个物种才能长久地存活下去……各种灾难折磨着塔头滩人,同时也考验着塔头滩人,更是锤炼着塔头滩人。多少年来,塔头滩人正是通过抵御各种灾难才成其为塔头滩人,通过抗争,公正地淘汰掉较差的,把那些较好的存留下来。"在这样一种其实依循着"物竞天择,适者生存"丛林法则的地域环境中,最终形成一种崇尚强者的人生逻辑,不管怎么说都是合乎情理的结果。从这个角度来看,如同父亲这样只知道一味读书的"懦弱无能"者,在当年的塔头滩受到歧视和打压,自然也就可以理解了。但在另一方面,如果我们超越当年的塔头滩地域环境,从某种更为宏阔的历史视野来看,站在现代人类已经达到的文明高度来看,《血色草原》前一个部分所书写的那个时代,完全可以被看作前现代的农业或游牧文明时代,到了后一个部分,也即"我"随同父亲一起进入城市生活之后,方才称得上是进入了现代文明阶段。前现代与现代之间的一个重要转折点,是我们家因为老叔的强奸事件被迫逃离塔头滩后,从小就喜欢读书手不释卷的父亲在恢复高考制度后的第一年就考上了大学。无论如何,父亲之所以能够考上大学,与他与生俱来的酷爱读书之间,有着不容忽视的内在关联。可以说,作品中父亲这一形象,某种程度上是前现代文明必将逐渐走向现代文明的一个象征、一种隐喻。

逃离塔头滩之后,小说进入了现代城市生活的后一个部分。这样一来,小说的第三大块,也即"文革"后的城市生活书写,也就同时进入我们的分析视野之中。这部分讲述了三个方面的故事。其一，是老姑在罹患癌症后进城就医。因为当年在塔头滩的时候，老姑曾经有过面对两条恶狼不惜舍身救"我"的经历，所以，这里也就出现了面对身患绝症的老姑，"我"和父亲到底应该怎么做的问题。尽管也有过犹豫和彷徨的过程，但父亲的难能可贵处在于，他终于还是为了拯救老姑的性命而不惜倾家荡产了。其二，是父亲进城后的人生打拼。父亲大学毕业后，虽然幸运地留校任教，但长期因收入不高而处于半死不活的状态。为了给老姑治病而倾家荡产后，父亲终于下定决心到南方的大城市去下海闯荡一番。连同"我"在内都没有想到的一种结果是，父亲的这次闯荡竟然取得了预料不到的成功，他竟然成了成功人士，成了现代城市中的"强者"："日子久了，我耳濡目染父亲的衣食住行，和南国都市里蚂蚁一样的忙碌众生相比，父亲确实像头强悍的草原雄狮。我不得不渐渐承认父亲果然今非昔比了。但在心理上，我还是很难把父亲纳入真正的强者之列。"其三，是"我"进城后的满怀乡愁。被迫随同父亲进城后，"我"先后读了大学和研究生。研究生毕业后，在一个考古研究所工作了六年。之后，进入父亲的王氏药业集团就职，到第四个年头的时候，成为一个片区经理。需要注意的一点是，在进城后的漫长岁月里，"我"一直都没有遗忘塔头滩与胡小慧，内心里满怀着涤荡不去的乡愁。正是这份刻骨铭心的乡愁，使"我"最终鼓起勇气，战胜踯躅，哪怕要面对的是物是人非、千疮百孔，也要回到魂牵梦绕的塔头滩去。

  当然，如果仅仅停留在乡愁和达成夙愿的层次，小说书写现代文明部分的深度就会与前面的前现代文明部分形成差距，造成用力不均的现象。作家王怀宇显然也意识到了这一点，他没把乡愁停留在表面的重逢和话旧，而是用胡小慧等人物的今非昔比影射出草原上前现代文明的衰落。面对这种必然的更迭和变化，"我"虽然感到某种失落，可更多的却是鼓起接受现实的勇气，并决心留在这片苍凉悲壮的土地上，用属于今天的姿态顽强乐观地生活下去。行文到这里，现代文明与前现代文明完成了转换，我们似乎听见历史的车轮正在这片血色草原上轰隆隆开过。属于血色草原先人们的坚定、执着、勇敢、乐观，仍然在草原后代们的血管里悄然流淌着。正如读者所期盼的，我们从这些特质中读出了这片草原和这片土地的希望。

毫无疑问，《血色草原》是东北草原的风俗画卷，是强者基因的血性史诗。"这里的粗犷是依附着真情的粗犷，这里的强悍是饱含着公正的强悍。这里虽然苦难，但很真实；这里虽然残酷，但很公平。"整部小说贯穿着这种磅礴的气势，也弥漫着命运的深沉悲壮，彰显了悲悯的情怀和面对命运不屈不挠的精神。书中还讲述了大量有关渔猎、农耕、游牧、萨满神、二人转等东北的地域知识和民间风俗，以及渔猎文化与农耕文化的融合，草原的日常禁忌与原始族规等内容，充满文化纵深感和历史厚重感。

以悬疑方式书写一段工业痛史

——关于蔡骏长篇小说《春夜》

在中国文坛，著名悬疑小说家蔡骏毫无疑问是大名鼎鼎的人物，真正可谓拥趸无数。然而，诚所谓术业有专攻，或许因为悬疑小说属于类型文学，虽然我内心并没有什么文类歧视的想法，但此前却也着实无暇去旁顾这一文类。也因此，虽然蔡骏鼎鼎大名，但他的那些悬疑小说，我的确没有机会专门去找来阅读。这一次，之所以会关注到他的长篇小说《春夜》，乃是出版社编辑约稿的缘故。原以为读到的仍然会是一部悬疑小说，没想到却是一部以悬疑为其表的社会关怀小说，一部有着深刻题旨诉求的纯文学小说。事实上，对于《春夜》的这一特点，蔡骏自己在小说后记中已经说得很清楚："我以悬疑小说出道，当然还会继续写下去。《春夜》中的悬疑元素，比比皆是，本书却称不上是悬疑小说。"[①]身为鼎鼎大名的悬疑小说家，写出的不是悬疑小说，又会是什么呢？却原来，"《春夜》最早的灵感，来自芬兰大导演阿基·考里斯马基的电影《升空号》。前几年，我开始系统地看考里斯马基的电影，1988年的《升空号》是一部工人题材文艺片，主角是个芬兰北方拉普兰地区（位于北极圈内，传说中圣诞老人家乡）的矿工，失业后意外得到一辆白色凯迪拉克敞篷车，这车因为老旧，车篷无法升起。这个失业的男人，只能独自驾车，扎着头巾御寒，四面透风敞开，疾驰在大雪纷飞的北欧旷野，背景音乐响起，一个芬

---

① 蔡骏：《春夜》，作家出版社2020年版，第359页。

兰男人深情歌唱。这首歌叫《Valot》，我查了一下，芬兰语意为'灯'。此情此景，此车此声，如一道电光，点燃了我心内的灯"[1]。这首名为《灯》的芬兰语歌曲，之所以会如一道电光点燃蔡骏的心中之灯，乃因为它以及这部名为《升空号》的电影，在很大程度上激活了蔡骏身为中国工人后代的鲜活工业记忆："我又想起少年时候，我爸爸上班的工厂亏损严重，工人们大半下岗回家，唯独我爸爸坚守岗位，每日上班打卡。"[2]正如你所知道的，只是到了21世纪初，蔡骏父亲曾经长期供职过的工厂，就已经彻底灰飞烟灭，消亡不见。虽然说工厂灰飞烟灭，对于蔡骏这样出生在20世纪70年代的人来说，算不上什么大不了的事情，但对于他的父辈来说，却是天大的事，并构成了一种永难磨灭的精神痛楚。很大程度上，正因为少年时的蔡骏曾经目睹过工人父亲的惨痛人生遭遇，所以，观看考里斯马基电影的《升空号》才会召唤出他的一段鲜活的工业记忆，并最终以长篇小说《春夜》的形式把这段难能可贵的工业记忆以文学的方式彻底凝固下来。

关于《春夜》这一小说标题的由来，蔡骏在后记中也有所交代："故事从一个春夜开始，到一个春夜终结，见识过巴黎圣母院的烈火。其间许多个春夜，犹如春天的露水，湿漉漉，黏糊糊，欲说还休，欲断还留，仿佛一张宣纸上的墨迹，慢慢化开，晕染。"[3]其实，也不仅仅是开头与结尾，小说中很多重要情节的发生，也都是在"湿漉漉，黏糊糊"的春夜里。一方面，正如蔡骏自己在后记中已经明示的，另一方面，从我们的阅读感受来说，要想很好地理解《春夜》，就不能不首先关注最后一章"重逢"中，多少带有一点"元小说"意味的那个部分："我开始写一本新书，关于春夜，关于春申厂，关于我爸爸，关于厂长，关于小荷，最要紧的，关于张海。白天我在公司，每日开不完的剧本会。夜里，我蹲在电脑前写小说。二十年前学的电报码，如今基本忘记光，只好用拼音输入法。我用了不少上海话，比方'事体''困觉''清

---

[1] 蔡骏：《春夜》，作家出版社2020年版，第358页。
[2] 蔡骏：《春夜》，作家出版社2020年版，第358页。
[3] 蔡骏：《春夜》，作家出版社2020年版，第359页。

爽'等吴语词,文言文里也有,五四时期亦有,鲁迅先生,茅盾先生都用过,自能入白话小说。但不用'侬''阿拉''白相''结棍'等等,因怕北方读者不懂,并在普通话中有一一对应的'你''我们''玩耍''厉害'。或用相近发音代替,比如'辰光'就用'时光',一目了然,且有古意。还有一大变化,老早我欢喜写长句子,现在这篇小说呢,改成短句子,三个字,逗号,甚至一两个字,标点符号之间,鲜有超过七八个字的。本书通篇,皆是第一人称,看似便当,实则难写。毕竟不是写我一个人,而是一群人,有老有少,有男有女,尤其一个张海,神龙见首不见尾,总是云里雾里。要是第三人称,上帝视角,从洪太尉讲到高俅,从高俅讲到王进,从王进讲到史进,从史进讲到鲁提辖打死镇关西,又从花和尚倒拔垂杨柳讲到林冲夜奔,再到雪夜上梁山,就像一幕滑稽戏,各自粉墨登场,众声喧哗,闹闹忙忙。但我偏偏不唱滑稽戏,而是要唱独角戏,自说自话,像张海一个人唱'金陵塔,塔金陵,金陵宝塔第一层,一层宝塔有四只角,四只角上有金铃,风吹金铃旺旺响,雨打金铃唧呤又唧呤……'再讲故事,悬疑方面,跟我老早小说不好比,但又保留厂长悬念,张海命运悬念,至今还是未知数。推理破案呢,倒是有1990年春申厂的凶杀案,直到神探亨特烧成灰,建军哥哥之死,还是无头悬案。还有一点,这只漫长故事,大半皆是真的,事体是真的,心情是真的,欲望是真的,我也是真的,还有我一家门,从我爸爸直到我儿子,统统是真的。真归真,却不是非虚构,而是如假包换的虚构。最后这句,好像自相矛盾,有语病,无所谓。"请原谅,无论如何,我们都必须把小说中这位据说也叫蔡骏的第一人称叙述者如此一大段带有明显夫子自道色彩的叙事话语全部照录在此。因为只有这样,我们才能更精准到位地理解把握这部长篇小说。首先,一个小说家在小说文本中跳出来,不惜篇幅地大谈特谈正在创作过程中的小说作品,自然也就是现代西方文论中的所谓"元小说"。不管怎么说,这样的谈论,都能给出理解把握小说文本的一条理想路径。

其次,在这段叙事话语中,作家所集中谈论或者干脆说"泄露"出的小说的写作秘密,主要是关于艺术形式层面的一些自觉追求。第一,语言运用。

这一方面,最不容忽视的一点就是对上海方言的局部征用。除了作家已经举出的那些例证之外,给我留下最深刻印象的就是"眼乌珠"。好像只要一写到人物的眼睛,就都会被径直称为"眼乌珠"。因为小说的主体故事均发生于上海,所以,上海方言的局部征用,在使得小说拥有了某种味道特别的叙述腔调的同时,也很好地营造出了一种地域氛围。第二,句子特别短促,很多时候,两个字,三个字,四个字,就会被作家以逗号的形式顿开。由于我自己原来并没有接触过蔡骏的小说作品,所以并不知道他原来所持有的是一种什么样的行文风格。但据他自陈,"老早我欢喜写长句子"。如果说实情的确如此,那么,由一种语法构成相对复杂的长句子,而转换为《春夜》中的这样一种短句子,就应该被看作蔡骏小说叙述上的某种"自我革命"。从艺术效果上来说,短句子的普遍使用带来的就是叙事节奏的明显加快。如此一种形式特征,其实也正暗合于这样一部带有一定悬疑探寻色彩的长篇小说的内涵要求。第三,第一人称叙述者的设定。关键的问题是,这位被设定的第一人称叙述者,竟然也被作家径直命名为"蔡骏"。不仅如此,还应该注意到,作家在后记中,曾经专门强调小说若干情节的真实性:"小说中关于我自己的经历,我的父母,大半属于非虚构,某种程度而言,可说是我的家庭自传,虚构与非虚构之间,变得尤为模糊。"[①]很大程度上,蔡骏在后记中的这种说法,恰好对应于"这只漫长故事,大半皆是真的,事体是真的,心情是真的,欲望是真的,我也是真的,还有我一家门,从我爸爸直到我儿子,统统是真的"这种言说表达。问题在于,我们是不是可以由此而断定小说文本中这位承担着第一人称叙述者功能的蔡骏,就是现实生活中的那位悬疑小说家蔡骏呢?答案无论如何都只能是否定的。一般情况下,第一人称叙述者越是强调自己的真实性,其言论的可信度就越是值得怀疑。如此一种艺术手段,我们不妨称之为"佯真",也就是企图通过一种假装真实的方式来抵达想象虚构的艺术目标。相比较来说,因为蔡骏在后记中曾经专门强调小说文本有着某种非虚构因素的介入,所以《春夜》的情况可能更为复杂。然而,在承认小说具有一定程度上自传性因素存在的同

[①] 蔡骏:《春夜》,作家出版社2020年版,第359页。

时，我们还必须强调，从西方的叙事学理论来说，出现在小说文本中的那个身兼第一人称叙述者功能的蔡骏，不管怎么说也都只能被看作作家想象虚构出的一个人物形象。尤其不容忽视的，是看似自相矛盾的那种"真归真，却不是非虚构，而是如假包换的虚构"的特别表达。很大程度上，正是依据如此一种自相矛盾的表达，我们才可以断定，在这部《春夜》中，作家蔡骏所采用的其实是一种貌似"非虚构"的可以明显强化艺术真实性的想象虚构方式。第四，同样是属于一种群体叙事的小说文本，《春夜》又极明显地区别于如同《水浒传》那样一种人物连缀式的第三人称与上帝视角。一方面，旨在凸显主体重要性的第一人称叙述方式，本身就带有突出的现代性意味；另一方面，也只有这样，才能够使得整部长篇小说拥有某种"总体性"的艺术统摄。

当然，无论如何，对《春夜》来说，最重要的恐怕还是接下来的第五点，也就是对于悬疑艺术方式的有效征用。毫无疑问，对于悬疑小说家蔡骏来说，这一点乃是他的拿手好戏。首先，是围绕厂长三浦友和所设定的差不多成为情节主线的悬念设计。"我"爸爸从部队复员后，被分配到上海春申机械厂，成为老毛师傅也即"钩子船长"的关门徒弟。因为在长期的工作过程中养成的对职业和工厂的热爱，即使在"我"要出生的时候，他都一无所知地坚持在工厂上班，和师傅一起面对面加工汽车模具。但也正因为爸爸既牵挂"我"和妈妈，也牵挂刚刚从地下挖出的那个青花瓷大瓮缸里迅速风化了的一对男女，一时分心而操作失误，致使机床吃掉了老毛师傅的右手，从此，老毛师傅也就变成了所谓的"钩子船长"。而老毛师傅的外孙张海，则既是"我"的童年玩伴与一生好友，也更可以被看作这部长篇小说的主人公。具体来说，整部小说由老毛师傅的葬礼写起，马上就牵引出了很多年前也即1998年老厂长的那场葬礼。尽管少年懵懂的"我"并不理解爸爸他们的悲伤，但老厂长为了挽救陷身于"三角债"的旋涡中难以摆脱困境的工厂而不幸遭遇车祸身亡，却是无可置疑的一种事实。实际的情形是，在那个时候，中国的绝大多数工厂都如同春申机械厂一样身陷"三角债"的泥淖之中。为了讨要债务，老厂长采用了各种手段。其中，山东的一家汽车厂欠春申机械厂一百万货款，八年了都讨不回来。老厂长开着厂里的桑塔纳去讨债："豪气干云天，唱了三回《智斗》，念了七十二道行酒令，吃了一斤白酒，方才讨回十万大洋。"为了能够赶回厂里及时给员工发放工资，老厂长星夜兼程地驱车返沪。没想到，"凌晨三点，老厂长刚进上海，就在高速公路昏了头，钻进一辆集装箱卡车底盘"。一个残酷的后果是，老厂长不仅当场身亡，而且上半截还被碾压成了骨肉渣渣。既如此，出现在追悼会的老厂长的遗体的上半截，便只能造假，只能用松木和橡皮泥假造出来。正因为老厂长为了要债，为了工厂和员工的利益而不幸车祸身亡，所以，"我"爸爸他们一众工友才会在他的追悼会上表现得那样如丧考妣。但我们无论如何都不能忽略如下的一段叙事话语："苏州河南，一字长蛇阵排开，一片光明大世界：面粉厂，啤酒厂，印刷厂，药水厂，灯泡厂，申新九厂，上钢八厂，国棉六厂，多数已寿终正寝，少数还苟延残喘。"我们都知道，上海是中国工业的重镇。蔡骏在这里所真切写出的，正是20世纪末中国工业所遭遇的严重困境。

但其实，春申机械厂的根却在遥远的民国年间。按照保尔·柯察金后来收到的一张旧《申报》上面刊登的一则开办启事，春申机械厂（那个时候的全称，叫华商上海春申机械厂）的具体创办时间，是民国二十年也即公元1931年的4月1日。工厂的创办人，是一位姓王的先生。依照小王先生的说法："老毛师傅叫我小王先生，老王先生就是我的宝宝，也是春申厂的老板，还有一位大王先生，就是我的阿哥。""小王先生讲得一口老派上海话，略带宁波腔。"老毛师傅也即"钩子船长"，就曾经在那个时候的春申厂工作过。尽管抗美援朝时老王先生曾经捐过一架飞机，但到了1956年，"公私合营，华商上海春申机械厂，改名上海春申机械厂，老王先生一看苗头不对，收拾细软，带了家小，去了香港"。唯有小王先生，因为是党员，所以就留在了内地，而且还阴差阳错地成了一名作家："张海说，外公（老毛师傅）有一位结拜兄弟，小王先生，七十岁了，春申机械厂老板的二公子，没有继承家业，却当了作家，住在思南路，外公讲他是文曲星下凡。"尽管作家没有做更进一步的交代，但既然是资本家的后代，那小王先生在政治畸形年代所必然遭逢的折磨与批斗劫难，自然也就是合乎逻辑的一种结果。关键的问题恐怕还在于，公私合营时春申机械厂被合并，实际上构成了小王先生某种难以释怀的精神情结。否则，我们就无法解释，千禧年春申厂七十周年厂庆的时候，受到邀请的小王先生为何坚决不肯出席相关纪念仪式。与此相关的细节，就是小王先生一番别有意味的说辞："我来是啥身份？老板二公子？早就不是了，这家工厂，不是我的，是你们的，是你爸爸，是神探亨特，是保尔·柯察金，是冉阿让，是小海，但不是我的。"

事实上，等到千禧年春申厂举办隆重的七十周年厂庆的时候，被设定为悬疑主线的新厂长三浦友和（请注意，蔡骏《春夜》人物命名上的一大特色，就是巧妙地征用文学艺术作品中的人物名字。除了三浦友和外，还有这样一个关于"我"爸爸三位亲密同志的相关段落："头一怪，青狮怪，身高一米九，重约两百斤，猪肝颜色面孔，脑门半秃，人称神探亨特；第二怪，白象怪，头上寸草不生，额角头像电灯泡，鼻梁上一副眼镜片，赛过啤酒瓶底，人称保尔·柯察金；第三怪，大鹏怪，长相威严，颇有腔调，面孔棱角分明，装个大鼻头，两腮插满胡楂，卷曲头发，大半灰白，人称冉阿让。"此外，还有瓦西里、山口百惠、费文莉等等，也均是如此。之所以要采用这种命名方式，我想，最主要的理由，大约就是要借助于这些早已为观众耳熟能详的名字巧妙地暗示出相关人物的性格特征。当然，也并非全都采用这种模式。其他如张海、小荷等人物，就完全是中国化的命名方式），已经走马上任了。尽管说这个时候的春申厂已经身陷"三角债"的泥淖之中，但对工厂满怀深情的厂领导和工人们却依然为七十周年厂庆举办了隆重的仪式。正是在这次隆重的厂庆仪式上，刚刚接替老厂长成为新厂长的三浦友和，提出了极具蛊惑性的两项建议。

其一，他宣称："我已从社会上募集到资金，幻灯片里这块风水宝地，刚刚批下来，再过一个月，破土动工，就在国际汽车城，近水楼台先得月，春申厂再也不愁订单，好时光又要回来啦。"其二，春申厂将进行股份制改造，无论是在职的，还是下岗的工人，都可以认购原始股，可以通过持股的方式成为春申厂的老板："募集一百万股，每股价格一块，每人一万股起，三年盈利，每年分红,五年返本。"尽管大家的持股积极性一开始并不高,但经过新厂长一番苦口婆心的劝说,"我"爸爸终于带头认购,一下子就买了五万股。在"我"爸爸的带动下,他的老同事们除了瓦西里之外,也都纷纷解囊认购,一百万股的预期目标很快完成。

然而,"我"爸爸他们根本就没有想到,到头来,所有的这一切努力竟然都会成为泡影。当然,最早戳破西洋景的,是"我"和已经成为"我"爸爸徒弟的张海,以及新厂长三浦友和的女儿小荷他们几个年轻人。那一个春夏之交的夜晚,我们三个人结伴,偷偷地开着"红与黑"跑到了春申厂的新厂址国际汽车城。先让我们来看这辆被命名为"红与黑"的桑塔纳轿车的来龙去脉。"红与黑"的命名,与老厂长所遭遇的那场车祸紧密相关。那一次,和老厂长同遭劫难的,乃是一辆上海大众桑塔纳轿车。虽然已经严重变形,但作为车子核心部件的发动机却没有坏。也因此,在"我"爸爸他们的努力下,这辆破损极其严重的桑塔纳,最终还是被修复还原。只不过,因为被修复后的桑塔纳,车身的主体是黑色,车顶、引擎盖以及ABC六根柱子却是红色的,所以最终被命名为"红与黑":"我看到这部断命的桑塔纳,原本已被腰斩,现在引擎盖,车顶,前后三对车柱,失而复得,彤彤红,如鲜血,如烈火;车身还是乌漆墨黑,保持原样,垂死病中惊坐起,上半身红发少女,下半身黑衣姑娘,拼成一个混血女郎。"无论如何,我们都应该注意到,这辆"红与黑",虽然只是一辆屡遭劫难、多次被修复的桑塔纳轿车,但它却毫无疑问是小说文本中最重要的一个物象。某种意义上说,它的重要性很可能仅次于主人公张海。在这部带有鲜明悬疑色彩的长篇小说中,自始至终不离左右地伴随着张海行走天涯,带有突出历史见证者意味的,就是这辆被称为"红与黑"的桑塔纳轿车。然后,再来看夜探汽车城的张海他们三个年轻人。在不期然间又遭遇一场车祸的同时,张海他们的夜探,竟然探出了一个惊天的秘密。那就是,在新厂长三浦友和口口声声一再强调的春申厂新厂址,他们竟然只是看到了"一道深沟的处女地,无边旷野,碎石头,野草,几株泡桐疯长,乌鸦停在树梢,淋得萎靡不振,报丧似呜咽",根本就看不到一点新工厂的影子。事实上,也正是张海他们的这次夜探，才从根本上唤起了"我"爸爸他们的警觉。问题在于，等他们意识到很可能上当受骗的时候，新厂长连同女会计费文莉一起，已经隐匿消失不见。针对这种状况，神探亨特如同洛杉矶警探一般分析道："这是一桩蓄谋已久的诈骗案，三浦友和利用厂长身份，向全场职工集资，向社会人员借款，最后卷款潜逃，更吓人的是，一年前，他就悄悄离婚，撇清了老婆小囡责任。"就这样，原本早已处于风雨飘摇状态的春申厂，遭此一劫后，更是元气大伤，最终寿终正寝："上海春申机械厂破产清算，资产拍卖抵债。""全厂职工有两条路，一是买断工龄，一次性拿十几万走人；二是关系转到上级单位，继续领五百五十块基本工资，不用上班，直到退休。我爸爸选第二条路。"

那么，这位突然就从人间蒸发了的新厂长三浦友和到底跑哪里去了？他果真是要刻意诈骗以至携款潜逃吗？小说文本中的第一个悬疑因素就此酿成。实际的情况是，也正是从这个时候开始，主人公张海，携同那辆"红与黑"桑塔纳轿车一起，当然，其中一些时候，也会有第一人称叙述者"我"陪同在侧，就踏上了四处寻找失踪新厂长的茫茫长途。然而，也正如你已经预料到的，张海他们的这种寻找过程，肯定会充满各种曲折，尽管从主观努力上说早已是"上穷碧落下黄泉"，从上海到上海的周边地区，一直到遥远的甘肃和香港，最后竟然出国到了更遥远的法国巴黎，但其结果却依然是"两处茫茫皆不见"。在这漫长的寻找过程中，也同时发生了很多故事，比如，新厂长三浦友和的女儿小荷，最早对"我"的动情和追求，以及她后来和张海的结合；比如，山口百惠与冉阿让之间超出读者想象的情感发生与最终的结合；比如，"我"一边陪伴张海他们寻找新厂长的踪迹，一边不断地写作出版悬疑小说；再比如，保尔·柯察金罹患阿尔茨海默病，以及神探亨特因病亡故；等等。自然，也同样是在这个过程中，被称为蔡骏的第一人称叙述者，适时地穿插回叙了诸多与春申机械厂创办和发展过程紧密相关的往事。这样一来，与春申机械厂紧密相关的那些人和事，也就逐渐变得丰满了起来。但出乎我们预料的一点是，等到张海他们费尽九牛二虎之力，终于在巴黎找到新厂长的时候，故事却发生了根本的反转。具体来说，那位总是"神龙见首不见尾"，原来一直被怀疑卷款潜逃的新厂长，其实是被冤枉的。与之相反，到小说快要结束时才终于现身的这位三浦友和，反倒如同"我"爸爸他们一样，也是春申机械厂利益的积极维护者。这一点，在他现身后的自述中，即有着明确的交代。按照新厂长的说法，他当初之所以要罔顾事实地强调汽车城的新工厂就要开工，是为了能够让大家掏出钱来认购原始股，好使厂子存活下来。到后来，不仅大家的集资款一分都没有带走，反而还以私人的名义借钱用来还债，以拖延春申机械厂的破产程序。没想到的是，人算不如天算，虽然他使出浑身解数地一再努力，但到头来却仍然是竹篮打水一场空："厂长说，让我讲光好吧，就差一口气啊，汽车城这块地皮，给人家买走了，老厂长留下来的债呢，还剩一半没还光，春申厂账户已经空了，等于我的死刑判决书。"面对着女儿小荷"你为啥要逃"的质问，他给出的回答首先是："小荷，出事一年前，我就跟你妈妈离婚，已经想着最坏结果，我要是不走，非但死无葬身之地，你跟你妈妈，也要一辈子吃尽苦头，我不想害了你们。"紧接着，又不无神秘地补充了一句："还有一点不好讲的原因，牵涉到大人物，为了你们安全，我只好逃了。"就这样，通过已经坐上了轮椅的新厂长的一番话，这个人物形象，自然也就由携款潜逃者而彻底变身为春申厂利益的积极维护者。

然而，新厂长这样一个主要的悬疑因素刚刚被破解，另一个相对次要的悬疑因素，就再一次被抛出。那就是，虽然隐匿失踪多年的新厂长现身了，但一直苦苦追寻新厂长的主人公张海，却连同那辆作为重要物象存在的"红与黑"桑塔纳轿车一起销声匿迹不知所终。具体来说，张海的失踪，发生在第七章"归来"这一部分。到这个时候，整部小说已经只剩下四分之一的篇幅。多少带有一点对应意味的是，这厢是被追寻者新厂长费尽周折后的归来，那厢则是追寻者张海自己的不知所踪。那么，张海到底去哪里了？难道说，他果真如"我"梦中所预见到的那样，已经离开这个多情而苦难的世界了吗？答案自然是否定的。实际的情形是，一直到最后一章的第四节末尾处，作家才借小荷之口告诉读者，原来张海在巴黎圣母院。就这样，在把巴黎圣母院的那场大火有机编织进故事情节的同时，也交代了张海的失踪之谜。原来，就在他准备陪同新厂长一起飞回上海的那一天早上，张海不慎被试图控制法国民众示威游行场面的法国警察的一颗橡皮子弹击中太阳穴。虽然张海有幸被及时发现，留了一条性命，但错过了陪同新厂长回国的航班，而且还就此"销声匿迹"三个月之久。一直到他被救出院，并最终恢复记忆后，方才和自己的妻子小荷重新建立了联系。至此，张海这一条次要的悬疑因素，也被第一人称叙述者最终破解。

但是，且慢，整部《春夜》中，其实也有破解不了的悬疑因素存在。这一方面最典型不过的例证，就是曾经为费文莉所苦苦思恋的那位企图发明永动机的春申机械厂技术员建军的被杀一案。一直到小说结束为止，这一个悬疑因素仍然处于没有答案的状态。然而，正如同不可能所有的问题都有理想的答案一样，让悬疑一直悬疑下去，也完全可以被看作作家蔡骏的某种叙事策略。

其实，也不只是悬疑艺术方式的有效征用。除了悬疑艺术方式，这部《春夜》在某种程度上，也积极有效地借鉴了"公路小说"的艺术手段。如同张海那样差不多成天驾着"红与黑"桑塔纳轿车，四处奔波探寻，当然也有理由被看作一部公路小说。但不管怎么说，被蔡骏所征用过的诸种艺术方式中，最主要的恐怕还是他自己最得心应手的悬疑艺术方式。也因此，九九归一，在《春夜》中，悬疑小说家蔡骏能够华丽转身，能够以一种悬疑的艺术方式密切关注社会现实，相当成功地写出一部充满疼痛感的工业题材长篇小说，绝对应该得到我们的高度肯定。

一位农籍军人的命运与心灵轨迹

——关于石钟山长篇小说《五湖四海》

军旅作家石钟山新近一部长篇小说《五湖四海》的主人公刘天右,是一个不折不扣的农籍军人。顾名思义,所谓"农籍军人",意指那一类出生成长于乡村世界,后来有机会参军进入部队的军人。其实,只要是对新时期以来的中国小说创作稍有了解的朋友就都知道,如同莫言和阎连科这样取得了突出思想艺术成就的杰出作家,都属于典型不过的农籍军人。农家子弟刘天右,之所以能够有机会成为一位军人,与他那超乎一般的吹唢呐技艺之间,有着格外紧密的内在关联。刘天右的父亲刘德旺,就是一位远近闻名的吹鼓手,也即祖传的唢呐艺人。正是在这样一位唢呐技艺超群的父亲的言传身教下,双胞胎的刘天右和刘天左兄弟,方才在小小的年纪就吹得一手好唢呐。没承想,到最后,无意间改变了刘天右人生命运的,就是他的吹唢呐技艺。父亲刘德旺,因为喝酒过量后逞能吹唢呐而炸肺,不幸死在了邻人家的婚礼上。三天后,刘德旺出殡下葬,两个儿子便满怀悲痛地用如泣如诉的唢呐声为他们的父亲吹奏。没想到,他们俩的吹奏声却意外地惊动或者说吸引了恰好前来靠山大队一带征兵的郭队长一行:"郭队长是军中文艺宣传队的队长,他是吹小号出身,他对乐器有着天生的敏感,这次接兵他的任务就是发现具有文艺天赋的好苗子。"按照郭队长的本意,他想要把双胞胎兄弟俩一起都带到部队去。关键问题是,父亲刘德旺不在了,可母亲杜桂花还在,身边总得留一个孩子照顾她的日常生活起居。然而，对母亲来说，手心手背都是肉，谁去谁留似乎都不合适。万般无奈之下，身为兄长的刘天右，主动提出了抓阄的办法。抓阄的过程中，先出手的弟弟刘天左只是抓到了一张白纸。当刘天右追问弟弟，是否还要继续查看另外一张纸块的时候，刘天左摇摇头。然后，"天右慢慢把手收回去，纸团就在手里握着，他身子有些抖，直勾勾地盯着弟弟天左"。到后来，我们才知道，刘天右在抓阄的时候，之所以会有如此一种精神失态的表现，并不是仅仅因为一时激动失控。除了一时的激动之外，更重要的原因在于，刘天右在"制阄"的过程中做了手脚。正是借助于这样一种欺瞒的方式，刘天右方才得以穿上军装，成为一位在乡人心目中充满荣耀感的现役军人。等到很多年之后，刘天右带着忏悔的心态向被欺瞒的弟弟真心道歉的时候，他们兄弟俩不同的人生命运轨迹，其实早已被注定了。

然而，仅仅是穿上军装，成为部队的文艺兵，还算不上人生命运的根本改变。只有由普通的士兵转为干部，也即提干之后，他才可以不再复员回乡。幸运处在于，由于刘天右的不懈努力，他在一次全军区的文艺汇演中获得了一等奖，所以才幸运地在入伍三年的时候提干："天右当满三年兵的时候提干了，是军队干部改革最后一批直接从部队提干的，他搭上了最后一班车。"究其根本，整部长篇小说之所以要从刘天右提干后送喜报的队伍进村写起，关键就在于这一次提干对刘天右来说有太重要的意义。也因此，刘天左才会"哽着声音说：妈，我哥提干了，他是部队干部了，以后就是国家的人了"。一个无法否认的事实是，在靠山屯这样的乡村世界里，村民们还是把刘天右提干很当回事的。前屯的何有奎，之所以要把自家那位已经是代课教师的女儿何凤娇下嫁给普通村民刘天左，正是因为刘天左有刘天右这样一位"有出息"的兄长。尽管后来因为没有能够如其所愿地在刘天右这里借上光，何凤娇竟然不管不顾地又和刘天左离了婚，但她曾经因为刘天右被提干而嫁给刘天左，却是一种客观的事实存在。问题在于，对于已经成为部队干部的刘天右来说，仅仅有乡村世界的承认，是远远不够的。他所迫切希望的，是能够通过提干不再复员返乡，同时更好地或者说尽快地融入自己所长期向往的城市生活之中。这样一来，自然也就有了刘天右和秦军长的养女付瑶之间长达数十年之久的情感纠葛。

如果说石钟山的《五湖四海》既是一部社会小说，也是一部情感小说，那么，其中情感的聚焦点也就集中体现在刘天右和付瑶这两位男女主人公身上。由于出身差异过大，他们俩情感的主动方，不管怎么说都只能是家庭条件非常优越的付瑶。用付瑶自己的话来说，她第一次看刘天右在台上吹奏唢呐的时候，就已经迷上了他："举手投足是那么帅气，他每个动作、每一丝表情都那么自信和帅气。"正因为如此，所以，她才会让养父秦军长专门去找刘天右来教自己吹奏萨克斯。事实上，也正是在他们日渐密切的交往过程中，付瑶意识到自己已经无可救药地爱上了这个乡村出身的朴实小伙："付瑶也说不清是怎么一步步爱上刘天右的。也许从看他第一次演出时，就被刘天右迷住了。此时，她喜欢的音乐和刘天右已经融在了一起，彼此不再分开了。付瑶脑子里装的都是音乐。一想起音乐就会想起刘天右。"付瑶如此这般地迷恋刘天右，刘天右无论如何都没有理由拒绝这份感情。但横在他们之间的一个巨大鸿沟却是身份的障碍。不管怎么说，我们都难以想象，如同刘天右这样一位只能复员返乡的普通士兵，竟然可以和身为一军之长养女的城市姑娘走到一起。从这个角度来看，刘天右的提干就有了及时雨性质。但就在付瑶以为自己可以如愿以偿地和提干后的刘天右走到一起的时候，他们之间的爱情却不期然地遭遇到了巨大的阻力。这方面的阻力，主要来自付瑶的母亲王香梅。从最初察觉到女儿付瑶情感波动的那个时候起，王香梅就一直在想方设法地采用各种方式阻止他们走到一起。一方面，由于生母的坚决反对和硬性干预，另一方面，也因为刘天右的中途退缩（请注意，正所谓"癞蛤蟆想吃天鹅肉"，身为一位农籍军人，虽然已经侥幸提了干，但刘天右却仍然深知无论是家庭还是自身，与付瑶之间所存在着的巨大差距。如此一种客观差距，再加上王香梅的坚决反对，他和付瑶之间结合的可能性几乎等于零。他之所以在被"下放"到边境连队后，连一封信都没有给付瑶回复，其根本原因正在于此），尽管付瑶自己也做出了很多的积极努力，但最终的结果却也只能是各奔东西。在付瑶被迫与自己并不爱的宋一达医生结婚之后，刘天右也在几经周折后，和省城一位名叫葛笑笑的厅长家的女儿结婚成家。

也因此，问题的关键显然在于，身为知识女性的王香梅，为什么一定要反对并强势干预女儿付瑶的情感婚姻生活呢？难道说，她真的只是嫌弃刘天右的农籍军人身份吗？答案其实是否定的。不是说门第之间的差异就不起作用，而是说，相比较而言，更为根本的作用却表现在其他方面。依我愚见，正是对王香梅反对并强势干预付瑶情感婚姻理由的揭示过程，构成了石钟山这部长篇小说最值得肯定的一个地方。在和宋一达结婚的前一天晚上，付瑶和王香梅之间曾经有过这样一段对话。"母亲终于说：你是不是恨妈妈？""她听了这话，突然停下手里的动作，但没有回头。""母亲深吸了一口气，说了句没头没脑的话：要是你亲生父亲在，妈不会干涉你的婚姻。""她把目光盯向母亲，母亲避开了她的目光，把目光定格在她旅行箱底放着的那本影集上。"其中最引人注目的，毫无疑问是母亲那句没头没脑的话。这样一来，一个不容回避的问题也就随之而浮出水面，那就是，付瑶亲生父亲的存在与否，为什么会直接影响到王香梅对待女儿婚姻的态度。实际的情况是，借助于母亲这句没头没脑的话，作家首先揭示出了付瑶从一开始就特别迷恋刘天右的根本原因所在："在音乐的曲调里，她想到了那片树林里走过的春夏秋冬，他的一颦一笑，他教她吹奏乐器的样子，最后他的音容和舞台中的刘天右叠化在一起，猛然她发现，刘天右是那么熟悉，不，是某种亲切。她心里呼啦下，被拉开了一扇门，一下子透亮起来，最后，刘天右演出的样子和父亲影集里的形象叠合在一起。他们的神态，以及站在台上的样子是那么的一致，她有了这个发现，再定睛去看刘天右时，恍若时光倒流，站在台上演出的不是刘天右而是自己的父亲。"只有到这个时候，到付瑶马上就要和宋一达一起步入婚姻殿堂的时候，她才突然间搞明白，自己到底为什么从一开始就特别迷恋刘天右："直到这时，她才突然明白，原来刘天右和父亲是那么相像，虽然他们眉宇之间和长相并不是一个人，但那神态和演出时的自信，举手投足仿佛是父亲投胎转世到了刘天右身上。"从付瑶突然间被唤醒的这种感觉出发，石钟山终于触摸到了她会不管不顾地爱上刘天右的一种潜意识层面的原因："那天她找到了爱上刘天右的原因了,是这本影集让她了解认识了不曾谋面的父亲,现实中的刘天右唤醒了她的某种记忆,这种亲切自然的过程她竟毫无察觉。"从精神分析的角度来说,尽管养父秦军长对付瑶一直呵护有加,但生父的过早去世却仍然构成了付瑶潜意识深处某种永远都难以抚平的伤痛。唯其因为生父的缺位,所以她才会在现实生活中下意识地寻找生父的"替代品"。刘天右在某种程度上所"扮演"的正是这样一个角色。在其中,一种恋父情结的存在,恐怕是无法被否认的文本事实。

其次,王香梅这句没头没脑的话中所隐约透露出的,也正是她会不管不顾地坚决反对付瑶与刘天右情感的深层次原因。对于这一点,石钟山在小说中也有着明确的揭示:"她当初不让付瑶再走自己和亲生父亲的路,这是她的心结。自己年纪轻轻就失去了丈夫,她把这一切归结于自己的命不好,因此厌倦了从事的职业。她千百次试想过,要是付瑶的爸不是演员,就不会出这样的事,她是爱丈夫的。付瑶亲生父亲牺牲好久,她仍然不能让自己回过神来。"尽管在和秦军长结合后,长期过着养尊处优的生活,但在王香梅的内心深处,对演员丈夫的牺牲却一直都未能释怀。她之所以不仅反对拥有音乐天赋的女儿从事文艺事业,而且千方百计地阻挠付瑶和刘天右的情感,根本原因正在于此:"为了不让女儿再从事自己的职业,她百般阻挠,潜意识里,就是离文工团越远越好,似乎远离了她才会遗忘。她不仅规划了付瑶的事业,还干涉了她的爱情。一切都是为了让女儿远离她的伤心之地。"一方面,我们必须承认,王香梅的干预是相当成功的。正是在她特别强势的筹划下,付瑶和刘天右只能在分手后,各自成立了其实根本就与爱情无涉的小家庭。付瑶与宋一达医生之间的感情淡漠,是无可置疑的一种客观事实。需要稍微展开一说的,是刘天右和葛笑笑之间到底有没有爱情存在的问题。这一方面,他们两人结婚前的一段叙事话语颇耐人寻味:"有次晚上失眠,他想象自己和葛笑笑如果结婚,方方面面都想到了,突然意识到,谈恋爱不是简单两个人的事情,如果葛笑笑的父亲不是商业厅厅长,自己会同意么?葛笑笑和付瑶、吴小红等人比,长相不算难看，但肯定不如她们。他又想到了自己，如果自己不说是孤儿，葛笑笑会同意么？他不敢想了，摇摇头把杂念驱走。"一个人在婚前不自觉地进行以上各种比较的行为本身，就说明了他们之间感情的纯度存在问题。再加上，刘天右之所以一定要找一个城市里官宦人家的女儿结婚，原本就是为了能够很好地解决下一步自己转业后的就业问题。更何况，在刘天右的内心深处，其实一直都牵挂着付瑶。几方面因素综合在一起，一种合理的判断就是，在刘天右与葛笑笑之间，恐怕根本就谈不上什么爱情。如果有，那也只能是亲情，是一种建立在亲情基础上的怜惜之情。事实上，关于葛笑笑这一人物形象因难产而死的情节设定，我个人认为，未必那么合理。从根本上说，石钟山之所以一定要"置葛笑笑于死地"，主要原因正是要为刘天右与付瑶最终的"破镜重圆"铺平道路。假若一直有葛笑笑这样一个人物横亘于男女主人公之间，那小说最终的故事走向显然就是不可能的。也因此，从作家所试图实现的艺术目标出发，葛笑笑只能以如此一种其实不尽合理的"被安排难产"的方式离开这个世界。但在另一方面，我们却也可以说，王香梅的干预是失败的。她拼命地想要付瑶弃艺从医，成为一名医生，但付瑶后来却决绝地弃医从艺，最终还是依凭自己的努力，考入了省歌舞团。她千方百计地想要阻断付瑶和刘天右之间的情感关系，到最后，却是"抽刀断水水更流"，却是小说结尾处，付瑶那义无反顾的情感追求："他扭过头，看见付瑶站在车厢的过道里正在冲他微笑。他一时没有反应过来，她说：师傅，你不会再丢下我了吧？"

不管怎么说，王香梅以她自己现实生活中的失败，最终成全的却是石钟山写作上的一种艺术成功。能够通过刘天右和付瑶之间一波三折的情感故事，最终强有力地揭示出王香梅和付瑶这两位女性形象的精神分析学深度，乃是石钟山这部《五湖四海》思想艺术层面上的最值得称道处。但要想全面地描写展示刘天右这样一位农籍军人的命运和心灵轨迹，仅仅有部队生活这一部分，也还是远远不够的。这样，自然也就有了刘天右转业后在社会上打拼的那一部分。从部队转业到地方后，刘天右在岳父的帮助下，先是进入省外贸厅下属的一家二级企业外贸公司工作。从这个时候开始，刘天右就开始了他转业后的地方创业生涯。在外贸公司，一方面，凭借着和杨经理之间的战友关系，另一方面，更因为在一次车祸时，他不惜自己受伤，也要把杨经理一把推开的勇敢举动，好不容易从杨经理那里拿到了宝贵的木材批条。依照单位的奖励机制，这批木材出手后，刘天右可以拿到三万元的奖金提成。没想到，由于顾科长他们从中作梗，实际到手的奖金只有可怜的五千元。恰恰也就是在这个时候，《新闻联播》里播出了一则中央鼓励个体经营的新闻。两方面原因结合在一起的一个结果，就是刘天右毅然决然地决定下海。石钟山在小说中集中描写了刘天右下海后先后做过的两件事。一个是贩卖饲料："刘天右做的第一笔业务是饲料，把北方土产公司收购的玉米倒腾到南方。"正是因为有第一笔生意顺风顺水的成功，才有了他紧接着的一次更大规模的经营。这一次，应马来西亚一个客户的请求，他一下子就要收购上千吨的饲料。关键的问题是，刘天右根本就不可能一下子筹集到那么大的一笔款项用来收购饲料。值此关键时刻，毅然挺身而出帮他筹集资金的就是那些已经在转业后从事着各种行当的战友们。未曾预料到的是，就在大批量的饲料装船待发之际，马来西亚却突发鸡瘟和猪瘟。这样一来，上千吨的饲料只好又重新卸载到码头上。眼望着那一片金灿灿的玉米，心急如焚的刘天右，真正可谓欲哭无泪。屋漏偏遇连阴雨，在此期间，堆积饲料的码头居然还遭受了一次台风的袭击。若非当年的方连长、如今的方营长动用兵力及时用苫布遮盖，那上千吨的玉米，恐怕早就打了水漂。正是在这个过程中，刘天右再一次真切地体会到了战友情谊的难能可贵："在部队时，和这些战友之间觉得并没有什么，可当他离开了，才发现这份战友情的情深义重，他几乎承担不起这份厚重的情谊。"事实上，也只有到这个时候，我才约略明白石钟山为什么要把这部长篇小说命名为《五湖四海》。我们注意到，到了小说的结尾处，当迷彩乐队的名声越来越大的时候，在一次演出的现场，曾经出现过这样一个场景："最后的演出是大合唱《我们来自五湖四海》，我们都是来自五湖四海，为了一个共同的革命目标走到一起，建设新农村，改变穷和白，革命重任担肩上，世界风云在胸怀……刘天右在乐队里伴奏，他听着歌词泪如雨下，仿佛这首歌唱的就是自己。一穷二白的穷小子，从靠山屯里走出来，和来自五湖四海的战友走到一起……"无论如何，刘天右在自己的创业过程中，的确得到了来自"五湖四海"的战友们很多方面的大力支持，如果没有他们的支持，刘天右就很难取得相应的成功。更进一步说，所谓"五湖四海"也更多地与军人世界联系在一起。从这个角度来说，《五湖四海》这个标题，其实也与石钟山的军人情结存在着紧密的内在关联。贩卖饲料之外，刘天右所做的另一件事，就是与他的音乐天赋关系密切的由开歌舞厅到组织迷彩乐队。这其中最值得注意的，就是以一众转业或者复员的老兵们为核心成员而组成的迷彩文工团。对身为农籍军人的刘天右来说，只有到迷彩文工团组成之后，方才算得上是真正找到了自己在生活中的位置。更何况，随之而来的也还有和自己经历了多年感情纠葛的付瑶的翩然归来。细细想来，这样一种苦尽甘来的结尾方式，其实有着某种难以否认的大团圆意味。

但在承认石钟山《五湖四海》取得相应思想艺术成绩的同时，我们却也不能不指出小说文本在若干细节设定上的不尽合理。一个是刘天右突然决定转业。尽管说已经置身于一个大裁军的时代，身边已经有不少战友，甚至包括侯队长在内，都被迫脱下了心爱的军装，但实际上，那个时候上级却并没有决定让刘天右转业。是刘天右自己主动请求转业的："他鼓足勇气，终于也走进了政委的办公室，他急三火四地说：政委，我想转业，把留队指标留给战友。他怕自己不一口气说完而改变主意。""政委吃惊地望着他，半晌才道：天右，你可想好，你这么年轻，业务又好，你不在我们减编的名单里。""他又鼓足了勇气道：我想到地方上试一试，不试就无法改变自己。"一方面，这个时候的刘天右，虽然说已经和商业厅厅长的女儿葛笑笑结了婚，但他并没有在地方上找到合适的安置单位；另一方面，从部队相关领导那一时瞠目结舌的反应来看，也并没有一点想要让他离开部队的倾向。如此一种情况下，冒冒失失地只是为了与葛笑笑过上好日子，就决定转业到地方，刘天右的如此一种选择，艺术说服力的确非常有限，难以令人信服。再一个，就是刘天右对于母亲的"言听计从"。尤其是那次回家参加弟弟的婚礼，在把自己和付瑶夭折的爱情，以及下放地大风口的朔风和大雪都讲述给老母亲之后，老母亲做出了非同寻常的一个决定，那就是毅然断绝家庭和刘天右之间的关系："母亲一边听着他的叙说，一边低头抹眼泪。刘天右说完，母亲咬了咬嘴角，突然把身子坐直了，又捋了捋头发道：老大，是咱们这个家拖累了你。你要出生在城里干部人家，哪会受这么多委屈，要怪只能怪你没托生到好人家。"在意识到家庭已然拖累了刘天右的前提下，母亲断然做出了与刘天右断绝关系的决定："老大，你记住，别管我和你弟，你要自己过好，以后你和别人说，你就是个孤儿。只要你过得好，我和你弟弟再难也不拖累你。""既然这个家帮不上你，就不能拖累你。从现在开始，你就把自己当成孤儿，你弟弟已经结婚了，妈还能照顾自己，以后你不要再想这个家了，也不要回来了。只要你能奔好你的前程。"依照常理，一个农人家庭把儿子送到部队去，是为了让儿子学成本领后，更好地回报这个家庭。到了刘天右这里，逻辑却被完全倒转了过来。反倒是农人家庭为了成全自家的孩子，竟然主动提出要断绝关系。在我看来，母亲当然可以这么说，但身为一位有责任感的男人，刘天右却无论如何都不能这么做。令人大跌眼镜的一点是，后来的刘天右竟然对母亲的这一番话"言听计从"，不仅没有再和母亲与弟弟他们联系，而且，连同老母亲不幸去世都毫不知情。这样的一种情节设计，除了显得刘天右特别无情无义之外，还能有什么样的艺术效果呢？既如此，石钟山的这种处理方式，也就只能被看作文本中的一处败笔了。

以上种种，虽属瑕疵，但正所谓瑕不掩瑜，作为一部旨在挖掘表现一位农籍军人命运沉浮与心灵轨迹的长篇小说，在相对精准地描摹展示刘天右曲折人生历程的同时，还能刻画塑造如同付瑶和王香梅这样一些具有一定精神分析学深度的人物形象，石钟山的《五湖四海》也应该被看作一部品质优秀的长篇小说。

历史风云与不屈的土地精魂

——关于津子围长篇小说《十月的土地》

面对津子围苦心酝酿多年的长篇小说《十月的土地》，我们首先应该注意到那不无奇幻色彩的关于开头与结尾的特别设定。作家津子围，是从男主人公章文德十二岁时一次起死回生的神奇经历写起的。那一次，章文德不幸身染霍乱，生命垂危："章文德想起了二爷章秉麟说过的古老预言，总有一天，世间百兽一起下山吃人。"借助于章文德神志不清时的缥缈思绪，津子围重点交代了两方面的事实。一个，章氏家族是从山东那个地方闯关东来到东北这块神奇的土地上的："章秉麟说，是呀是呀，关东跟咱山东老家不一样，这地方啥都能成精……"在交代章氏家族来历的同时，作家的着眼点其实更在于"这地方啥都能成精"这句话。因为东北是一个曾经流行过萨满教的地方，所以，才会形成一种充满"怪力乱神"的地域文化。这种"啥都能成精"的精神意识形态，明显区别于儒家文化发源地的山东。从根本上说，津子围之所以要专门强调这一点，既是为章文德不无神奇色彩的起死回生做铺垫，也更是在为小说结尾处的相关描写奠定基础。再一个，则是在交代二爷章秉麟其人其事的同时，也交代了章文德与二爷章秉麟之间的某种奇特渊源。早在庚子年（1900年）的时候，章秉麟就已经把家业传给了儿子章兆龙。紧接着，在打造好玄微居之后，自己一心一意地"闭门读书，修禅悟道"去了。正因为如此，"在章文德眼里，章秉麟是个神神秘秘的老头儿，性情也有些古怪，常神龙见首不见尾"。当然,幼年的章文德,根本就不可能预料到,当他生命垂危的时候,使用小货郎带来的中草药把他从死亡线上救回来的,正是这位充满诡异色彩的一向"神龙见首不见尾"的二爷章秉麟。自然,关于章文德的死里逃生,在母亲和伯母曹彩凤那里,也还有另外一种说法。她们坚持认为,章文德的魂儿是汤仙姑做法后才给呼唤回来的。

关键的问题在于,依据小说结尾处的相关描写,章文德与章秉麟之间,更有着一种彼此互为寄托的"替身"或者说"寄魂"的神奇渊源。当然,类似的奇幻故事,大约也只能够发生在"啥都能成精"的充满"怪力乱神"色彩的东北这块神奇的土地上。"就在那天早晨,章文德恍惚在半梦半醒之间……章文德的身子一抖,模糊的意识清晰起来,原来自己是章秉麟!""章秉麟从章文德的躯体里钻出来,漂浮在半空中,他俯瞰着躺在炕上的章文德,眼前是迈向老年的章文德,而童年的章文德仿佛就在眼前……在章家的后代中,他最中意这个小小儿,不知道为什么,他就是觉得跟小小儿有眼缘儿,合秉性。"一方面,眼看着章文德奄奄一息,另一方面,自己也已日渐衰朽,所以,一贯喜欢修禅悟道的章秉麟才会突发奇想:"如果自己能借尸还魂那该会是怎样一番情景呢。"也因此,尽管内心里仍然颇为犹疑不定,但他最终却还是进入了章文德的躯体之中:"如果自己的灵魂被置换到章文德的躯体里,他真的有勇气要放弃自己、那个叫章秉麟的人生,而选择孙子、那个叫章文德的人生吗?""他真的可以活出一个崭新的人生吗?章秉麟越想越头疼,越来越不能自控,等那一切恢复过来时,为时已晚,他觉得自己已经进入到了章文德的躯体。"就这样,最后的结果是:"章文德苏醒了,章秉麟却失魂落魄一般,成了章家大院里不愿远离的游魂。"只有到这个时候,我们方才可以明白,小说开篇后不久的章秉麟,为什么总是会呈现出那样一种令人难以捉摸的虚幻状态。原来,他早已变成了寄托在孙子章义德身上的一缕游魂。但由此而生出的一种疑问自然也就是,如果章秉麟的确已经寄魂于章文德身上的话,那么,我们在这部《十月的土地》中所读到的,到底是属于章文德还是属于章秉麟的人生故事,也还是值得思考的问题。其实,津子围之所以要把他们祖孙二人的人生叠合在一起，除了打造东北地区特有的一种充溢着神巫气息的地域文化氛围之外，更多恐怕还是想要通过他们的叠合传达出闯关东的几代人对脚下那片土地的一腔真情。

某种意义上，这部《十月的土地》可以被看作一部聚焦家族内部矛盾冲突的家族长篇小说。关于章氏家族的来历，小说中有具体的交代："按理说，章韩氏说的没错，章秉麟是章兆仁的叔叔，章兆仁这一支儿才是大份儿，据说，章兆仁的父亲章秉麒吃糠咽菜，勒紧裤腰带供弟弟读书，弟弟章秉麟才有了后来的功名和家业。后来，山东老家遭遇天灾，章秉麒因病过世，章兆仁只好带着弟弟章兆义到关外投奔叔父章秉麟，不想逃荒路上章兆义丢了，生死不明。好在章秉麟认亲，收留了章兆仁，帮他娶妻生子，留下这一支血脉。"因为章兆仁是章文德的父亲，所以，章秉麟自然也就成了他的二爷。由以上介绍可知，第一，章氏家族是因为闯关东才从山东老家来到东北的。第二，更重要的一点是，章氏家族的两个支脉之间彼此互有恩德。先是章兆仁的父亲章秉麒，对弟弟章秉麟有恩。如果不是有他的鼎力支持，也就不会有章秉麟的功名和家业。但到了后来，却变成了身为叔叔的章秉麟对章兆仁有恩，如果不是有叔叔的好心收留，那也就不会有他在东北的成家立业，更不会有章文德的降生于世。关键的问题是，不论是章秉麟，还是章兆仁，他们都无法预料到，章氏家族彼此互有恩德的这样两个支脉之间，到后来不仅酿出各种错综复杂的矛盾冲突，而且竟然发展到了水火不容的严重地步。津子围不仅把章氏家族的故事纳入自晚清一直到抗战近五十年的时间范围之中，而且也把很多笔墨延伸出去描写再现整个东北地区的历史风云变幻，但从实际的阅读效果来看，真正能够吸引我的，一方面是章氏家族数十年间的内部争斗，另一方面则是主要通过男主人公章文德而体现出来的对土地的那一腔迷恋与深情。

章氏家族两个支脉之间的矛盾冲突，早在小说开始不久讲跑老毛子的相关故事情节中，就已经初露端倪了。在东北，章氏家族有两处宅子，一处是他们现在居住的寒葱河，另一处则是老宅子莲花泡。莲花泡是章氏家族最早发迹的地方,章秉麟曾经在那里开垦了大片土地。但到了后来,"中东铁路通车之后,原来的驿道荒废,加之细林河改道,莲花泡从此变得远离人烟了。庚子年之后,章秉麟陆续将家当迁移到了寒葱河,莲花泡只留下老宅和一些雇工,那里是章家的农场,也是不显山不露水的大粮仓"。既然有这么一个老宅在莲花泡,那么,当章氏家族要跑老毛子的时候,莲花泡就会成为首选的目标。问题在于,不仅章兆仁在面临危险的时刻被指派留守在寒葱河,而且在逃难的路上,他们家也明显地受到歧视:"晌午没过,章家的家眷就呼呼隆隆上路了。一共四辆马车,章文德一家四口儿被安排在最后一辆马车上。那是一辆老旧的板车,出了寒葱河大车就颠簸起来,仿佛要散了架一般。颠簸不说,车轴还发出吱扭、吱扭的噪音,一刻也不停歇。"就这样,尽管事后方知这场跑老毛子事件不过是一场波及周边十几个村庄的误传,但只是跑老毛子逃难这一个情节,津子围就已经揭示并挑明了章氏家族两个支脉之间矛盾冲突的客观存在。矛盾冲突的关键处在于,从章文德他们家的角度来说,虽然并不想挑战章兆龙身为一家之主的掌家权威,但作为章家的成员,他们却本能地要求必须如同主人一样获得相应的权益与尊重,但在章兆龙他们一家的心目中,尤其是章兆龙、章文礼以及曹彩风他们几位的理解中,却从来都没有把章兆仁他们作为主人看待。很多时候,章兆龙他们只是把章兆仁一家看作方便使唤的仆人而已。既如此,那章氏家族内部的纷争以至到最后的彻底决裂,也就是顺理成章的。果不其然,等到章文礼不顾兄弟情义,竟然不择手段地以生米做成熟饭的方式硬性霸占了原本对章文德情有独钟的薛莲花,章文德的弟弟章文海为哥哥打抱不平,因行刺章文礼而惨遭曹彩风弟弟曹双举毒打的情况下,两个支脉终于被迫在摊牌后彻底分道扬镳。然而,同样是分道扬镳,两个支脉的想法却有着根本的不同:"章兆仁下决心跟章兆龙决裂,章兆龙也是这样想的,只是两个人对'决裂'的内容和方式理解并不一样。章兆仁和章韩氏想的是分家,起码他可以拿到莲花泡河西那四十垧土地,那些土地都是他领着人开垦出来的,他手里还攥着章秉麟的转让文书。章兆龙想的却是清理门户,他的目的是要把章兆仁和章韩氏赶出章家门楣。"然而,正所谓"胳膊拧不过大腿",虽然章兆仁和章韩氏他们的要求不管怎么说都合情合理，但到头来却仍然落了个两手空空。尽管他们也曾经百般努力，但最终却还是无法改变残酷的事实：打官司不行，动武也不行，尽管章韩氏的几个兄弟都义愤填膺，扬言要讨个公道，可几条莽汉怎么可能对付章家的几十条枪？到了最后，章兆仁和章韩氏只好认栽了。在他们的对垒中，章兆龙有如一只威风八面的老虎，章兆仁或者章韩氏不过是一只小兔子。章兆仁他们不管不顾地打拼了很多年，没想到到最后就这样两手空空地被章兆龙"清理"出了门户。

怎么办呢？一家数口人总不能去喝西北风吧。万般无奈之下，章兆仁和章文德他们一家五口人只能够被迫到已经被人们弃置很久的蛤蟆塘去开垦土地了。请一定不能忽视津子围如此一种情节设定的精妙所在。人都说如同章氏家族这样的山东人闯关东的关键是要开垦土地，但到底是怎么样个开垦法呢？在这里，借助于章兆仁一家万般无奈下去开垦蛤蟆塘的经历，津子围正好可以形象地把开垦土地的状况展示在广大读者面前。具体来说，蛤蟆塘之所以一直未被开垦，与它的实际情况紧密相关："由于地势低洼，没人愿意到那里开垦土地，北方人习惯种旱田，可那里即使开垦出来也是低洼地，很多农作物都无法种植。离开莲花泡之前，章兆仁和章文德曾去过蛤蟆塘，章兆仁说，如果在这里开荒种地，只能选靠东山高岗的那块地了。章文德却说，低洼地水源充足可以种水稻啊，粳米的经济价值更高。章兆仁说，难哪！咱祖祖辈辈只会在大田里种小麦、玉米和高粱，不懂种植水稻的门道啊，章文德沉思良久。"实际上，也正是在父子俩人争执的过程中，津子围已经强烈暗示出章文德肯定会在蛤蟆塘这个低洼之处，最终成功地把水稻种植出来。一种无法被否认的事实是，章兆仁他们一家，尤其是章文德，在开垦蛤蟆塘土地的过程中，付出了极其艰辛的劳作与汗水："应该说，开荒付出的辛苦和汗水比种地要大得多，尤其是清理冻结在地里深处的'卧槽木'、从地里往外抬被水长期浸泡处于水饱和状态的'水罐子'、抠木纹理极度扭曲与交织的'盘丝头'树根，这些力气活儿，劳动强度极大。劳动强度大的活儿，干一两天还行，可是天天不停地干，章文德自己也顶不住了，晚上到家，他的腰都不敢沾炕席，伸个懒腰都觉得自己的腰像是要断了似的,再到后来,腰上那种剧痛感没了,取而代之的是麻木,好像他根本没长过腰一样。"请原谅我对劳动过程如此这般照本全录,若非如此,我们就难以对当年那些闯关东的汉子们艰难无比的开荒历程有真切的理解和认识。但正所谓"功夫不负有心人",经过章兆仁一家人,尤其是章文德的艰苦努力,蛤蟆塘终于被开垦成为产量颇丰的良田,变成了所谓"东北的好江南":"转眼到了民国二十年,那一年中国发生了很多大的事情,只是那些事情似乎与章文德无关,蛤蟆塘地处偏远,仿佛是一块世外桃源。""那几年,在章文德的带领下,章家在蛤蟆塘开垦出了三十多垧地,地肥粮多,牲畜成群,没能及时卖出去的粮食都发了霉。"需要注意的一点是,章兆仁他们一家在蛤蟆塘开垦发家的过程,也正是章兆龙他们家开始走下坡路,开始逐渐败落的一个过程。对此,置身于其中的章兆龙自己可以说有着殊为真切的感受:"过去那些年,他从没把章兆仁放在眼里,在他心目中,章兆仁就是一个大捞金,除了开荒种地,别的什么都不懂、也不会。可事实证明,离开了章兆仁,章家的家业开始走下坡路了。"从土地的情况看,莲花泡在章文礼经手后渐趋衰败,而原本被抛荒的蛤蟆塘却被章兆仁和章文德父子经营成了风水宝地。从个人的对比来看,看似窝窝囊囊,一副熊到家模样的章文德,表现出了生机勃勃的生命力,反倒是看似精明过人的章文礼,不仅在种地上比不过章文德,而且还一贯地胡作非为,日渐呈现败象。不比较就没有伤害,正是在两相对照的前提下,章氏家族的两个支脉方才显示出了根本的不同。

举凡是优秀的长篇小说,大约总少不了对人物形象相对成功的刻画与塑造。很多时候,一个作家对人性世界的理解、挖掘与勘探,只有通过人物形象的刻画塑造才能够得到充分的体现。具体到津子围的这部《十月的土地》,在摹绘历史风云,展示章氏家族内部矛盾冲突的过程中,值得注意的一个方面,正是对若干人物形象的成功勾勒与塑造。粗略计来,诸如章兆仁、章韩氏、章文礼、章文智(后来成为革命者的张胡)、曹彩风、章兆龙、佳馨等人物形象,皆有可圈可点之处。但相比较而言,小说中最引人注目的人物形象,恐怕还是作为土地的精魂而被特别刻画塑造的章文德其人。章文德与土地之间的渊源，其实早在小说开头处就已经被作家暗示出来了。那一次，章兆仁意欲带领尚且年幼的章文德去田里铲地，在门外和章秉麟不期而遇。围绕到底该不该让章文德下地干农活，他们之间曾经产生过一番争执。章秉麟认为读书更为重要，但章兆仁却坚持要让章文德辞学后专门去种地："我掂量过了，这小子将来准是个像样的庄稼把式。"尽管在当时章兆仁迫于叔叔的威仪让章文德去了学堂，但从章文德后来的人生轨迹来看，他其实还真的更适合到田里去侍弄庄稼。实际的情况是，或许与人贪图享受惧怕劳作的天性有关，章文德一开始的时候也并没有对土地产生那么大的兴趣，借用叙述者的话来说，就是："土地对于章文德来说，一时半会儿还热爱不起来。"从这个角度来看，他对土地强烈兴趣的生成，也是被父母日常规训或者说言传身教的结果。首先是父亲，章兆仁在口口声声强调自身农民身份的同时，特别告诉章文德土地的重要："农民没有土地，就像没娘的孩子！文德你要记着，一辈子都给我死死地记着，没啥也不能没有土地，地就是咱农民天大的事儿。"然后是母亲："章文德跟章韩氏也学了不少，他能分辨出白皮葱中哪个是鸡腿葱，哪个是仙鹤腿，还能分辨出宽叶韭菜、窄叶韭菜、马莲韭菜和竹叶青，分辨出辣椒中的猪嘴椒和羊角椒，豆角的种类更多，章文德认识兔子翻白眼、大姑娘挽袖、长豆角、油豆角、刀豆角、胖孩腿、玻璃翠、黄眼夹等等。章韩氏也觉得奇怪，她对章兆仁说，文德这孩子怕是不能大出息，读书认字他记性不好，可讲起农活农事却头头是道儿。章兆仁说，这样好，实实在在做个农民比啥都强，一辈子心里踏实。"事实上，一方面出于自己的天性，另一方面也与来自父母的日常规训和言传身教紧密相关，反正后来，当章秉麟再一次询问章文德未来的人生选择的时候，章文德给出的明确答案就是"种地"："原来不喜欢，后来一点点适应了，喜欢是什么感觉我还说不好。庄稼活儿累，可读书更累，两个必须选一个，我选种地吧。"面对着章文德如此一种出乎意料的选择意向，章秉麟给出的评价是："命该如此吧，也罢，种地有种地的好处，朝土背天，春耕秋收，平常年月里一辈子不会大起大伏，只是，不知道这世道会不会总是风调雨顺呀。"正如同小说文本已经展示的那样，这个世界无论如何都不可能总是"风调雨顺",比如,伴随着抗战的爆发,原本只想好好伺候土地的章文德,也被迫离开了那片念兹在兹的土地,被动地加入抗战的时代进程之中。但即使如此,章文德也仍然无法丢弃他那简直如同性命一般重要的土地。这一方面,一个不容忽视的细节就是,到了小说结尾处,章秉麟和章文德祖孙业已"合二为一"的时候,出现了这样一段叙事话语:"章秉麟(其实也是章文德)还想到这样一个问题,人的魂儿被身体囚禁,而人的身体却被大地囚禁着。那种感觉,就像不知不觉流失的岁月,人是大地的记忆罢了。说到底,无论你怎么折腾,永远都离不开脚下的土地,土地不属于你,而你属于土地,最终身体都腐烂成为泥渣,成为土地的一部分……"如此一种明显带有哲思色彩的人生感悟,与其说是属于章文德或者章秉麟的,莫如说更是属于作家津子围自己的。质言之,作家借助于章文德或者是章秉麟之口所表述的,也正是津子围自己创作《十月的土地》这部长篇小说的某种思想主旨。

说到作为土地精魂或者土地化身的章文德,小说中的几个重要细节,无论如何都应该引起我们的高度注意。一个是,看似木讷笨拙的章文德,年纪很小的时候,就已经可以把各种与土地有关的农谚口诀记忆到滚瓜烂熟脱口而出的地步:"春耕结束时,章文德不知不觉学会了很多东西,他知道粮食怎么种了,也知道种粮食有多不容易,还学会了很多农家谚语,比如:'春天地盖一床被,秋天枕着馒头睡','牛粪凉来马粪热,羊粪啥地都不错'。比如'燕子来在谷雨前,放下生意去种田','五月立夏到小满,查苗补苗浇麦田'。还有看天气的,比如'日光生毛,大雨淘淘','天上扫帚云,三日雨淋淋'……"再一个就是,不管自身处于什么样艰难的险境之中,章文德所念念不忘的,肯定是他的土地以及土地上的那些粮食。这一方面,又分别有两个细节给读者留下难忘的印象。一个是在章兆仁被章兆龙耍挟诱骗,被迫答应让章文德去百草沟金矿临时接替章文礼以"稳定军心"的时候。那个时候的章文德,明明身为大掌柜,却仍然把全部精力都不管不顾地投入到开荒种粮的事业之中:"章文德到了百草沟之后,发现那里的土质非常好,不种地可惜了,巧的是,他在库房里真还发现了农具和种子,可惜那些种子不是用来种大田的,是菜种。菜种就菜种吧，反正自己闲得难受。章文德不想辜负春天的好时光，起早贪黑地翻地、背垅、撒种、浇水。"身为大掌柜的章文德对土地和粮食的此种专注程度，直让那些淘金工们都要怀疑他不过是一个假冒的东家。但在另一方面，也正是章文德在种菜方面的出色表现，没用多长时间就彻底征服了这些原本就是农民出身的淘金工："他们觉得章家这个少爷动真格的了，并且还有真本事，毕竟，大多数淘金工是农民出身，他们知道什么活儿好什么活儿差。"另外一个是，即使章文德不幸被"土匪"，其实是被姜照成与张胡他们"绑架"为人质，他也竟然能够置个人的安危于不顾，一心一意地继续侍弄他所心心念念的土地。这一次，章文德的出色，集中表现在他对未来天气的准确预测上："章文德非常懂天气，预测得十分准确。开始姜照成不服气，头一天晚上问章文德第二天天气，章文德说，大晴天。第二天果然长天老日，天空连一丝云彩都没有。章文德说阴雨天，第二天就阴雨绵绵，一下就是一天。姜照成问章文德，你有神本事？章文德说哪有啥神本事，就是多攒一些经验。"事实上，章文德之所以会在未来天气的预测上显得这么神乎其神，与他对土地农事的格外用心紧密相关。正所谓靠天吃饭，土地上的那些农事，几乎桩桩件件都与天气的阴晴变化有着内在的关联。既如此，一心牵系土地的章文德，能够对未来的天气状况做出准确的预测，也就自在情理之中了。也正因为章文德一门心思地扑在了种地的事情上，所以，秋天的收获也就是一种必然的结果："一晃小秋到了，马蹄沟的农作物取得了大丰收。农作物丰收出乎姜照成和张胡的预料，也出乎那几座窝棚里所有人的预料。按着作物收成情况看，他们一冬天不用为吃喝发愁了。"究其根本，大约也正是因为章文德对土地有着过于深情的眷恋，所以在他的人生过程中，虽然有几次离开土地改变命运汇入外面更为广阔的世界的机会，也都被他义无反顾地拒绝了。也因此，尽管当下时代的中国已然置身于城市化的进程中，尽管以土地为中心的农业时代已经不可逆地成为过去，但在阅读津子围这部长篇小说的过程中，我却还是被章文德那样一种坚执不弃的土地情怀所深深地打动了。就其对土地的深情眷恋来说，章文德其实是一个难能可贵的理想主义者。唯其坚执于土地，一直对土地不离不弃，所以我们才可以把这样的一个人物形象，看作土地上一个不屈的精魂或土地的化身。

某种程度上，我们完全可以用所谓的"恋地情结"来概括章文德的基本性格特征。所谓"恋地情结"，是华裔地理学家段义孚提出的说法："'恋地情结'是一个新词，可被宽广地定义为包含了所有人类与物质环境的情感纽带。……这种反应也许是触觉上的，感觉到空气，流水，土地时的乐趣。更持久却不容易表达的感情是一个人对某地的感情，因为这里是家乡，是记忆中的场所，是谋生方式的所在。"[①]针对段义孚的这种说法，梅新林曾经从人文主义地理学的角度给予高度评价："'恋地情结'……对于文学地理学空间情结动力的探讨同样具有重要的借鉴与启示意义。"[②]具体来说，我们的这篇批评文字虽然与文学地理学无关，但还是非常乐于借用"恋地情结"这一概念来判断指称土地精魂章文德的性格内核。

但在结束我们这篇批评文字之前，有一点不能不指出的就是，津子围之所以一定要把故事的终结点设定在抗战胜利的时候，主要是因为接下来发生的那些历史风云，其实已经不适合他更进一步思考表达类似于章文德对土地坚执不弃的那样一种思想内涵了。大约也正因为如此，津子围笔端围绕章氏家族所发生的那些土地故事，也就只能够在这样一个历史的关节点上，以如此一种方式悄然结束了。

---

① 约·瑟帕玛：《环境之美》，武小西、张宜译，湖南科学技术出版社2006年版，第197页。
② 梅新林、葛永海：《文学地理学原理》上卷，中国社会科学出版社2017年版，第421页。